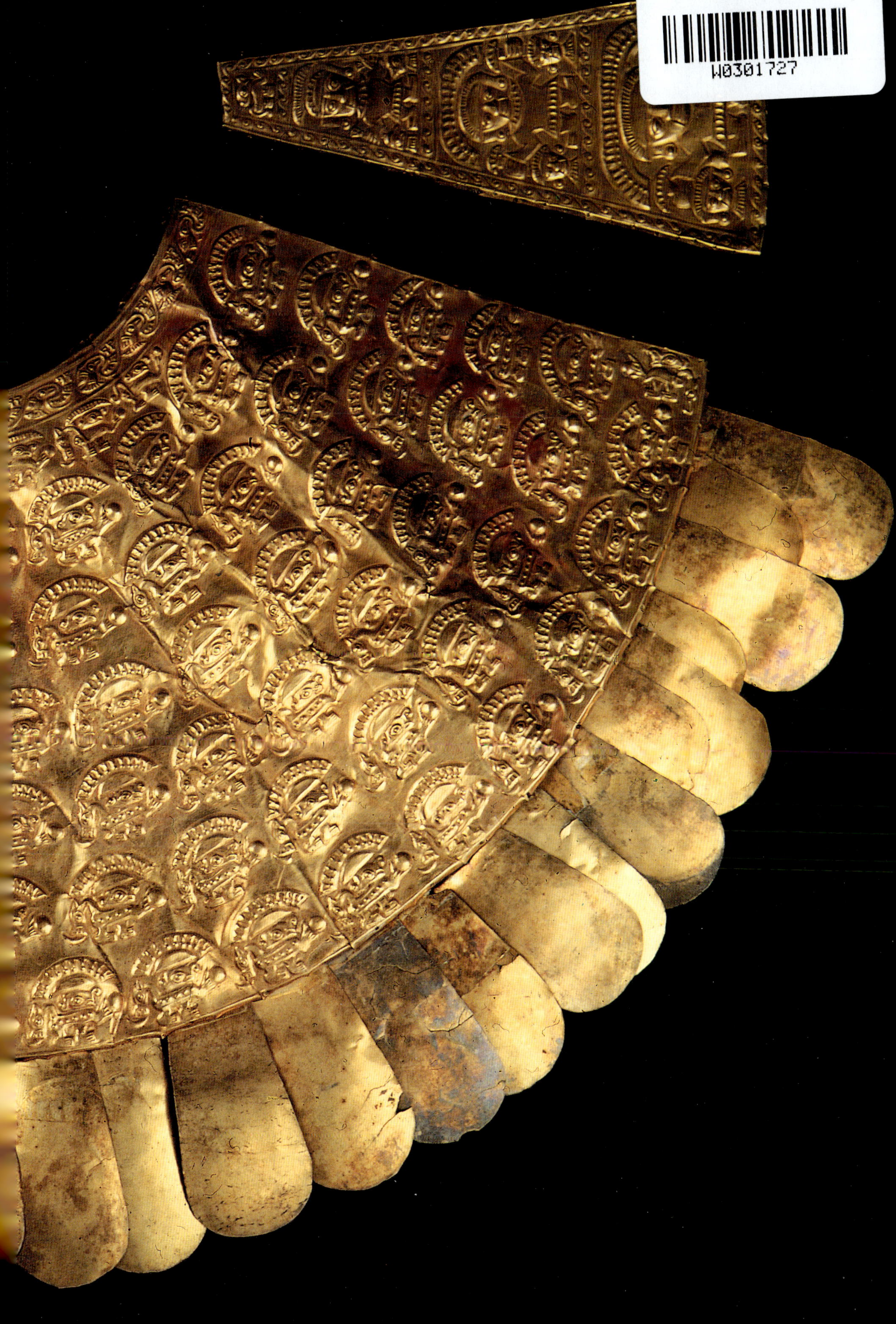

WOLFGANG W. WURSTER

Die Schatz-Gräber

Archäologische Expeditionen durch die Hochkulturen Südamerikas

GEO

GEO

Gestaltung: Erwin Ehret
Dokumentation: Dr. Richard Haas
Herstellung: Jürgen Hartmann, Druckzentrale G+J
Lithographie und Druck: Brillant Offset GmbH

Herausgeber: Hermann Schreiber
Lektorat: Ortwin Fink
Bildredaktion: Marita Kankowski
Bildrecherche USA: Wilma Simon

1. Auflage 1991
ISBN: 3-570-01000-7

Invasion aus einer anderen Welt

Als die ersten Europäer in Südamerika landeten, war ihr Erstaunen groß: Sie stießen auf ein Imperium von schier unvergleichlichem materiellen wie kulturellen Reichtum. Doch dieses gewaltige Inka-Reich war, wie inzwischen erforscht, nur das Endglied in der Kette einer Entwicklung, die in der Geschichte der Menschheit ganz eigene Wege gegangen ist. Die alten Amerikaner kannten weder die Schrift noch das Rad – und doch haben sie bereits vor Jahrtausenden in lebensfeindlicher Umwelt eine verwirrende Vielfalt einzigartiger Hochkulturen geschaffen. Erst allmählich kommen deren letzte Zeugnisse ans Licht – nachdem die Invasoren und ihre Nachkommen die Hinterlassenschaft jener Kulturen seit 500 Jahren geplündert und zerstört haben

Regenfluten haben im Lauf der Jahrhunderte die Wohnplattform zerfressen, die sich die Herrscher von Pampa Grande bei Lambayeque in Nordperu mehr als 40 Meter hoch aus Lehmziegeln errichten ließen. Die Rampe links bildete den Zugang

Zwischen der Brandung des Pazifik und der Talaue des Río Jequetepeque in Peru liegt hoch am Wüstenrand Pacatnamú. Die Mochica haben hier ihre Pyramiden erbaut; eine Mauer schützte die Stadt gegen Angriffe aus dem Binnenland

Mit gewaltigem Aufwand errichteten die Inka auf den Höhen der Anden ihre trutzigen Festungen – uneinnehmbar und Symbol der Macht eines Reiches von zuletzt mehr als 4000 Kilometern Länge

Auf den gepflasterten Heerstraßen der Inka ziehen noch heute die Hochlandindianer mit ihren Lamas – dem einzigen Großtier, das sich der Mensch in Südamerika durch Zucht nutzbar machte

Huaqueros heißen die Grabräuber, die – wie hier im Tal des Jequetepeque in Nordperu – die Stätten alter Kulturen nach Werten durchwühlen. Bittere Not treibt sie dazu. Unschätzbares Gut wird dadurch aus dem Fundzusammenhang gerissen und verschwindet über den Kunsthandel in privaten Händen

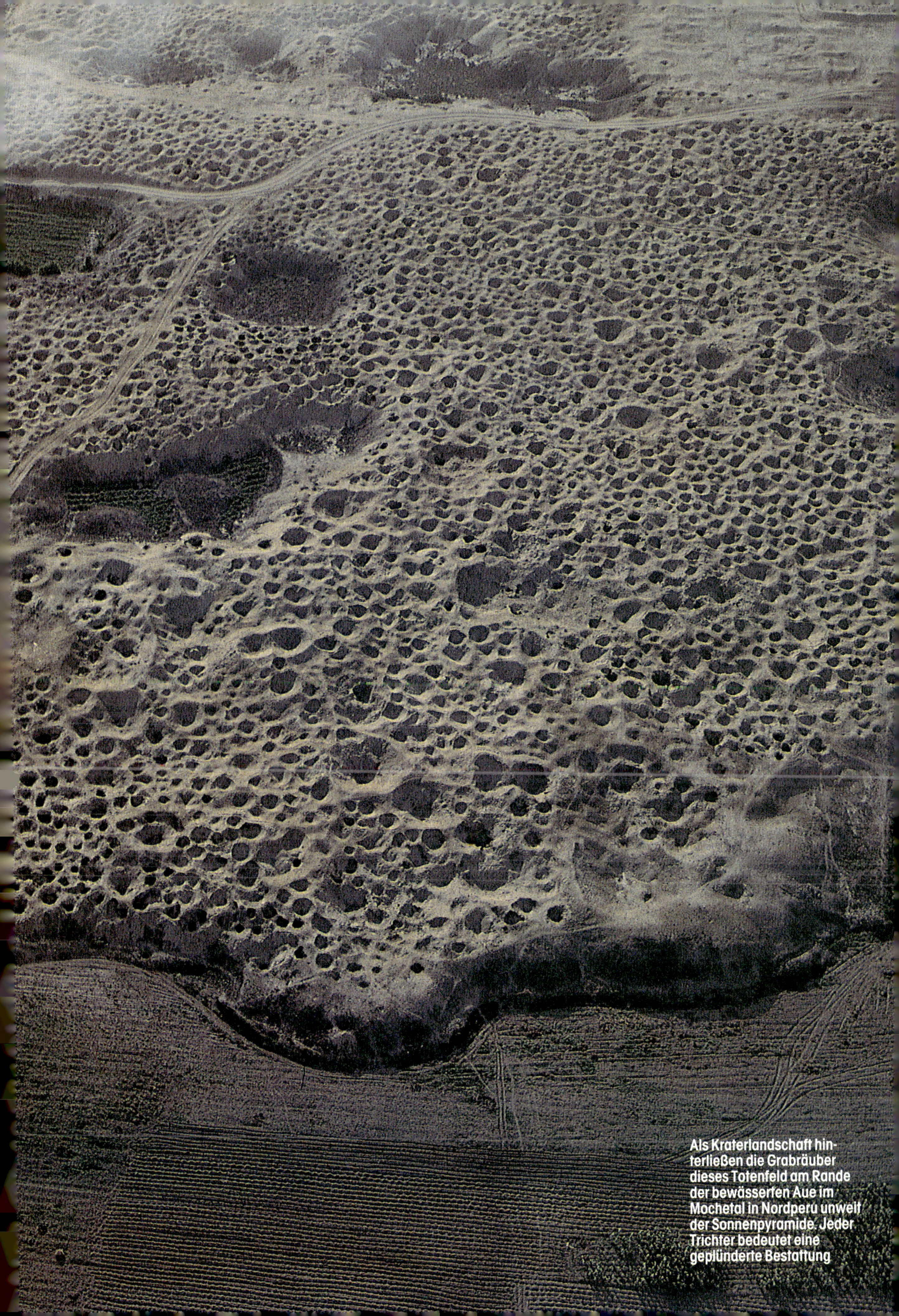

Als Kraterlandschaft hinterließen die Grabräuber dieses Totenfeld am Rande der bewässerten Aue im Mochetal in Nordperu unweit der Sonnenpyramide. Jeder Trichter bedeutet eine geplünderte Bestattung

Orinoco
Sogamoso
Infiernito
Tunja
Villa de Leiva
Laguna Guat
BOGOT
Buritaca 200
Santa Marta
Cartagena
Monsú
Puerto Hormiga
Magdalena
Cauca
Medellín
Tierradentro
San Agustín
Popayán
Pasto
Coca
Pampamarca
Otavalo
Cochasqu
Calderón
Hacienda San Agustín d

An schwankenden Tauen aus geflochtenen Binsen schwingt sich diese Hängebrücke über den Abgrund des Rio Apurímac in Peru. Die Konstruktion, aus der Inkazeit überkommen, ist noch heute vielerorts unersetzbar. Alle Jahre müssen die Seile wieder erneuert werden

Wo Archäologen fündig wurden. Deutlich gliedert sich das Verbreitungsgebiet der südamerikanischen Hochkulturen in unterschiedliche geographische Zonen. Die trockene Küstenwüste am Pazifik, vom kalten Humboldtstrom verursacht, wird in Chile und Peru nur durch Fluß-Oasen unterbrochen; so entwickelten sich einzelne Regionalkulturen isoliert. Im Norden – Ecuador und Kolumbien – reicht tropischer Regenwald bis zur Küste. Die Anden mit ihren weiten Hochsteppen unter schneebedeckten Gipfeln bildeten einen ganz eigenen Lebensraum, der aber über die Flüsse stets mit der Küste in Verbindung stand. Das Amazonas-Schwemmland zwischen Kordilleren und Atlantik ist mit sieben Millionen Quadratkilometern die größte und am wenigsten erforschte Region des Subkontinents. Der 6500 Kilometer lange Amazonas, allein in Brasilien von mehr als 200 großen Strömen gespeist, begünstigte mit seinem Netz von Wasserstraßen weiträumig kulturellen Austausch und Siedlungswechsel

Insel Marajó
AMAZONAS
Napo
Kotosh
Huanuco
Chavín de Huantar
Ucayali
Gran Pajatén
Los Pinchudos
Juanjuí
Huallaga
Chachapoyas
Cuelap
Revash
Chipuric
Utcubamba
Marañón
Moche-
Chanchán
Huaca Prieta
Monte Grande
Pacatnamú
Sipán
Lambayeque
Saña
Jeq
Chiclayo
Túcume
Chulucanas
Piura
Vicús
Ingapirca
Cuenca
Guyas
Bahia
Los Esteros
San Pedro
Altomayo
Manta
Guajaquil
Valdivia
Real Alto

Totenmaske der Lambayeque-Chimú-Kultur um 1200 n. Chr. aus Nordperu. Das Mumienbündel trug einen „falschen" ausgestopften Kopf, auf den das 64 Zentimeter breite Goldblech aufgenäht war

Ein besonderer Schatz aus der Frühen Zwischenperiode ab 400 v. Chr., jetzt im Museum Brüning in Lambayeque, zeigt weitreichende Stilverbindungen nach Ecuador und Kolumbien: Die „Venus von Frias" sowie eine Priestergestalt, beides Hohlfigürchen aus Gold und Silber, getrieben und gelötet

Die Mochica-Küstler der nordperuanischen Küste schufen von etwa 300 v. Chr. bis 700 n. Chr. ihre Meisterwerke: Ein goldener Halsschmuck trägt Miniaturfiguren; ein bemaltes Tongefäß mit Steigbügelausguß stellt einen Mann dar, der auf einem Muschelhorn bläst; ein mit Steinen und Muscheln eingelegter goldener Ohrpflock zeigt einen Krieger mit Speer und Schleuder, der wiederum einen Ohrpflock trägt

Hand und Fuß, von Goldschmieden der Frühen Zwischenperiode als Hohlgebilde getrieben. Wozu die 54 Zentimeter langen Goldhände der Mochica-Kultur dienten, ist unbekannt. Der aus Gold- und Silberteilen in schwieriger Lötung gefertigte Fuß könnte zur nordperuanischen Frias-Kultur gehören

Rückenteil der Prunksänfte eines Chimú-Herrschers. Das außen beschnitzte Brett ist bemalt und mit Goldblech verziert. In überdachten Portalen erscheinen Würdenträger. Die Tragestangen darunter sind nicht erhalten

Die Handwerker des Chimú-Reiches der Späten Zwischenperiode schufen um 1200 n. Chr. diese Kostbarkeiten: ein halbmondförmiges Zeremonialmesser, Tumi genannt, 33 Zentimeter lang, die Klinge aus Silber, der Griff als Männerfigur mit filigranem Kopfputz aus Goldblech mit Türkiseinlagen; die Frauenfigur ist aus vielfarbigen Muscheln, Knochen und Steinen zusammengefügt

Weihegaben für die Götter.
Aus allen Teilen des Reiches, vor allem von der Nordküste Perus, holten die Inka im Späten Horizont die besten Gold- und Silberschmiede für ihre höfische Kunstproduktion zusammen: Becher mit Masken und Fröschen aus Batán Grande sowie getriebene Votivfigürchen

Es ist Mittag. Die Tropensonne brennt von einem bleigrauen Himmel. Wir stapfen über eine flache Düne, und der glühend heiße Sand rieselt mir in die Stiefel. Den Geländewagen haben wir ein paar hundert Meter zurück auf der festen Piste stehenlassen. Hier im losen Sand bliebe er stecken. Mein Begleiter, der für diesen Teil der peruanischen Nordküste zuständige Archäologie-Beamte des Kulturinstituts, will mir am Eingang des Saña-Tales ein noch wenig erkundetes Gräberfeld zeigen.

Auf der Dünenkuppe drehen wir uns um und überblicken noch einmal die Landschaft. Als langes grünes Band zieht sich der bewässerte Oasenstreifen des Flußtales mit seinen Zuckerrohrfeldern quer durch die Unendlichkeit der graugelben Küstenwüste und verliert sich zum Pazifik hin. Vor uns in einiger Entfernung flimmern die bräunlichen Felsmassen der ersten Andenausläufer, die dicht hintereinandergestaffelt in blauvioletten Ketten bis zu Höhen von mehr als 4000 Metern ansteigen.

Unser Ziel, das Totenfeld, zieht sich über der Talaue als leicht gewellte Ebene hin. Beim Weitergehen bemerke ich, daß sie übersät ist von Hunderten dunkler Punkte, die sich im Näherkommen als tiefe, runde Löcher erweisen – enge brunnenartige Schächte, um die sich ausgehobener Sand unregelmäßig häuft. Im Aushub erkenne ich Keramikscherben und Holzreste; bleich leuchten Knochenteile, ein Unterkiefer bleckt die Zähne, und das dunkle Knäuel zu meinen Füßen muß Menschenhaar sein. Wir stehen mitten in einem riesigen, von Grabräubern geplünderten Friedhof aus vorspanischer Zeit. Was die Schatzsucher an zerbrochenen Grabbeigaben und Leichenteilen übriggelassen haben, liegt weithin verstreut.

In einiger Entfernung steigt Staub auf. Wir verhalten einen Augenblick und vernehmen das rhythmische Geräusch einer Schaufel: Grabräuber sind am hellichten Tag bei ihrer illegalen Arbeit. Zum Wegrennen ist es für sie schon zu spät; so bleiben die drei Männer überrascht am Rand ihres trichterförmigen Schachtes sitzen.

Wir begrüßen einander; sie sehen, daß wir unbewaffnet sind und verlieren ein wenig ihre Befangenheit. Wilde Gestalten sind es, halbnackt und von der Sonne fast schwarz verbrannt, die hier nach Schätzen aus den alten Kulturen Perus wühlen. Ein paar in den Sand gesteckte Zweige, weit hergeholt in der vegetationslosen Gegend, dienen als Tarnung. In einem Flaschenkürbis steht Trinkwasser bereit.

Das wichtigste Werkzeug der Schatzsucher bildet die Sonde: ein aus Eisenstangen zusammenschraubbares und dadurch beliebig verlängerbares Rohr mit einem querstehenden Griff oben und einer gehärteten Stahlspitze unten. Das Gerät kann etliche Meter tief in den sandigen Untergrund gestoßen werden; der Widerstand verrät dem erfahrenen *Huaquero*, dem Schatzsucher, ob er im Bereich eines unterirdischen Grabes stochert. Die runden Löcher, die zahlreiche Keramikfunde in den Vitrinen der Museen aufweisen, sind Spuren dieser Sonde. Als weiteres Werkzeug dient eine Schaufel mit kurzem Stiel und schließlich, wenn der Schacht immer tiefer vorgetrieben ist, ein Sack, in dem der Aushub mit Hilfe eines Seils hochgezogen wird.

Die drei Männer haben an diesem Tag noch nichts Brauchbares gefunden, nur zwei gebauchte, unbemalte Tongefäße; sie erhoffen sich im tieferen Grabbereich bessere Keramik, vielleicht auch Gegenstände aus Metall.

Die Schatzsucher sind Bauern aus einem nahen Dorf; ihre kümmerlichen Maisfelder können sie jetzt in der Trockenzeit, wo der Fluß kaum Wasser führt, nicht bestellen. Aus purer Not sind sie auf diesen gefährlichen Nebenerwerb angewiesen. Ihre Funde werden sie irgendeinem Zwischenhändler verhökern; gute Stücke gelangen weiter nach Lima und dann auf abenteuerlichen Wegen in den internationalen Kunsthandel. Was von vornherein unverkäuflich erscheint, bleibt liegen und wird zerbrochen. Verloren geht bei dieser Plünderung in großem Stil unschätzbares Kulturgut – nicht nur der Fund selbst, sondern auch sein archäologischer Zusammenhang, der die eigentliche wissenschaftliche Information über die vorspanischen Bewohner des Tales, ihre Lebensform und ihre Bestattungsriten enthält.

Fatal: Mein Begleiter kann nichts unternehmen. Die Männer sind in der Überzahl, und die Polizei ist weit. Wir verabschieden uns und gehen zurück zum Jeep. Die drei machen sich wieder ans Graben, und noch aus der Ferne zeugt eine Staubwolke von ihrer Arbeit.

Seit nun fast fünfhundert Jahren, seit der Entdeckung Amerikas, werden im Andengebiet die Tempel und Gräber jener einzigartigen Kulturen geplündert, die sich auf ganz eigene Weise entwickelt haben – seien es nun Gesellschaftssysteme, Städtebau oder Religion. Die Gier nach Gold hat die spanischen Eroberer im 16. Jahrhundert hierhergetrieben; in der Hoffnung auf Reichtum nahmen sie unvorstellbare Strapazen auf sich. Sie befuhren unbekannte Meere, durchquerten fieberverseuchte Urwaldküsten und glühende Sandwüsten, und sie bezwangen schließlich auf schwindelnden Hochgebirgspfaden die Hänge der Anden.

Ohne den eisernen Willen eines einzelnen Mannes ist die Eroberung des Inkareiches und damit die abrupte Zerstörung der südamerikanischen Hochkulturen nicht denkbar: Francisco Pizarro, der das Hungerleben in seiner kargen südspanischen Heimat schon als junger Mann verlassen hatte, um sein Glück in der Neuen Welt zu versuchen.

Die verschlungenen Pfade dieses Abenteurers, der sich auf der Suche nach Eldorado, dem legendären Goldland, fast zwei Jahrzehnte lang durch die noch unerforschten Regionen Mittel- und Südamerikas schlug, sind oft beschrieben worden. Seinem Ziel schien er endlich nahe, als er 1527 mit einer kleinen Mannschaft auf einer Brigantine in der Höhe der heutigen Stadt Tumbes an der äußersten Nordspitze Perus landete. Zum erstenmal betraten damit Europäer eine Siedlung im Herrschaftsbereich des Inka.

Die Männer waren höchst erstaunt, hier Menschen mit etlicher Kultur und einigem Wohlstand anzutreffen, doch die Einheimischen bedeuteten ihren Besuchern, sie seien nur ein bescheidenes Völkchen, dem Tribut einer gewaltigen Großmacht weiter im Süden unterworfen.

Mit dieser vagen Nachricht von der Entdeckung eines riesigen Reiches reiste Pizarro unverzüglich nach Spanien, um sich von Kaiser Karl V. die offizielle Genehmigung geben zu lassen, im Namen der Krone, jedoch auf eigene Kosten und eigenes Risiko, die Vorstöße in das Neuland fortzusetzen und es zu erobern.

Von Panama aus brauchte Pizarro fünf volle Monate, bei widrigen Winden auf dem unvertrauten Pazifik und nach vergeblichen Erkundungen in den Küstensümpfen, bis er, im Mai 1532, jenen Landeplatz wiederfand. Die Einheimischen verhielten sich jetzt recht reserviert, aber immerhin entlockte der Eroberer ihnen die Nachricht, daß sich der Herrscher des großen Reiches, der Inka, gerade in der kleinen Siedlung Cajamarca südlich im Hochland aufhalte.

Unverzüglich befahl Pizarro den Aufbruch. Es schien ein wahnwitziges Unternehmen, denn sein Trupp war marode, schlecht ausgerüstet und lächerlich klein: 110 Fußsoldaten und 67 Reiter, beschwert in der tropischen Hitze mit eiserner Rüstung, etwa einem halben Dutzend Hakenbüchsen und zwei Geschützen – eine Streitmacht, die antrat, ein Reich zu erobern, das zu dieser Zeit in Nord-Süd-Richtung eine Ausdehnung von mehr als 4000 Kilometern erreicht hatte und etwa acht Millionen Einwohner umfaßte.

Kaum vorstellbar, aber der Zug dieses Kommandos ohne Nachschub durch glühende Wüstenstriche, durch die Täler und Schluchten des Hochlandes, bei Eiseskälte, dünner Hochgebirgsluft und ständigen Hinterhalten feindlicher Indianer, führte zum Ziel. Im November 1532 marschierte Pizarros verlorenes Häuflein in Cajamarca ein und verschanzte sich in den Gemäuern der Siedlung gegenüber dem außerhalb lagernden riesigen Heer des Inka.

Es folgte ein genialer Handstreich: Bei der ersten Begegnung richteten die Spanier unter dem

Francisco Pizarro mit seiner Truppe vor Cajamarca. Neuzeitliche Phantasiedarstellung des Einmarsches in die Inkastadt

Gefolge des Inka mit ihren Schwertern ein ungeheures Blutbad an und nahmen den gottgleichen Herrscher, Atahualpa, gefangen. Das Gemetzel war so erbittert, der Schrecken so gewaltig, daß die große steinerne Begrenzungsmauer des Hauptplatzes unter dem Druck der Flüchtenden eingestürzt sein soll.

Am Ende stand eine Erpressung. Pizarro verlangte von Atahualpa eine geradezu unvorstellbar hohe Auslösung in Edelmetallen. Mannshoch sollte ein Gemach des Palastes mit Gold angefüllt werden. Monatelang durchzogen Lamakarawanen die unendlichen Weiten des Andenhochlandes, um aus Heiligtümern, schändlicherweise sogar aus Gräbern, die Schätze zur Rettung des Inka zusammenzuraffen.

Die fromme Mühe war vergeblich. Nach einem fadenscheinigen Prozeß wegen Hochverrats wurde der Herrscher durch die Garrotte, das spanische Würgeisen, hingerichtet – nicht ohne vorher als Christ getauft zu werden. Damit war das Ende des hochentwickelten inkaischen Reiches, ja insgesamt der alten Kulturen Amerikas eingeläutet. Die Weltmacht Spanien verwandelte in den folgenden Jahrhunderten den südamerikanischen Subkontinent weithin zu einer Kolonie, der sie ihre Sprache, Religion und Kultur aufzwang.

★

In Amerika ist die Entwicklungsgeschichte in ihren großen Zügen anders verlaufen als in der Alten Welt, wo in den frühen Siedlungszentren am Indus, im Zweistromland und im Schwemmland des Nils aus dem Zusammenspiel von intensiver Landwirtschaft und städtischer Lebensweise die ersten Hochkulturen entstanden. Nur in der Abstammung hat die Menschheit gemeinsame Wurzeln.

In der Alten Welt hat sich während der letzten Eiszeit, dem sogenannten Pleistozän, vor etwa 80 000 bis 40 000 Jahren, neben älteren wenig erfolgreichen Formen das Urmodell aller heutigen Menschen entwickelt – der *homo sapiens sapiens*. Diese Menschenart, die sich in der jüngeren Altsteinzeit durch steinerne Geräte und Waffen sowie durch Felsbilder in verschiedenen lokalen Kulturen archäologisch manifestiert, teilte sich allmählich in unterschiedliche geographische Rassen. Von einer Ostgruppe, den Mongoliden, lösten sich bereits in einem sehr frühen Stadium jene Vorfahren aller Indianerstämme ab, die von Asien her über die in der Eiszeit begehbare Beringstraße nach Alaska hinüberzogen und sich dann von Norden nach Süden den ganzen amerikanischen Kontinent erschlossen. Die Mehrzahl dieser Jäger muß vor 25 000 bis 18 000 Jahren angekommen sein. Die Wanderung nach Süden vollzog sich verhältnismäßig zügig. An der Südspitze Patagoniens, am Fell's Cave, wurden Artefakte gefunden, die bereits um 8000 v. Chr. entstanden sind.

Einen wesentlichen kulturellen Anstoß gab das Ende der Eiszeit. Das Klima änderte sich weltweit und damit die Vegetation als Lebensgrundlage; die bewohnbaren Zonen wurden wärmer, aber auch lichter, das Großwild nahm ab. Ihre Anpassung schlägt sich bei den frühen Amerikanern darin nie-

Die Indianer bringen den Spaniern Gold, um den gefangenen Herrscher Atahualpa auszulösen. Theodor de Bry, Frankfurter Kupferstecher, hat die Szene 1596 nachempfunden

der, daß sie seit etwa 9000 v. Chr. wegen der kleiner werdenden Beutetiere auch immer kleinere Pfeilspitzen produzierten. Und mangels der Fleischberge in alter Steinzeit nahm nun die Bedeutung pflanzlicher Nahrung zu. Darauf weisen die Funde von Mörsern und Mahlsteinen hin, mit denen zuerst wohl nur abgestreifte Früchte wilder Pflanzen verdaulich verarbeitet wurden. Doch die Zufallsernte reichte bald nicht mehr aus. Die notwendige Kultivierung von Pflanzen führte allmählich zum Übergang der Ureinwohner vom Stadium der Sammler und Jäger zum seßhaften Ackerbauern. Neben der Landwirtschaft als Nahrungsgrundlage, durch ausgeklügelte Bewässerungssysteme später immer mehr verfeinert und intensiviert, spielten an der Küste stets auch Fischfang und Muschelsammeln eine wichtige Rolle.

Wann die Kultivierung von Pflanzen durch gezielte Zucht in Amerika begann, können wir Archäologen aus winzigen Resten von Funden nachweisen: aus der Analyse von Blütenpollen, die in komplizierten Verfahren aus dem Erdreich einer Ausgrabung ausgeschlämmt und gefiltert werden. Die Kultivierung setzte bereits im 7. Jahrtausend v. Chr. ein. Mais als die wichtigste Nutzpflanze Südamerikas gibt es wohl seit dem 5. Jahrtausend v. Chr.; seit dem 3. Jahrtausend wird er an der Pazifikküste systematisch angebaut. Im Andenbereich waren es später vor allem Chilis (Pfefferschoten), Kürbis und Kalebassen (Flaschenkürbis), an der Küste außerdem Baumwolle und bis in mittlere Höhen außer Mais auch Bohnen. In höheren Lagen wurden Kartoffeln

Pizarro läßt Atahualpa erdrosseln (Kupferstich von de Bry)

kultiviert, sie haben dort ihren eigentlichen Ursprung, außerdem Quinoa sowie Yucca, eine faserige, kohlenhydratreiche Wurzel.

Auch Tiere wurden vom Menschen schon früh gehalten. Domestiziert waren neben einem auf haarlos getrimmten Hund, der auch gegessen wurde, vor allem Meerschweinchen, welche eine wichtige Quelle tierischen Eiweißes für die Bevölkerung darstellten und auch heute nicht verschmäht werden. Ich habe es selber erlebt, daß meine Gastgeber vor dem lodernden Feuer unter die Bank griffen, um mir einen solchen frischen Leckerbissen zu grillen. Wichtigste Nutztiere jedoch waren die andinen Arten aus der Familie der Kameloiden: das wild lebende, kleinwüchsige Vicuña, das größere Alpaka und schließlich das in Herden gehaltene Lama. Diese Kameloiden dienten als Lieferanten von Fleisch und Wolle; das Lama, größtes Tier der Gruppe und besonders geländegängig, benutzte man auch als Tragtier. Es kann jedoch nur Lasten bis zu 20 Kilogramm befördern und eignet sich nicht zum Reiten. Der Reichtum der Lamaherden im Hochland war dort die wichtigste Voraussetzung für hochkulturelle Entwicklungen.

Der Wandel vom streifenden Jäger und Sammler zum seßhaften Ackerbauern und Züchter geschah in den Keimzellen der späteren Hochkulturen sowohl des Orients wie auch des südlichen Amerika nahezu zeitgleich, etwa im 7. und 6. Jahrtausend v. Chr. Doch dann zeigt sich in der Geschichte der Menschheit ein seltsamer Bruch. Während am Ursprung der Alten Welt die bodenständige Lebensweise fast nahtlos zu dauerhaften Siedlungen und schließlich zu stadtartigen Anlagen führte, fand dieser Vorgang in der Neuen Welt erst mehr als viertausend Jahre später statt.

Einen einleuchtenden Grund für diese Kluft zwischen einsetzendem Ackerbau und dem Entstehen von Großsiedlungen gibt es bisher nicht; allerdings war in der Frühzeit Amerikas der intensive Ackerbau im Gegensatz zur Alten Welt nie ganz ausschließlich Nahrungsgrundlage. Daneben gewannen die frühen amerikanischen Siedler immer auch noch einen beträchtlichen Teil ihrer Nahrung aus dem Meer. Könnte die Verzögerung an dieser mangelnden „Einseitigkeit", dem weniger starken Zwang zur Seßhaftigkeit, gelegen haben?

Immer wieder wird, auch auf wenig wissenschaftliche Weise, aus der Übereinstimmung einzelner kultureller Erscheinungen in Amerika und in der Alten Welt der Schluß auf frühere überseeische Kontakte gezogen. Unvergeßlich sind Thor Heyerdahls spektakuläre Floßfahrten mit seiner „Kon Tiki" 1947 über den Pazifik und mit „Ra2" 1970 über den Atlantik, die solche Nachweise bringen sollten. Die barock geschwungenen Giebel in tönernen Hausmodellen der frühen Valdivia-Kultur an der Küste Ecuadors werden verglichen mit Hausformen der Jomon-Kultur in Japan, die von abgedrifteten Fischern nach Amerika gebracht worden sein sollen. Ebenso sei die hochentwickelte Metallbearbeitung im Andenbereich von den alten Kulturen Chinas aus übers Meer importiert worden. Selbst die Wikinger werden gelegentlich mit Felszeichnungen an der brasilianischen Küste in Verbindung gebracht und die alten Ägypter als die Urväter des amerikanischen Pyramidenbaus bezeichnet. Direkt zu beweisen sind jedoch solche transozeanischen Kontakte zwischen den Kulturen nicht, auch wenn ein gelegentlicher Besuch asiatischer Seefahrer, von Strömung und Winden an amerikanische Küsten getrieben, nicht völlig auszuschließen ist. Wir müssen jedoch davon ausgehen, daß sich die kulturelle Entwicklung Amerikas in großen Zügen völlig eigenständig vollzog. Bestimmte Techniken oder Ornamente können im Verlauf der Menschheitsgeschichte durchaus unabhängig voneinander an verschiedenen Orten entstanden sein.

*

In einem kleinen Propellerflugzeug der peruanischen Luftwaffe fliegen wir von Trujillo an der Pazifikküste aus quer über die Anden nach Juanjuí am Río Huallaga, einen Nebenfluß des Marañón. Von dort aus soll eine archäologische Expedition zu einer noch unerforschten Ruinengruppe im Urwald vorstoßen.

Die Maschine fliegt bei guter Sicht an diesem wolkenlosen Tag niedrig; ich bekomme in wenigen Stunden einen kompletten optischen Querschnitt durch die mittleren Anden. Nach dem Start verschwindet das Schachbrettmuster der kolonialen Stadt unter uns; die weißen Häuser mit den grauen Flachdächern aus Lehm und Schilfmatten heben sich deutlich vom dunklen Grün der baumbestandenen Plätze ab. Die Oasen in der Ebene des Río Moche mit ihren Zuckerrohrfeldern und Fruchtgärten schimmern hellgrün, dann folgt nur noch das Grau und Beige der Wüste.

Über die langgezogenen Dünenhänge rast der scharfgeschnittene Schatten unserer Maschine, die jetzt langsam nach Osten abdreht und zum Steigflug ansetzt. In der Ferne türmen sich die ersten Gebirgsketten. Von Meereshöhe bis auf 7000 Meter muß das Flugzeug steigen, um die schneebedeckte erste Kordillere zu überqueren. Das wild zerklüftete Bergland unter uns wird durchzogen von tiefeingeschnittenen Flußläufen. Die braunroten Hänge tragen kaum Vegetation; hellgelb leuchten frische Erosionsstellen, wo in den Schluchten Geröll abgestürzt ist. Wir fliegen so niedrig, daß ich die weit verstreuten Bauernhöfe deutlich erkennen kann.

Inzwischen wird die Luft dünn; die Kabine hat keinen Druckausgleich. Wir greifen zu den Sauerstoffschläuchen über der langen Sitzbank und inhalieren langsam. Ganz nahe tauchen jetzt die Schneegipfel auf; dunkelblau schimmert ein kreisrunder See, den ein langgezogener Gletscher speist. Bald liegt die grasbedeckte Puna als weite, etwa 4000 Meter hohe Ebene unter uns. Ob die winzigen dunklen Punkte dort unten Lamas sind? Ich kann es nicht ge-

Die krassen Gegensätze der südamerikanischen Geographie, von der pazifischen Küstenwüste über die Anden bis zum Amazonas-Urwald, hat erstmals Alexander von Humboldt 1810 in einem Querschnitt dargestellt

nau erkennen, denn schon überqueren wir den Schneegipfeln gefährlich nahe die östliche Kordillerenkette von etwa 6000 Metern Höhe.

Das Bild ändert sich jetzt schlagartig: Dichter dunkelgrüner Urwald bedeckt die Hänge; wieder glitzert gelegentlich ein tiefeingeschnittener Flußlauf herauf. Der Pilot läßt die Maschine sinken, wir können wieder normal atmen. Wir überfliegen jetzt schon die Ausläufer des Amazonasgebiets. Einzelne Rodungen schimmern in hellerem Grün, eine Gruppe von Holzhütten am Fluß taucht auf, rostige Wellblechdächer erscheinen seitwärts, und in einer Wolke von rotem Staub rollt die Maschine auf der Lehmpiste aus. Die Luke fliegt auf, und ein Schwall heißer feuchter Luft treibt uns unverzüglich den Schweiß auf die Stirn. Wir sind in der Selva, dem tropischen Tiefland jenseits der Berge, angekommen.

Dieser abenteuerliche Flug hat mir eindringlich gezeigt, wie Landschaft und Klima einander bedingen und zugleich die besondere Anpassung des Menschen erzwingen, wenn er überleben will. Dies wiederum ist eine der Wurzeln jeglicher Kultur. Die ersten Siedler in Südamerika fanden da ganz andere Verhältnisse vor als etwa die Gründer der alten Kulturen im Orient. So ist bei ihnen also auch die Entwicklung völlig anders verlaufen.

Es ist schon erstaunlich, daß die indianischen Ureinwohner ausgerechnet im topographisch lebensfeindlichsten Teil des riesigen Subkontinents, im Gebiet der Küstenwüste des Pazifik und an den trokkenen Steilhängen der Anden, den Weg zur Schaffung eigenständiger

Die extrem trockene Sandwüste der Pazifikküste bei Paracas

Das Andenhochland mit den begrenzenden Gipfelketten bei Cuzco

Die Osthänge der Anden mit ihren amazonischen Nebelwäldern

Hochkulturen fanden. Bei einer Länge des Andenraumes von mehr als 4000 Kilometern in nordsüdlicher Richtung zeichnet sich von Westen nach Osten schroff eine deutliche Trennung in drei Landschaften und Klimazonen ab.

Am Pazifik erstreckt sich ein fünfzig bis höchstens hundert Kilometer schmaler Landstreifen, der mit Ausnahme der feuchten Küste von Ecuador und Kolumbien eine völlig trockene Wüste ist, nur vereinzelt unterbrochen von Flußtälern, die aus den periodischen Regenfällen im Hochland gespeist werden und sich am Unterlauf zu fruchtbaren Oasen verbreitern. Inseln des Lebens – sie sind oft Hunderte von Kilometern durch vegetationslose Sandwüsten getrennt.

Nach Osten schließt sich an diese Küstenzone das Hochland der Anden an, mit einer Breite von achtzig bis zweihundert Kilometern in Höhen bis zu 4500 Metern. Diese Hochebene, die Puna, weist eine steppenartige Vegetation auf und wird im Osten wie im Westen von höheren, kahlen Gebirgsketten eingerahmt, deren schneebedeckte Gipfel mehr als 6000 Meter hoch aufragen.

Das dritte geographische Gebiet der Zuwanderung von Menschen und der Entstehung einer eigenständigen Kultur sind die östlichen Abhänge der Anden bis hin zum tropischen Regenwald des Amazonasbeckens. Diese Montaña mit ihrer undurchdringlichen Vegetation reicht in Höhen bis zu 3000 Metern. Die feuchtheiße Urwaldzone ist viel größer als Küste und Hochland zusammengenommen; ihre Besiedlung durch den Menschen spielte eine besondere Rolle in der kulturellen Entwicklung. Zu allen Zeiten gab es einen Austausch zwischen den Bewohnern des Hochlands und des Amazonastieflands, jedoch erst gegen Ende des Inka-Imperiums fand ein regelrechter Vorstoß der Hochlandvölker in die Zone des amazonischen Regenwaldes statt.

Die Wechselwirkungen von Klima und so verschiedenen Landschaftszonen sind im Bereich der Anden äußerst kraß. Ursache dafür ist der Humboldt-Strom, der an der Westküste Südamerikas kaltes Wasser von Süden nach Norden transportiert. Sein Einfluß läßt die Wolken schon über dem Meer abregnen. Die Folge: Die gesamte Küstenebene bleibt niederschlagsfrei, ist weithin Wüste. Periodische Regenfälle gibt es im Gebirge erst in Höhen über 1500 Metern. Aus ihnen speisen sich die zum Pazifik strömenden Flüsse, die die Grundlage der Oasenwirtschaft bilden, jedoch nicht alle ganzjährig Wasser führen.

Ein besonderes Phänomen sind Nebelfelder, die in der Küstenwüste jahreszeitlich bedingt vom Meer Feuchtluft herbeitragen und zum Entstehen von Nebeloasen,

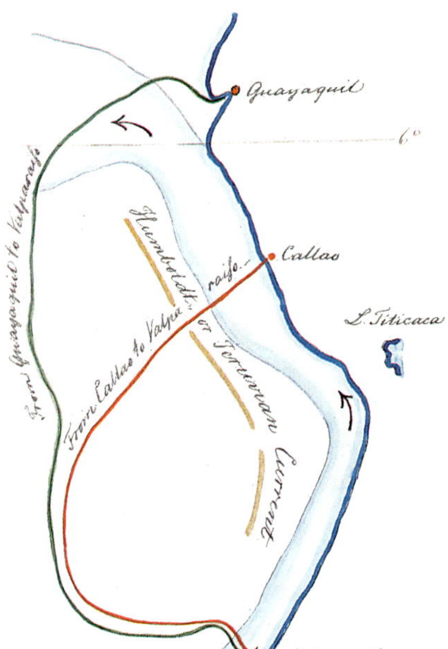

Im Nachlaß Alexander von Humboldts fand sich diese anonyme Karte der Strömungen vor der peruanischen Küste

„Lomas", führen. Durch sie bildet sich kurzzeitig eine spärliche Vegetation in bestimmten Höhenzonen der sonst gänzlich trockenen Wüste.

Im Gegensatz zu den periodischen Regenzeiten im Hochland herrscht in der Montaña der Ostabhänge der Kordilleren und im Amazonastiefland krasses Tropenklima mit ganzjährigen, sehr starken Niederschlägen und extremen Temperaturunterschieden zwischen Tag und Nacht.

In zyklischer Abfolge, ungefähr alle 40 Jahre, wechselt der kalte Humboldt-Strom seinen Lauf und wird von einem warmen Gegenstrom, *El Niño* genannt, meerwärts abgedrängt. Das hat jeweils gewaltige Folgen für die trockenen Küstengebiete: Nun regnet es dort plötzlich in Strömen und die Täler verwandeln sich zu reißenden Bächen; im Gebirge dagegen kommt es zu Erdrutschen und Bodenerosionen großen Ausmaßes. Zugleich fehlt dieser Niederschlag in der Puna des Hochlandes, das nun verheerende Dürreperioden erlebt. Diese Wiederkehr klimabedingter Katastrophen scheint fester Bestandteil des Lebens der Urbevölkerung gewesen zu sein. Man war sich der Bedrohung bewußt und richtete sich darauf ein.

Ganz andere Verhältnisse herrschen im Norden, im Bereich Ecuadors und Kolumbiens. Hier steht die Küstenzone nicht mehr unter dem Einfluß des Humboldt-Stroms; so reicht die tropische Vegetation bis an den Pazifik heran – einer der wesentlichen Umstände des frühen Beginns hochkultureller Erscheinungen. Hier werden auch die Uranfänge der Keramik in Amerika vermutet.

Der Gegensatz zwischen den so unterschiedlichen Lebensräumen – Küste, Hochland und Urwald – drückt sich in allen Bereichen der alten Kulturen Südamerikas aus. In der Landwirtschaft der Küstenoasen war man auf systematische künstliche Bewässerung angewiesen. An den steilen Hängen des Hochlandes war die Anlage von Ackerterrassen Voraussetzung. An den Urwaldhängen der Montaña wurden ebenfalls Terrassen errichtet; hier kam es jedoch vor allem auf eine kunstvolle Ableitung der starken Niederschläge an.

Die regionalen Unterschiede zeigen sich ebenso in der Architektur. Im regenreichen Hochland wird mit Stein und Lehm gebaut; die Dächer sind geneigt und mit Gras gedeckt. An der Küste hingegen, wo es mitunter jahrzehntelang nicht regnet, werden Lehmbauten mit Flachdächern oder auch Hütten aus Bambusgestellen und Schilfmatten errichtet.

Die unterschiedlichen geographischen und klimatischen Grundvoraussetzungen bedingen so eine starke Differenzierung in der kulturellen Entwicklung der einzelnen Regionen. Dabei haben sich die unwegsamen lebensfeindlichen Wüstenabschnitte zwischen den einzelnen Taloasen als besonders trennend ausgewirkt, so daß hier viele unterschiedliche, regional begrenzte Kulturerscheinungen entstanden. Zwischen Hochland und Tiefland hingegen gab es entlang den Flußtälern bereits seit alter Zeit kontinuierliche Verbindungen, allein schon zum Austausch der in unterschiedlichen Höhen gedeihenden Agrarprodukte.

Die besondere Faszination der Archäologie Südamerikas liegt darin, wie dort im Verlauf der Geschichte die Menschen gelernt haben, sich unter den extremen Verhältnissen einer eigentlich feindlichen Umwelt einzurichten. Sie haben dabei eine vollkommene An-

Lomas heißen die begrenzten Wüstenareale, die zeitweise von Nebel befeuchtet und dann von Vegetation überzogen werden – hier bei Acari, 600 Kilometer südlich von Lima

passung – auch in biologischer Hinsicht – an den Lebensraum durchgemacht. Sie haben es fertiggebracht, an der Küste in extremer Trockenheit ebenso zu überleben, wie sich auf eine dauernde Existenz in Höhen von mehr als 5000 Metern einzustellen. Wie auch immer: Dabei suchten die frühen Amerikaner stets ein perfektes Gleichgewicht mit der Natur. Umso stärker war die Erschütterung ihrer Welt, als die ersten Europäer hereinbrachen und das Leichentuch kultureller Vernichtung über die neuentdeckten Länder warfen.

★

Die weitere Eroberung des Andenraumes vollzog sich nach Pizarros Handstreich von Cajamarca und dem Mord am Inka-Herrscher Atahualpa in beispielloser Geschwindigkeit. Pizarro verstand es, vom Inka-Imperium unterworfene Völkerstämme auf seine Seite zu ziehen und als Hilfstruppen einzusetzen. Auch die Anhänger des vorausgegangenen Herrschers, des Inka Huascar – ein Halbbruder von Atahualpa, den dieser samt der Familie hatte hinrichten lassen, um selbst den Thron zu besteigen –, ergriffen Partei für die Ankömmlinge. So war das Reich gerade nach diesen Bruderkämpfen nicht so festgefügt, wie es von außen schien. Das inkaische Heer, seiner Führung beraubt, leistete keinen entscheidenden Widerstand mehr. Bereits Mitte November 1533, eineinhalb Jahre nach seiner Landung in der Bucht bei Tumbes, zog Pizarro mit seiner Truppe in der Inka-Hauptstadt Cuzco ein. Dort legte er schon im März 1534 den Grundstein für die spanische Kolonialresidenz.

Die Eindringlinge waren von Anfang an bestrebt, die neuen Gebiete großflächig unter ihre Herrschaft zu nehmen. Wichtigstes Instrument dabei war die Gründung von Städten, konventionell nach dem Muster der spanischen Heimat im Rastergrundriß angelegt. Von ihnen aus wurde dann das Umland unterjocht. Im Januar 1535 gründete Pizarro Lima, mit dem Hafen Callao bald wichtigster Nachschubort und später Amtssitz der spanischen Vizekönige. In weiten Zügen unterwarfen die Spanier schließlich den gesamten Andenraum nach Norden und Süden, über Ecuador bis ins heutige Kolumbien und über das Gebiet des Titicaca-Sees bis nach Bolivien und Chile. Auch ein Aufstand des als Marionette eingesetzten Inka-Herrschers Manco Capac II. im Jahr 1536 mit der Belagerung der spanischen Besatzung in Cuzco konnte das Rad der Geschichte nicht zurückdrehen. Der Inka floh in die Urwälder der Montaña, aber er entkam nicht dem Mordkommando der Spanier.

Blutige Machtkämpfe brachen auch unter den Eroberern aus, ein gnadenloser Bürgerkrieg, jeder gegen jeden. Kumpane von einst fielen über Pizarro her und brachten ihn schließlich, 1541, in seinem Palast in Lima um. Ein Aufstand seines jüngeren Halbbruders Gonzalo endete letal durch ein Strafgericht des königlichen Sonderbeauf-

Entscheidungsschlacht zwischen Spaniern und dem Inka-Heer – Phantasiedarstellung von Theodor de Bry, 1596. Im Hintergrund, ebenso nachempfunden, die Metropole Cuzco als regelmäßige Idealstadt

In nur einem Vierteljahrhundert gelang es einer Handvoll spanischer Eroberer, das Reich der Inka mit seinen acht Millionen Menschen vollends zu unterwerfen

tragten La Gasca, der die gesamte Andenregion bis 1550 als spanische Kolonie fest in die Hand nahm.

Die Suche nach weltlichen Schätzen ging unterdessen systematisch weiter – und damit die Zerstörung der alten Kultur. Zur Goldgier kam ein weiterer Antrieb: die Zwangsvorstellung, die Bevölkerung zum Christentum bekehren zu müssen. Die Eroberer, noch tief im mittelalterlichen Denken verwurzelt, waren felsenfest überzeugt, als Christen die eigentlichen Menschen zu sein. So konnte alles Weitere als göttlicher Auftrag zur Missionierung von Heiden moralisch gerechtfertigt werden. Dem religiösen Bekehrungswahn, verbunden mit Beutegier, fielen in der Folge die Mehrzahl der bodenständigen Kulturschöpfungen zum Opfer: Profanbauten, Tempel, Kunstgegenstände und kostbare Handwerksprodukte, vor allem edle Textilien und feine Töpferwaren. Bis weit in das 17. Jahrhundert hinein gibt es Berichte über die Konfiszierung indianischer Mumien sowie Verdikte gegen den Ahnenkult der Einheimischen. Die christlichen Missionare versuchten, indianische Kultur und Religion mit Stumpf und Stiel auszurotten. „Götzenbilder“ wurden verbrannt und unzählige Eingeborene zwangsweise in neue Dörfer, *Reducciones*, umgesiedelt, wo sie zur Christianisierung – und zur Fronarbeit – besser verfügbar waren. Manche Geistliche unternahmen jedoch auch, um ihre Missionierung zu untermauern, Anstrengungen, indianische Sitten und Gebräuche zu dokumentieren. Sie verfaßten Berichte, Reisebeschreibungen sowie Wörterbücher und Grammatiken der verschiedenen indianischen Sprachen und trugen eine ausführliche Dokumentation an ethnographischen Beobachtungen zusammen. Diese Niederschriften bilden zusammen mit den Berichten von Teilnehmern der Eroberungszüge eine wichtige historische Quelle für die Erforschung der vorspanischen Kulturen. Vereinzelt kommen auch Zeugnisse der Betroffenen selbst hinzu, so die um 1600 von dem Indianer Felipe Guamán Poma de Ayala gezeichnete und aufgeschriebene Bilderchronik *Nueva*

Corónica y Buen Gobierno, in der ein breites Spektrum inkaischen Lebens festgehalten ist. Jedoch überwog das Zerstörungswerk der Missionare bei weitem deren Bemühungen um ethnologische Dokumentation.

Sehr bald nach der Conquista, noch im 16. Jahrhundert, setzte in den Andengebieten eine geradezu professionelle Schatzgräberei ein, zum Teil systematisch durch regelrechte Aktiengesellschaften betrieben. Vor allem an der Nordküste Perus in der Gegend von Trujillo waren die großen Sakral- und Begräbnisbauten der Moche- und Chimu-Kultur bis dahin noch weitgehend erhalten geblieben. Sie wurden nun unter dem Großeinsatz von Arbeitern auf der Suche nach goldenen und silbernen Schätzen umgegraben und zerstört. So begann im Jahr 1566 ein Bürger von Trujillo namens Gutierrez de Toledo eine der größten Pyramiden, die später nach ihm benannte Huaca de Toledo, auszubeuten. Fünfzig Jahre lang wurde das Heiligtum im Tagebau abgetragen, und immer neue Goldfunde kamen ans Tageslicht. Auch der größte aller südamerikanischen Tempelbauten, die Sonnenpyramide von Moche, wurde seit 1602 von einer eigens dazu gegründeten Aktiengesellschaft nach Schätzen durchwühlt. Man leitete sogar einen Fluß ab, um die Flanke des riesigen Bauwerks wegzuspülen, das auf diese Weise zum größten Teil unwiederbringlich zerstört wurde.

Die Suche nach Schätzen war ebenso wie die Verteilung des Gewinns durch königliche Auflagen strikt geregelt. Von jedem Raubzug, jeder Plünderung, jeder Ausgrabung beanspruchte die spani-

Nur Edelmetall galt den Grabräubern der Kolonialzeit etwas. So blieb manche Schnitzerei aus Holz achtlos weggeworfen im Gräberschutt liegen: Tragmaske einer Mochica-Gottheit aus dem Virú-Tal. Augen und Zähne sind aus Perlmutt eingelegt, den Kopfputz bildet ein Puma

sche Krone 20 Prozent. Nominell waren zwar alle Monumente und Gräber automatisch zum Eigentum des Königs erklärt und ihre Zerstörung durch Privatpersonen damit verboten. In der Praxis jedoch führte jene Besteuerung zu einer sanktionierten Schatzsuche nach festgelegten Regeln auch zugunsten des Fiskus. Die Grabungsgenehmigung setzte lediglich die Teilnahme eines königlichen Kontrollbeamten und schriftliche Fundberichte voraus.

Bei der Schatzsuche ging es allein um Kostbarkeiten aus Edelmetall, Gold und Silber, die unverzüglich eingeschmolzen und so auf ihren Marktwert reduziert wurden. Wie viele Wunderwerke aus Ton, Holz oder feingewebten Textilien werden dabei als „heidnischer Plunder" achtlos zerstört oder fortgeworfen worden sein? Heute haben sogar die Abraumhalden der damaligen Schatzgräber Bedeutung; in Trujillo wurden in jüngster Zeit kunstvolle Holzfiguren mit prächtigen Einlegearbeiten aus Stein und Muscheln in dem Schutt entdeckt, den die frühen Beutesucher hinterließen.

Während des 18. Jahrhunderts zeigte sich dann auch im Andengebiet ein antiquarisches Interesse an den Resten der vorspanischen Kulturen, wie vorher schon an den Fürstenhöfen Europas die Kuriositätenkabinette mit getrockneten Exotenfischen, Schildkrötenpanzern und römischen Marmorstatuen vollgestopft wurden. Karl III. von Spanien, der Bourbone, der vorher als König von Neapel in den Ruinen des verschütteten Pompeji hatte graben lassen, gründete in Madrid ein Kabinett der Naturgeschichte und Altertümer; ihm wurden bald auch peruanische Grabbeigaben und sogar die veritable Mumie eines Kaziken einverleibt. In die Regierungszeit von Karl fällt ebenso die Sammlungs- und Dokumentationstätigkeit des Bischofs Don Baltazar Jaime Martínez de Compañón y Bujanda, der etwa seit 1779 in seiner Diözese Trujillo systematisch Informationen über Altertümer und Brauchtum Nordperus zusammentragen ließ.

Die wissenschaftliche Erforschung Südamerikas erfuhr ihren entscheidenden Impuls durch Alexander von Humboldt, der diesen Teil der Neuen Welt von 1799 bis 1804 auf eigene Kosten und eigenes Risiko bereiste. Er war vom spanischen König mit einer Generalvollmacht „zur Erwerbung von Wissen" über die amerikanischen Kolonien ausgestattet und legte seine Beobachtungen und Erkenntnisse in einer Fülle gelehrter Veröffentlichungen vor. Humboldts Verdienst war es, dabei als erster auch den hohen wissenschaftlichen Rang der Zeugnisse vorspanischer Kulturen im Andenraum erkannt zu haben. Sein Werk hat zahlreiche Studien des 19. Jahrhunderts auf den Gebieten der Archäologie, Ethnographie und Anthropologie angeregt und gilt damit als Grundstein der Altamerikanistik.

Dem Schmelztiegel entgangen: Halsband der Mochica aus getriebenen Goldkugeln

Bis zum Ende des 19. Jahrhunderts sind es vor allem abenteuerlustige europäische Reisende, Geschäftsleute und Diplomaten gewesen, die während strapaziöser Expeditionen eine Fülle von Informationen über vorspanische Ruinenstätten zusammentrugen. Und Europäer waren es auch, die dort erste wissenschaftliche Ausgrabungen betrieben – darunter besonders namhaft die deutschen Geologen Wilhelm Reiß und Alphons Stübel, die 1875 im Totenfeld von Ancón an der peruanischen Küste gruben. Als der Vater der südamerikanischen Archäologie gilt indes der 1856 in Dresden geborene Gelehrte Max Uhle, der 1892 nach Südamerika kam und sein ganzes Leben in Chile, Peru, Bolivien sowie Ecuador auf Ruinenplätzen verbrachte. Er war es auch, der als erster die Methode der Schichtgrabung in Südamerika anwendete. Auf seine Arbeit geht vor allem die heute noch gültige Einteilung der vorspanischen Zeit in bestimmte Kulturepochen zurück.

Im 20. Jahrhundert bahnte sich in der Archäologie Südamerikas ein entscheidender Wandel an. Die aufstrebenden Länder entwickelten, wie viele Regionen der Dritten Welt, unter dem Gesichtspunkt der nationalen kulturellen Tradition ein neues Selbstbewußtsein. Diese Idee des „Indigenismo", der Rückbesinnung auf die Wurzeln der Urbevölkerung, brachte einigen Schwung in eigenständige Methoden und Erkenntnisziele der archäologischen Forschung, wirkte aber auch hemmend: Statt auswärtige Experten unbesehen ins Land zu lassen, wartet man eher die Heranbildung eigener Fachleute ab und läßt bis dahin manchen sensationsverdächtigen Platz lieber unerforscht. Zu groß ist die Besorgnis, daß sich wiederholen könnte, was während des 19. Jahrhunderts an den alten Stätten des Orients geschah: Die Ausplünderung in großem Stil durch europäische und nordamerikanische Liebhaber, die sich dann auch noch der wissenschaftlichen Ernte rühmten. So unterliegen Forschungsmissionen ausländischer Institutionen in den südamerikanischen Ländern seit langem besonderer Auslese, Aufsicht und Regeln.

Eine andere Spezialität der Kulturgeschichte zwischen Karibik und Feuerland betrifft die Datierung. Wer sich hier auskennen will, darf kein lineares Klettergerüst der Chronologie erwarten, wie wir es etwa in der Entwicklung der Alten Welt von Mesopotamien über das Römische Reich bis Kolumbus und weiter zu benutzen pflegen. Zu verwirrend ist die Vielfalt der regionalen Kulturen Südamerikas für den einfachen Überblick. Zu viele unterschiedliche Epochen überlagern einander, beeinflussen einander und verändern ihren Einzugsbereich. Auch die alten, aus europäischer Forschungstradition entlehnten Stilbegriffe – vorklassisch, klassisch, nachklassisch – treffen nicht genau. So wurde in der Altamerikanistik bereits auf Anregung von Max Uhle ein übergreifendes Chronologieschema entwickelt, das der Amerikaner John Rowe und Fachgenossen nach präzisen Studien der Kulturabfolge in einzelnen Tälern Perus ausformulierten. Dieses Schema bedient sich des Begriffs „Horizont", der für Archäologen eine zeitlich definierte, auf eine größere Region übergreifende Kulturepoche bedeutet. Die Bezeichnung „Horizont" als Eselsbrücke ist nicht besonders glücklich gewählt, hat sich jedoch in der internationalen Terminologie durchgesetzt.

In Südamerika gibt es drei solcher Horizonte. Sie müssen nicht zwangsläufig ein einheitlich politisches System bedeuten, wie es im Späten Horizont, dem Inka-Reich, der Fall war. Sie können auch die überregionale Verbreitung kultisch-religiöser oder ikonographisch-künstlerischer Entwicklungen meinen, die zeitweise als einigendes Band für einen größeren Kulturbereich galten und dann wieder von regionalen Strömungen abgelöst wurden.

Als Früher Horizont wird hier die Periode der Ausbreitung der Chavín-Kultur mit übergreifender Ikonographie und homogenen Religionsvorstellungen angesetzt. Der Mittlere Horizont wird geprägt von der Ausbreitung der Tiahuanaco- und Huari-Kulturen über weite Teile des Andengebietes. Der Beginn des Späten Horizonts schließlich, also die Epoche der inkaischen Expansion, steht am Anfang der chronologisch faßbaren, etwa hundertjährigen Inkaherrschaft. Diese „Horizonte" sollen vielmehr Denkhilfen zur kulturellen Einordnung als absolute Zeitwerte sein. In die „Zwischenperioden" fallen jeweils die Zeiten regionaler Entwicklungen.

Dieses Schema ordnet wenigstens die Fülle der aufeinanderfolgenden oder parallelen Einzelkulturen. Es kann nur als grobes Gerüst gelten. Im Norden der Andenregion, im heutigen Ecuador und in Kolumbien, außerdem in den amazonischen Urwaldgebieten kann es nicht angewendet werden. Bis dort strahlten die mittelandinen großen Kulturen der drei Horizonte nicht wesentlich aus.

In diesem Zusammenhang ist noch eine weitere Besonderheit der archäologischen Forschung zu nennen, die für die professionellen Ausgräber in aller Welt eine entscheidende Rolle spielt: der Erhaltungszustand ihrer Funde. Je nach Material und Klima sind die Bau-

Anfangsperiode		2000 – 1400 v. Chr.
Früher Horizont	Ausbreitung der Chavín-Kultur	1400 – 400 v. Chr.
Frühe Zwischenperiode	Regionale Entwicklungen	400 v. Chr. – 540 n. Chr.
Mittlerer Horizont	Ausbreitung der Tiahuanaco- und Huari-Kultur	540 – 900
Späte Zwischenperiode	Regionale Entwicklungen	900 – 1438
Später Horizont	Inka-Imperium	1438 – 1534

Die verwirrende Vielfalt kultureller Entwicklungen in Südamerika gliederten die Archäologen nach „Horizonten". Das Schema kann nur grob sein – und es gilt nicht für den Bereich der nördlichen Anden

Im knochentrockenen Wüstenklima haben sich diese Mumien der Paracas-Cavernas-Kultur samt ihren Beigaben und Totenmänteln über Jahrtausende völlig unversehrt erhalten

ten und Objekte aus alter Zeit mehr oder minder verrottet, vernäßt oder zerfallen und manchmal nur noch durch Spuren von Staub mittels technologischer Untersuchungen zu identifizieren.

Die Küstenregionen Perus und Chiles bescheren uns Archäologen so glückliche Fundumstände, wie sie sonst nur noch in Ägypten vorkommen. In diesen trockenen Wüstenstrichen haben sich selbst die empfindlichsten Gegenstände aus organischem Material erhalten, die Holzpfosten und Schilfmatten der leichten Häuser, die holzgeschnitzten Götterbilder mit ihren Muschelarbeiten ebenso wie fragile Korbgeflechte, kostbare Textilien und selbst das Vergänglichste, feiner Schmuck aus den bunten Federn tropischer Vogel. Auch die Toten blieben hier nahezu unversehrt. Durch die extreme Trockenheit mumifiziert, zeigen sie sogar noch ihre Tätowierungen; das Körperhaar, ja selbst die Augenwimpern können wir erkennen, wenn eine solche Mumie aus ihren Totentüchern gewickelt wird.

In den tropisch-feuchten Niederungen des Amazonasbeckens und der Küstengebiete der nördlichen Andenregion dagegen sind die Zeugnisse menschlicher Kultur, soweit sie aus organischem Material bestehen, auf natürliche Weise längst zugrunde gegangen. Lediglich Mauern und Werkzeuge aus Stein, vor allem aber Gefäße aus gebranntem Ton und ihre Scherben haben die aggressiven Umwelteinflüsse, das feuchte Klima und die alles verschlingende tropische Vegetation überstanden. Wer hier die Spuren der Vergangenheit erforschen will, führt einen mühseligen Kampf gegen ständig wuchernde Wildnis und den ungründigen Schlamm einer amphibischen Welt – von höchst lebendigen Quälgeistern wie den allgegenwärtigen Zecken, Myriaden von Moskitos und den überall lauernden Giftschlangen einmal abgesehen. Davon wird in diesem Buch noch die Rede sein.

Im Labyrinth des Frühen Horizontes

Eine Rasse von Giganten müsse die Bauten aufgetürmt haben, meint ein früher spanischer Chronist: Seinen Eindruck bestätigt noch heute der legendäre Wallfahrtsort von Chavín hoch in den peruanischen Anden, die wichtigste Ruinenstätte des Landes aus dem Frühen Horizont, wie Archäologen die Epoche seiner Entstehung bezeichnen. In der gewaltigen Tempelpyramide fanden die Forscher ein kompliziertes System enger hoher Gänge und grandiose Reliefs mit mythologischen Mischwesen, die auf eine hochentwickelte Religion schließen lassen. Noch ein halbes Jahrtausend älter sind die rätselhaften Anlagen von Cerro Sechín mit ihren Darstellungen martialischer Totentänze und den ältesten monumentalen Steinskulpturen im alten Amerika

Mehr als 3000 Meter über dem Meer liegt die mit dem binsenartigen Ichu-Gras bewachsene Hochsteppe im Callejón de Juaylas. Die östliche Andenkette der Cordillera Blanca mit ihren gletscherreichen Sechs-tausendern bewacht den Zugang zum Ruinenplatz Chavîn im mittleren Peru

Das fruchtbare Tal von Chavín de Huantar mit seinen Maisparzellen öffnet sich vom Hochgebirge zum amazonischen Tiefland. Hier entstand im 1. Jahrtausend v. Chr. als gewaltiger Steinbau eines der bedeutendsten Heiligtümer des Frühen Horizonts

Acht Meter dick sind die Steinmauern von Chanquillo, einer Festung des Frühen Horizonts hoch über dem Casma-Tal. In den versetzten und abgewinkelten Torgängen haben sich für die Datierung nützliche Deckenbalken erhalten. Die inneren Bauten waren wohl Quartiere der Elite

Bis zu seiner Endstation, dem Callejón de Huaylas im mittleren peruanischen Hochland, war ich mit dem überfüllten Bus von der Küste gekommen. In einer dörflichen Lehmhütte hatte ich eine eisige Nacht in meinem für diese Höhe viel zu dünnen Schlafsack verbracht, und jetzt stehe ich am frühen Morgen an der Abzweigung der Schotterpiste nach Osten. Etwa hundert Kilometer sind es noch bis zum Dorf Chavín de Huantar und seiner Ruinenstätte.

Der tägliche Lastwagen, einziges Transportmittel auf dieser Hochgebirgsroute, soll in aller Frühe hier durchkommen. Die Sonne wärmt schon ein bißchen. Zu beiden Seiten der grünen Hochebene leuchten Bergketten, im Osten die Cordillera Blanca mit ihren Schneegipfeln, im Westen die niedrigere Cordillera Negra.

Schließlich kommt das uralte Gefährt tatsächlich mit quietschenden Bremsen in einer Staubwolke vor mir zum Stehen. Im Fahrerhaus drängen sich schon fünf gegen die Kälte mit Strickkappen und Schals vermummte Gestalten. Auf der Ladepritsche zwischen hochgestapelten Bierkästen, Säcken mit Kunstdünger und einem halben Dutzend lebender Schafe finde ich noch ein Plätzchen für mich und meinen Rucksack, und schon rumpelt das Gefährt weiter.

Die kurvenreiche Piste mit gewaltigen Schlaglöchern führt immer höher, zwischen Felsen und Schotterhalden kämpft sich der Wagen bis zur Puna hoch, der flachen, mit hohem gelben Steppengras bedeckten Ebene. Es ist dieses harte binsenartige Gras, Ichu genannt, das die Lamas fressen und mit dem die Indianer ihre Giebelhäuser decken.

Vereinzelt stehen große braune Geröllblöcke in der Landschaft, sonst nur Weite und dünne Luft. Die Sonne brennt schon vom Himmel, und ich habe meine alte Lederjacke ausgezogen, als wir drei Stunden später die Hochebene verlassen. Der Fahrer schaltet bergauf in den ersten Gang und nimmt ganz langsam eine Serpentine nach der anderen. Hier gibt es keine Vegetation mehr, nur Geröll und Felsschlünde. Über uns, schon zum Greifen nah, die Schneefelder und Gletscher der Weißen Kordillere. Wo soll dieser Pfad bloß noch hinführen? Weit und breit ist kein Paß in der Bergkette zu sehen, wir fahren in schwindelnder Höhe geradeaus auf eine senkrechte Felswand zu.

Kurze Rast. Der Fahrer sammelt in einer verbeulten Blechkanne herabrinnendes Gletscherwasser von den Felsen und gießt es in den kochenden Kühler seines Oldtimers. Meine Reisegefährten, die Schafe, dünsten in der Mittagshitze. Weiter geht die Fahrt. Vor uns in der Bergwand tut sich plötzlich ein schwarzes Loch auf, der Tunnel in 4700 Metern Höhe, in den wir jetzt mit aufheulendem Motor eintauchen.

Der hohe Aufbau des Wagens füllt die roh aus den Felsen gehauene Höhlung fast ganz. Im trüben Scheinwerferlicht sucht sich unser Fahrer den Weg. Der Tunnel steht halbmetertief unter Wasser. Im schlammigen Untergrund drehen immer wieder die Räder durch. Zum Greifen nahe hängen Eiszapfen an der Felswand über mir, irgendwo rauscht Wasser von der Decke, und unversehens bin ich von einem eisigen Sprühregen durchnäßt.

Endlich ein heller Fleck am anderen Ende. Die Ostseite der Kordillere ist erreicht. Wir haben jetzt die kontinentale Wasserscheide zwischen Pazifik und Atlantik überwunden, der Flußlauf tief unten im Tal mündet irgendwo weiter in den Marañón, der schließlich den Amazonas speist. In scharfen Haarnadelkurven geht es talwärts, wo sich die Schlucht endlich weitet.

Kartoffeläcker und saftig grüne Maisparzellen säumen nun den Weg, begrenzt von blauschimmernden Agaven. Endlich umrundet der Laster einen letzten Hügelausläufer. Über eine schmale Brücke fahren wir auf das Dorf zu, dessen zweistöckige Lehmhäuser sich dicht zusammenducken. Die großen grasbewachsenen Hügel rechts müssen schon die Ruinen sein. Ich bin nach sechsstündiger Fahrt in Chavín auf 3200 Metern Höhe angekommen.

Chavín am Ostabhang der Anden ist in der peruanischen Archäologie die wichtigste Ruinenstätte des Frühen Horizonts. Seine Blütezeit wird nach den jüngsten Datierungen auf 850 – 200 v. Chr. angesetzt. Am Ende der Inkazeit im 16. Jahrhundert lag das Heiligtum längst verödet, doch berichtet der Chronist und Mitstreiter Pizarros, Cieza de León, 1553, es habe noch riesige gutgefügte Mauern und feingearbeitete Steinfiguren gegeben, und er vermutet, daß der Bau lange vor den Inka von einer Rasse von Giganten geschaffen worden sei. Wie lange sich die Kunde von dem Wallfahrtsort gehalten hat, belegt ein Bericht des Ordensgeistlichen Antonio Vázques de Espinosa von 1616: „Bei diesem Dorf

Chavín steht ein großes Gebäude von bemerkenswerter Qualität aus sehr gut gefügten Steinen; es war eines der berühmtesten Heiligtümer der einheimischen Indios, wie bei uns Rom oder Jerusalem. Dorthin pilgerten sie, um Weihegaben darzubringen und zu opfern; denn der Götze dieser Stätte tat ihnen viele Göttersprüche kund, und deshalb kamen sie aus dem ganzen Reich dorthin."

Von den Reisenden des 19. Jahrhunderts schlugen sich mehrere zu dem legendären Ort durch. Der peruanische Forscher Mariano Eduardo de Rivero berichtet von einem Besuch im Jahr 1828 über Metall- und Keramikfunde und Menschenskelette in den inneren Kammern des Bauwerks.

Die entscheidende Entdeckung der grandiosen Reliefkunst Chavíns gelang knapp fünfzig Jahre später. Ein Indianer fand beim Bestellen seines Maisfeldes im Ruinenbereich einen Steinblock aus poliertem Granit, knapp zwei Meter lang, der auf einer Seite feine Reliefzeichnungen trug. Er schaffte ihn zu seiner Hütte und benutzte ihn dort als Tisch, zum Glück mit der verzierten Seite nach unten. Dort fand ihn der Reisende José Toribio Polo 1871. Ein Jahr später entdeckte der italienische Forscher Antonio Raimondi den Reliefblock erneut, diesmal im Pfarrhof. Nach Raimondi ist die Stele noch heute benannt.

Das etwa 600 Kilogramm schwere Stück wurde auf Raimondis Veranlassung auf den Rücken von Mauleseln über steile Saumpfade 1874 nach Lima geschafft und erregte im Ausstellungspalast großes Aufsehen. Eines der besten Werke der Chavín-Kunst trat ins

Die schwindelerregende Fahrstraße nach Chavín kreuzt hart unter den Gletschern das Massiv der Weißen Kordillere

Licht. In feinster Relieftechnik ist auf dem glatten Stein ein mythologisches Mischwesen aus Mensch und Tier dargestellt, das den Betrachter frontal anblickt. Die Füße und Hände enden in Raubkatzenklauen, der Gürtel der Gestalt ist ein Raubtiersymbol mit Schlangenornamenten, die erhobenen Hände tragen jeweils einen in Tiersymbolen ausgeführten Stab, der Kopf zeigt Züge einer Raubkatze mit Schlangenhaaren und wird bekrönt von einem riesigen Kopfputz, in dem sich vielfach ineinandergeschachtelt wiederum ein Raubtierrachen sowie Schlangenmotive kombinieren.

Bereits an diesem Beispiel wurden damals die Kompliziertheit der ikonographischen Symbole und die verschlungene religiöse Mythologie, aber auch die hohe Qualität der Kunst von Chavín deutlich. Die Stele geriet allerdings auf merkwürdige Wege; Polo entdeckte sie 1892 erneut – als Parkbank vor dem „Club Revolver" in Lima. Heute ist sie eines der wichtigsten Meisterwerke im archäologischen Nationalmuseum. Ihr Motiv, das mythologische Mischwesen als Stabgott, wird uns – etwa tausend Jahre jünger – in Tiahuanaco im südlichen Andenbereich wiederbegegnen.

Die Ruinen von Chavín blieben im Blickpunkt der Gelehrten. Ernst Wilhelm Middendorf veröffentlichte 1895 eine präzise Beschreibung der großen Tempelpyramide und erwähnte auch schon ein zweites Hauptwerk der Reliefkunst, einen riesigen skulptierten Pfeiler, der im Inneren des ältesten Tempelbereichs stand und „Lanzón" (der Lanzenförmige) heißt. Ein ähnliches Schaustück ist ein Obelisk, der nach seinem Entdekker Julio C. Tello benannt wurde. Tello war es, der zwischen 1919 und 1940 umfangreiche Grabungen und Vermessungen in Chavín durchführte. Bis zu seinem Tod 1947 blieb er innig mit der Erforschung dieses Heiligtums verbunden. Man kann sagen, daß er aus Chavín eine Art von nationalem peruanischen Heiligtum machte, eine *cultura matriz de la civilización andina*, und daß es ihm gelang, der Öffentlichkeit die Bedeutung dieser großen frühen Kultur bewußt zu machen. Tello gilt als Begründer der nationalen peruanischen Archäologie.

Das Ruinenfeld von Chavín, etwa so groß wie sieben Fußballfelder, liegt zwischen einem tiefeingeschnittenen Bach im Norden und

Die feinpolierten Flachreliefs der Raimondi-Stele in Chavín enthalten kompliziert verschlüsselte ikonographische Botschaften: Jedes Abbild ist doppeldeutig, Frontalansicht und Draufsicht durchdringen einander

Im Labyrinth der unterirdischen Gänge von Chavín, genau im Zentrum der älteren Tempelpyramide, steht der „Lanzón", ein steinerner Götze mit Jaguarmaul und Schlangenhaar, rund viereinhalb Meter hoch. Welche Opferriten sich hier abspielten, ist unbekannt

dem Río Mosna, dem Hauptfluß des Tales, im Osten. Nach Westen steigt das Gelände steil an und bedroht mit seinen häufigen Erdrutschen einen Teil der Anlage. Also kein besonders günstiger Platz, um Gebäude für die Ewigkeit zu errichten.

Das Heiligtum besteht aus großen rechteckigen Plattformen. Sie sind symmetrisch um eine Mittelachse geordnet, kombiniert mit einer Reihe von Plätzen und aufgeschütteten Terrassen. Die Bauwerke enthalten eine Füllung von Lehm und Feldsteinen und sind von präzise gefügten Quadern ummantelt. Die Hauptpyramide als größtes Bauwerk über einem Quadrat von etwa 70 Metern Seitenlänge besteht aus zwei Stufen mit leicht nach innen geneigten Umfassungsmauern. Zwei niedrige und eine höhere Quaderschicht folgen jeweils im Mauerwerk übereinander und geben der Fassade eine besondere Prägung.

Vor dem Hauptbau ist auf einer Terrasse ein kleiner quadratischer Platz eingetieft, davor liegt etwas tiefer weiter nach Osten ein riesiger Rechteckplatz, flankiert an den beiden Langseiten von massiven

Über dem Platz und der Tempelpyramide von Chavín droht das Hochgebirge mit seinen verheerenden Schlammlawinen

Plattformen, die über vorgelegte Treppen zugänglich sind. In diesen Platz ist wiederum ein quadratischer Hof eingelassen; vier Treppen in den Mittelachsen führen hinab.

Die ganze Anlage mit ihrem Wechselspiel von erhöhten Terrassen und vertieften Plätzen auf unterschiedlichen Ebenen hat einen betont monumentalen Charakter. Um ihre Raumwirkung ganz zu erfassen, muß man sich vorstellen, wie hier einst feierliche Prozessionen durchzogen – in der Richtung der Hauptachse über den Platz, den ersten Quadrathof, dann auf Freitreppen über die erhöhte Terrasse und mehrere Ebenen nach Westen bis vor die Hauptfassade der großen Stufenpyramide. Vor deren Mitte erheben sich die Säulen eines Portals, links aus hellem Kalkstein, rechts aus dunklem Andesit. Der heute darüber liegende Sturz mit skulptiertem Fries gehörte ursprünglich nicht hierher.

Dieses Portal mag eine wichtige Station der Prozession gewesen sein. Dahinter führen zwei Treppen nach beiden Seiten auf die Höhe der ersten Pyramidenstufe, wo der Aufgang rechtwinklig abknickt und eine weitere Treppe durch das Innere der zweiten Stufe führt. Auf der Höhe der obersten Plattform befanden sich einst zwei rechteckige gleichartige Tempel, von denen nur noch wenige Mauerreste erhalten sind.

Die Steinmetzarbeit dieses mit den Tempelresten rund 15 Meter hohen Baues ist von bemerkenswerter Qualität. Die monolithischen Säulentrommeln des Portals zeigen in der gleichen flachen Relieftechnik wie die Raimondi-Stele mythologische Flügelwesen mit Tigerköpfen und Raubkatzenkrallen. Archäologen kennen diese Darstellung unter dem blumigen Namen „Vertigerter Engel".

Auf der Rückseite der großen Pyramide hat sich in der Außenmauer noch ein Rest des ursprünglichen oberen Abschlußgesimses aus vorkragenden Steinplatten mit fein gravierten Reliefdarstellungen erhalten. Unter dem Gesims ragten in regelmäßigen Abständen Steinzapfen hervor. Sie stellen die Köpfe von Mischwesen dar, mit weit aufgerissenen Augen und riesigen Reißzähnen. Ursprünglich schmückten sie alle Außenseiten des Bauwerks. In seiner alten Position hat sich nur ein einziger solcher Kopf erhalten; viele andere fanden sich im Schutt am Fuß der Mauern.

Diese Anlage aus einer jüngeren Erweiterungsphase des Heiligtums war durch die Arbeiten Tellos und durch Untersuchungen des Amerikaners Wendell Bennett 1938 weitgehend bekannt und von den späteren Überbauungen einer Wohnsiedlung sowie von Erdverschüttungen befreit worden. Da schlug im Januar 1945 eine verheerende Naturkatastrophe zu: In der nahen Cordillera Blanca brach der Moränendamm eines Gletschersees. Eine Lawine aus Schlamm und Geröll ergoß sich ins Tal und begrub das mühsam freigelegte Heiligtum samt Teilen des angrenzenden Dorfes unter sich. Ein kleines, von Tello auf der Pyramide eingerichtetes Museum mit dem größten Teil der geborgenen Steinfunde wurde einfach mit fortgespült.

So standen die Archäologen wieder ganz am Anfang, als sie 1955 zur Schaufel griffen. Die Pyramide wurde vom vier Meter hohen Schutt des Erdrutsches befreit,

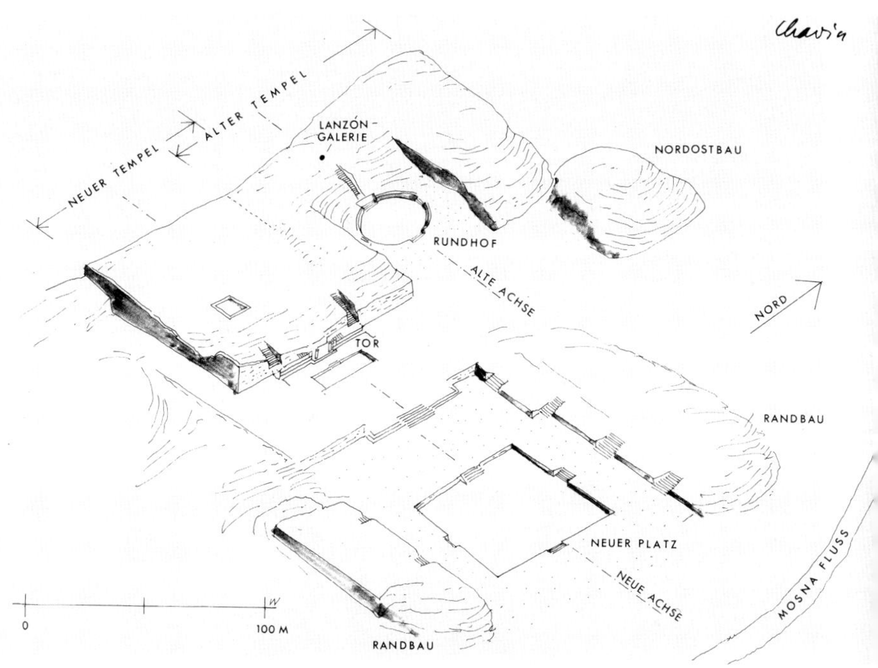

Der Kern des Heiligtums von Chavín, u-förmig um einen vertieften Rundhof angeordnet, wurde später durch eine neue Platzabfolge mit größerer Pyramide und Randbauten erweitert

neue Steinskulpturen wurden entdeckt. Dem Amerikaner John Rowe gelang es 1962, zwei Bauphasen der Anlage erstmals deutlich zu unterscheiden: An einen älteren nördlichen Bau schiebt sich, durch eine Fuge klar getrennt, ein späterer südlicher Pyramidenkörper an. Mit ihm entstand eine neue Abfolge von gestuften Plätzen für den Wallfahrtsort. Altes und neues Heiligtum stehen also parallel nebeneinander.

Das Innere dieser gewaltigen Anlage durchziehen sowohl im alten wie im neuen Trakt enge hohe Gänge, in einem komplizierten Raster nach der Hauptrichtung des Bauwerks auf mehreren Ebenen. Ihre Wände sind gemauert und mit Steinplatten abgedeckt. Gelegentlich zeigen die Decken auch Kragsteingewölbe über verzierten Konsolen. Aus Lehmresten läßt sich schließen, daß die Wände verputzt und teilweise wohl auch bemalt waren. Von nirgendwo fällt natürliches Licht ein, jedoch sorgt ein ausgeklügeltes System von Schächten für Belüftung; sogar eine Wasserableitung durch verdeckte Kanäle in und um die Pyramidenbauten wurde gefunden.

Dieses immer noch nicht ganz freigelegte System von Kammern ist derart raffiniert, daß die Gänge sicherlich als Gesamtheit geplant und schon vor dem Aufschütten von Füllgut angelegt waren. Besonders merkwürdig dabei ist, daß einzelne Korridore mit Stichkammern blind enden, die im Grundriß E-förmig angelegt sind.

Der letzte der steinernen Köpfe hoch unter dem oberen Kraggesims und das große Portal mit den reliefierten Säulen an der Außenfassade der Hauptpyramide sind Teile der grandiosen architektonischen Ausgestaltung des Heiligtums von Chavín in seiner Spätphase

Ich bin tief beeindruckt, als ich in das Zentrum der älteren, U-förmigen Tempelanlage vordringe. Dort bilden verschiedene Gänge jenes Labyrinths eine düstere, übermannshohe, kreuzförmige Kammer. In ihrer Mitte ragt der „Lanzón", die viereinhalb Meter hohe Statue der Hauptgottheit: Mischwesen aus Mensch und Jaguar mit Raubtiermäulern und Schlangen als Kopfschmuck, stark abstrahiert als Relief in verschiedenen Ebenen. Es gibt wohl in der ganzen peruanischen Architektur kaum etwas Eindrucksvolleres als den Anblick dieses gewaltigen prismatischen Götzenbildes in seiner finsteren unterirdischen Kammer, umflattert von Scharen von Fledermäusen. Mehr als 2500 Jahre hat es unberührt überstanden.

Zu welchem Zweck war dieses Labyrinth von Gängen gedacht? Welche religiösen Vorstellungen waren mit den so bedrohlich aussehenden Mischwesen verknüpft, die die großartige Reliefkunst von Chavín prägen? Diese Fragen lassen sich heute, da wir Archäologen nach Jahrzehnten immer noch am Anfang unserer Forschung stehen, kaum beantworten. Auch über die Menschen, die diese komplizierten Bauten anlegten und mit ganz einfachen Werkzeugen – Prellhämmern aus Stein und hartem Schleifsand – die wunderbaren Reliefs schufen, wissen wir so gut wie nichts. Selbst wo sie lebten, bleibt ungeklärt: Wohnten die Bauern und Handwerker in unmittelbarem Umkreis des Heiligtums oder, wie früher angenommen, weit verstreut in einzelnen Gehöften? Der Amerikaner Richard Burger hat lediglich im heutigen Dorf profane Siedlungsschichten der Chavín-Zeit gefunden.

Offensichtlich war der riesige Tempel mit seinem inneren Gangsystem Ausdruck einer hochentwickelten Religion, bei der sich der Mensch als Teil eines geordneten Universums sah, dessen Götterwelt alle Lebensbereiche beherrschte und bedrohte. Das von den Naturgewalten abhängige Leben der Sterblichen fand seinen Sinn und wurde geordnet durch ein System von Ritualen, deren Gemeinsamkeit sich in der Ikonographie ausdrückte. Der Glaube an diese Gebundenheit dürfte der Schlüssel sein zur Erklärung der einheitlichen Verbreitung des Chavín-Stils. Er verlieh der Kunst als Vermittlerin gemeinschaftlicher religiöser Werte ihren geeigneten Ausdruck in der Gesellschaft; die komplizierte Ikonographie war dabei der Code, der die Vermittlung erst möglich machte.

Voraussetzung für diese in monumentale Baukunst übertragenen Religions-Vorstellungen waren Entwicklungen, die unmittelbar mit einer intensiven Landwirtschaft und der dadurch möglichen Arbeitsteilung zusammenhingen. Erst wenn nicht mehr alle Mitglieder einer Gesellschaft vollauf mit der Produktion von Nahrungsmitteln beschäftigt sind, kann sich eine Elite herausbilden, die als Priester- und Führungskaste die Vermittlung zu den überirdischen Mächten übernimmt und daraus ihren Herrschaftsanspruch ableitet. Die daraus entwickelte Kunst steht im Dienst der Herrschenden; zugleich gibt sie den Menschen das Bewußtsein, Teil eines großen Weltenplanes zu sein, der berechenbar wird durch Glauben und Rituale.

Die peruanischen Ausgräber Hernán Amat und Luis Lumbreras entdeckten während ihrer Arbeit in Chavín von 1966 bis 1972 zwischen dem Rundhof des älteren Heiligtums und dem vermutlich noch älteren Nordbau ein sonderbares System von Räumen, das im Grundriß wie ein Kamm aussieht; an einen langen Gang schließen sich in gleichmäßigen Abständen kurze Stichgänge an, die blind enden. In diesem Gangsystem, von den Ausgräbern *Galería de las ofrendas* (Galerie der Weihgaben) getauft, fanden sich mehr als 500 Tongefäße. Sie waren an den Wänden aufgestellt und enthielten wohl Nahrung, von der sich jedoch nur Schalenreste von Muscheln und Krustentieren erhalten haben.

Tongefäß des Frühen Horizonts mit dem typischen Steigbügelausguß und lebendiger Ritzdekoration

Die Gefäße waren zum Teil nach Formengattungen geordnet – Flaschen, Schüsseln, Teller und Steigbügelgefäße. Einige von ihnen stammen offensichtlich von der Küste. Nicht nur Reste von Meerestieren deuten auf diese überregionalen Beziehungen hin. Überall in der Chavín-Kunst, auch weit im Binnenland, kommen die farbigen Meeresmuscheln vor, hauptsächlich von den Arten *Spondylus princeps* und *Spondylus calcifer.* Man findet sie als Motive auf Reliefs, aber auch als vollplastische Gebilde aus Stein oder Ton – und als Originale aus der Natur. Muscheln müssen den Leuten von Chavín ein Hilfsmittel gewesen sein, mit ihren Göttern in Verbindung zu treten. Bereits in der frühesten Keramik Ecuadors, der Valdivia-Kultur, kommen Jahrtausende vor Chavín die leuchtend roten Spondylus-Muscheln vor; wahrscheinlich standen sie im Zusammenhang mit dem Regenkult.

Besonders merkwürdig in der Galerie der Weihgaben war die Entdeckung eines weiblichen Schädels, im Hauptgang sorgfältig deponiert, umgeben von einem Ring aus menschlichen Milchzähnen. Wurde hier am Grab einer Priesterin geopfert? Sollten die Nahrungsmittel die Versorgung im Jenseits garantieren? Der Grabungsbefund belegt, daß die Opfer über einen längeren Zeitraum dargebracht wurden und das Gangsystem auch noch in der Zeit nach dem Frühen Horizont für Weihgaben benutzt wurde.

Unter den Gelehrten ist die zeitliche Abfolge der Keramikfunde noch nicht endgültig geklärt. Es sind Gefäße meist aus dunklem Ton, hart gebrannt und glänzend

Das Labyrinth: einst Allerheiligstes, jetzt Funddepot

poliert; sie tragen Dekor im Relief oder vor dem Brand in das angetrocknete Material eingeritzte oder eingeschnittene Verzierungen, die den schon von den Steinreliefs bekannten Formencode wiederaufnehmen und variieren. Aber auch Gefäße mit Bemalung von Engobe, einer keramischen Überzugsmasse, kommen vor. In ihrer Schönheit sind diese Zeremonialgefäße der Chavín-Kultur eigentlich nur vergleichbar mit Kunstwerken der frühen Kulturen Chinas; sie strahlen eine Monumentalität aus, die wir in der Steinplastik und in der Sakralarchitektur wiederfinden.

Auf beklemmende Weise aktuell ist hier eine kulturhistorische Reminiszenz: Die Benutzung halluzinogener Drogen. Sie gehörte zum Kult der Priester von Chavín. Belegen läßt sich dies mit einer der Reliefplatten des alten Rundhofes. Dort ist ein Götze mit Jaguarkopf und Schlangenhaaren dargestellt, in den Klauen hält er einen großen San-Pedro-Kaktus (*Trichocereus pachanoi*). Diese Art mit spärlichen Stacheln, weißen Blüten und

Eine Reliefplatte des vertieften Rundhofes: das Mischwesen mit dem Drogenkaktus

einem charakteristisch geriffelten dicken Stamm gedeiht im Andengebiet bis in Höhen von 3300 Metern und wird dort bis heute von Zauberheilern benutzt, die das Kaktusfleisch kochen und den eingedickten Sud einnehmen, um sich mit dem darin enthaltenen Wirkstoff Meskalin in Trance zu versetzen. Wer auf dem Markt von Chiclayo an der Küste die Ecke aufsucht, wo Heilkräuter und Zauberartikel verkauft werden, findet dort auch große Stapel dieser Kakteen.

Ein weiterer Hinweis auf berauschende Riten: In den Ruinen von Chavín fanden sich auch Steinmörser, die für die Zubereitung profaner Nahrung sicherlich zu klein bemessen waren – und zu kunstvoll verziert. Sie haben vermutlich dazu gedient, bestimmte alkaloidhaltige Leguminosenschoten der Familie *Adenanthera* zu zerstoßen. Der befeuchtete und zermahlene Samenstaub dieser Pflanzen wird auch heute noch von den Bewohnern der östlichen Hänge der Anden wie Schnupftabak inhaliert und entfaltet dabei eine euphorische Wirkung. In der Reliefkunst Chavíns gibt es ein Motiv, das als Darstellung einer geöffneten Schote der *Adenanthera* gedeutet werden kann. Auch das Rauchen oder Schnupfen von Tabak war in alten Zeiten wohl schon bekannt.

Ganz sicher hat der Gebrauch von Drogen seinen Ursprung bereits in den religiösen Zeremonien des Frühen Horizonts. Auch heute kommt kein Zauberheiler in Südamerika ohne sie aus. Vielleicht ist die so komplizierte und verschlungene Ikonographie der Chavín-Kunst, in der sich die Wirklichkeit so vielfältig bricht und verschachtelt, auch aus dem frühen Drogengebrauch zu kultischen Zwecken verständlich.

Julio Tello bezeichnete die Kunst von Chavín als eine *Cultura Matrix* – eine Urkultur. Dabei nahm er den Begriff ganz wörtlich: Er war davon überzeugt, daß alle Chavínähnliche Kunst ihren unmittelbaren Ausgang von diesem kleinen Ort genommen hat und ins ganze Hochland, ja sogar bis weit an die Küste ausgestrahlt war. Die ganz frühen Wurzeln der Kunst von Chavín wollte Tello aus dem Urwaldgebiet des Amazonastieflandes ableiten; bestimmte Tierdarstellungen auf den Steinreliefs interpretierte er als Kaimane oder auch amazonische Raubvögel. Für ihn lag das Heiligtum geographisch näher zur Montaña Amazoniens als zur Pazifikküste.

Diese Theorie über die Entwicklung der Chavín-Kultur löste einen heftigen Streit unter den Gelehrten aus. Der Gegenspieler Tellos war dabei Rafael Larco Hoyle, ein reicher Großgrundbesitzer an der peruanischen Nordküste, der als Sammler früher Grabbeigaben aus der Umgebung seiner Zuckerrohrplantagen zum Hobbyarchäologen wurde. Larco definierte das Gebiet am Cupisnique, einem kleinen, fast stets trockenen Flüßchen nahe seiner Hacienda, als alleinigen Ausgangspunkt der Kunst des Frühen Horizonts und legte ihn wesentlich später als Tello, der damals ohne die heutige Radiocarbondatierung die Entwicklung von Chavín um 1000 v. Chr. ansetzte.

Man kann sich kaum einen größeren Gegensatz vorstellen als diese beiden archäologischen Antagonisten: Larco, der elegante, fast aristokratische Weltmann – und Tello mit seinem dunklen Indianergesicht, dem der Ursprung der vorspanischen Kulturen aus dem Hochland mehr war als wissenschaftliche Erkenntnis; für ihn war es geradezu ein politisches Programm, eng verflochten mit der aufkommenden Strömung des Indigenismo, der Rückwendung zu vorspanischen Werten als Vehikel eines bewußten Nationalismus. Diese ideologische Verflechtung der Forschung mit aktuellen geistesgeschichtlichen Trends, von Tello mit Eifer betrieben, wirkte sich über lange Zeit als Hemmschuh für die Wissenschaft aus; man analysierte nicht mehr, sondern verkündete apodiktisch Glaubensbekenntnisse. Erst viel später, nach Tellos Tod 1947, gewann die peruanische Archäologie ihre unbelastete Vielfalt zurück.

Wer hatte nun recht, Tello oder Larco? Wohl keiner von beiden. Im Lichte heutiger Erkenntnis ist weder Chavín noch Cupisnique allein der Geburtsplatz andiner Hochkulturen. Auch die Hypothese des direkten Einflusses aus dem amazonischen Tiefland ist so unmittelbar nicht mehr aktuell; das Raubtier, das in der Chavín-Ikonographie seine Reißzähne fletscht, muß nicht unbedingt einen Kaiman aus den amazonischen Sümpfen zum Vorbild haben. In der Archäologie Südamerikas wird durch eine Fülle neuer Entdeckungen früher Sakralplätze immer deutlicher, daß es nicht einen einzigen lokalisierbaren Ort für den Sprung zur Hochkultur gibt. Dabei zeigt sich, daß die Heiligtümer an der peruanischen Küste älter sind und Chavín verhältnismäßig spät auftauchte.

Auch die geographische Lage Chavíns muß in diesem Zusammenhang überdacht werden: Von hier aus gelangt man in ganzen drei Tagesmärschen über die Pässe der Weißen Kordillere an die Pazifikküste. Auf diesem Weg sind die für den Kult bedeutsamen Spondylus-Muscheln und die Opfergaben von Mollusken vom Meer nach Chavín gekommen. Nach Osten hin sind es, trotz der Lage am Rande der Montaña, immerhin volle fünf recht beschwerliche Tagesmärsche bis zum eigentlichen tropischen Urwald. Der Einfluß der Küstenregion liegt also auch geographisch viel näher.

Die archäologische Erforschung von Chavín, das den Peruanern als Nationalheiligtum gilt, ist längst noch nicht abgeschlossen und erleidet – wie durch die Naturkatastrophe von 1945 – immer wieder Einbrüche. Selbst der kleine Río Mosna im Osten des Sakralbereichs bedroht in der Regenzeit die Bauten, hat große Teile am Rand bereits weggespült, und auch die wissenschaftlichen Publikationen erscheinen zähflüssig wie jene Schlammlawine. Die Monographie Tellos über seine langjährigen Grabungen in Chavín erschien erst 13 Jahre nach seinem Tod, 1960. Dabei hat er, wie auch Max Uhle und viele andere rastlose Feldarchäologen, lediglich einen Bruchteil sei-

Jedes Glied dieser Kette des Frühen Horizonts aus Cupisnique ist durchbohrt – vielleicht zur Aufnahme von Schmuckfedern

ner wertvollen Beobachtungen aufgearbeitet; der Rest blieb liegen. Ebenso erging es den Arbeiten von Amat und Lumbreras, die sich in einer Vielzahl von Vorberichten erschöpften. Von den fünfhundert wundervollen Keramikgefäßen aus der *Galería de las ofrendas* sind bisher nur 39 wissenschaftlich beschrieben worden.

Es gibt einen ruhenden Pol in den Wechselfällen der Erforschung Chavíns. Er heißt Marino Gonzales Moreno und arbeitet als örtlicher Beauftragter des Nationalen Kulturinstitutes INC seit mehr als dreißig Jahren an der Erhaltung dieses heiligen Platzes. *Aguila Roja*, Roter Adler, nennen ihn seine Freunde. Wache Augen blitzen in einem von der Hochgebirgssonne tief gebräunten Gesicht, die Nase leuchtet und kündet von mancher Flasche Zuckerrohrschnaps gegen die Kälte der rauhen Nächte in dieser Höhenlage. Mit dickem Pullover und Schal zeigt er mir im Abenddämmern bei meinem ersten Besuch in Chavín die Gangsysteme, die er gerade mit hölzernen Stützen vor drohendem Einsturz abgesichert hat. Er sorgt dafür, daß die so empfindlichen Steinreliefs vor der Regenzeit abgedeckt werden, er kämpft gegen die Wassereinbrüche im Tempelinnern, indem er große Plastikfolien auf der Pyramide ausbreitet und mit Erde bedeckt. Aber diese Schutzmaßnahmen helfen nur notdürftig. Die spärlichen Einnahmen aus dem Verkauf von Eintrittskarten muß er zum großen Teil an die Bürokratie im fernen Lima abgeben. Oft bleibt nicht einmal genug für die Löhne der Arbeiter, die mit ihren blanken Macheten das wuchernde Unkraut auf dem Areal im Zaum halten sollen.

Der „Retter von Chavín", Don Marino Gonzales, kämpft auf einsamem Posten gegen den Verfall

Wie wird es weitergehen? Wird es möglich sein, diese so einzigartige Stätte der frühen andinen Hochkulturen zu retten?

★

Es gibt noch einen anderen Ort in Peru, der ebenso viele Rätsel und Aufschlüsse birgt, und auch er ist mit dem Namen Julio Tello untrennbar verbunden. Der rastlose Archäologe war 1937 zu Beginn seiner Expedition an den Marañón im Städtchen Casma an der Nordküste auf Durchreise. Dort hörte er von einem fünf Kilometer entfernten Platz, Cerro Sechín genannt, am Südrand des Casma-Tales, wo ein Steinblock mit Reliefs gefunden worden sei. Die Einheimischen nannten ihn *Indio bravo*, Wilder Indianer. Er zeigte im Umriß einen menschlichen Kopf von der Seite mit einem hochtoupierten Haarschopf.

Bei genauer Betrachtung erwies sich das Gesicht als Teil eines Steinbalkens, der tief im Sand steckte. Nach wenigen Grabungswochen hatten Tello und seine Mitarbeiter eine schnurgerade Flucht von mehr als vier Meter hohen Steinpfeilern freigelegt, die eine große Tempelplattform wie ein Zaun umgaben. Das Mauerwerk dazwischen, von der inneren Füllung der Plattform herausgedrückt und am Mauerfuß aufgehäuft, brachte eine Überraschung: Die ganze riesige Außenwand hatte figürliche Reliefs getragen.

Weitere Grabungsschnitte im Inneren der Plattform legten eine Gruppe von rechteckigen Räumen aus einer älteren Bauphase frei. Sie hatten dicke Wände, aufgemauert aus konischen Lehmziegeln etwa in der Form eines Zuckerhuts, und waren glatt mit Lehm verputzt. Eine Türöffnung zum Mittelraum zeigte noch Reste farbiger Malerei: Tatzen und Klauen, die man zu einer der im Frühen Horizont geläufigen Raubkatzendarstellung ergänzen konnte.

Tello interpretierte diese rätselhafte, bis dahin ganz unbekannte Art von Reliefs als eine der Chavín-Kunst zugehörige, aber recht späte lokale Sonderform des Frühen Horizonts. Er nahm an, bei der Fassade sei Reliefmaterial aus einem älteren Bau wiederverwendet worden. Mehr als dreißig Jahre lang blieb danach das Heiligtum den Sandverwehungen, der Witterung und den Raubgräbern schutzlos überlassen. Erst seit 1969 wurden die Grabungen fortgeführt, die von Steinreliefs eingefaßte zentrale Tempelplattform zutage gefördert, Schäden des Erdbebens von 1970, das die nahe Stadt Casma völlig vernichtete, wurden behoben, eine spätere Siedlungsschicht oberhalb des Hauptbaus freigelegt. Aber dann ging abermals das Geld für die Fortführung aus – bis 1979 die Volkswagenstiftung die Finanzierung der weiteren Grabungen durch peruanische Forscher übernahm. Erst das sicherte die Auswertung der älteren Befunde und die endgültige Klärung chronologischer Fragen.

Die Baugeschichte dieses Heiligtums wird im Lichte der jüngsten Grabungsergebnisse klarer. Die zentrale Anlage von Cerro Sechín war in der frühesten Phase, ab 1800 v. Chr., ein Lehmbau mit quadratischem Grundriß bei einer Seitenlänge von 34 Metern, als massive abgestufte Plattform aus konischen Adobeziegeln und inneren Auffüllungen errichtet. Die Ecken waren abgerundet, die Außenwände leicht nach innen geneigt. Von der Talseite führte eine zweigeteilte Treppe auf die Plattform zu einem ummauerten Hof, der sich nach Norden mit einer vierfachen Pfeilerreihe öffnet. Im hinteren, südlichen Bereich des Hofes erhebt sich auf einem Sockel der eigentliche Tempelraum, quadratisch angelegt, mit einem Zugang in der Mitte. Ihn samt seinen Wandmalereien hatte schon Tello entdeckt. Eine enge Treppe führt von hier in Richtung eines höheren, nicht mehr erhaltenen Niveaus. Aus dieser ältesten Lehmbauphase hat sich an einem der Pfeiler ein Relief erhalten, eine 1,50 Meter hohe, kopfüber stürzende Gestalt.

Zwei spätere, nicht genau datierbare Erweiterungsphasen der Anlage zeigen seitliche Verbreiterungen der unteren Plattform und Überbauungen der alten Treppe durch neue. Hier fand man Reste von Lehmreliefs an Treppenwangen und Wänden. Am besten erhalten ist die farbige Darstellung eines riesigen, mehr als drei Meter langen Fisches, der die Treppe flankierte.

Ein späterer, zwischen 1400 und 1300 v. Chr. anzusetzender Steinbau von 52 Metern Seitenlänge umschloß den alten Lehmkörper mit jener vier Meter hohen Steinmauer, die voll von Reliefs war. Im Gegensatz zu Chavín, wo zur Erweiterung des Heiligtums neben den alten Trakt einfach ein neuer gesetzt wurde, haben die Erbauer von Cerro Sechín ihre Anlage durch Überbauen kontinuierlich vergrößert. Das Verfahren gleicht dem Wuchs der Zwiebel: Eine Schale folgt auf die nächste, wobei das ältere Bauwerk nicht zerstört, sondern pietätvoll zugeschüttet und ummantelt wird. So gewährt es als Kern einer neuen, größeren Anlage die Kontinuität des Götterkultes. Allein nach diesem Prinzip war es technisch und organisatorisch möglich, die gewaltigen Pyramiden mit ihrem ungeheuren Materialaufwand überhaupt zu errichten. Der jeweils jüngste Bau stellt dabei die historische Summe aller früheren Phasen dar.

Eine der neueren Ausgrabungen am Südhang förderte ein Portal genau in der Mittelachse der Plattform zutage. Auf den monolithischen Blöcken seiner Leibung ist jeweils eine menschengroße Figur dargestellt, als ob sie gerade aus dem Portal herausspaziere. Von hier führt eine mehrfach gewinkelte Treppe, mit Steinplatten

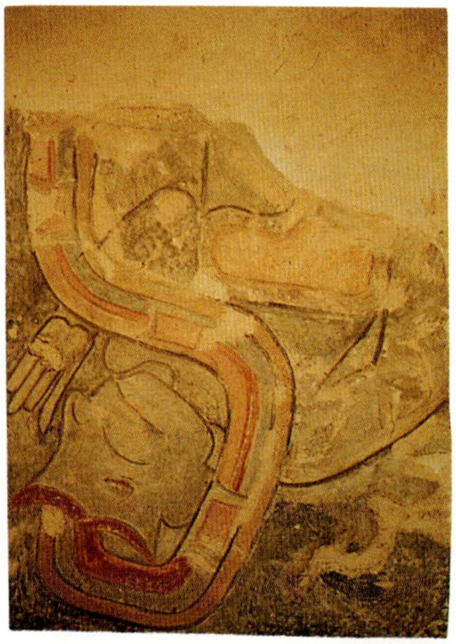

Bemalte Lehmreliefs des Erweiterungsbaus von Cerro Sechín: eine kopfüber stürzende Gestalt – und der riesige Fisch in der äußeren Umfassungsmauer

überdeckt, ins Innere auf die oberste Plattform des Heiligtums. Die Ähnlichkeit dieses gedeckten Ganges mit der Bauweise der Galerien in Chavín ist eindeutig.

Als die Ausgräber den zentralen Steinbau allseits freigelegt hatten, wurden auch die Beziehungen zu den anschließenden Gebäuden des Heiligtums deutlich. Zwei seitliche Vorbauten mögen wohl als sakrale Nebenräume gedient haben. Daran schließt nach einem breiten Korridor eine massive Plattform an, die den zentralen Steinbau U-förmig umfaßt – eine Architektur, die ebenfalls bereits in Chavín anklingt.

Besonders eindringlich sind in Cerro Sechín die Reliefs an den Wänden der zentralen Tempelplattform: eine Abfolge menschlicher Gestalten, die wie in feierlicher Prozession um den Bau schreiten. Sie sind, bis auf einen Lendenschurz, nackt und tragen einen federartigen Kopfschmuck; mit der Hand erheben sie einen mit einem Knauf verzierten Stock, der Stab, Zepter oder Waffe sein könnte. Zwischen diesen Kolonnen von Kriegern oder Würdenträgern sind makabre Einzelteile sichtbar: zerschnittene menschliche Körper, Arme und Beine, Ohren, Skelettreste, einzelne Eingeweide, aufgereihte Augen, aufgestapelte Schädel. Der martialische Totentanz umzieht das ganze Gebäude auf beiden Seiten und endet am Haupteingang an zwei steinernen Stelen. Auf ihnen ist eine Standarte auszumachen – Emblem von besonderer Bedeutung.

Die drastische Darstellung ist nicht zu überbieten. So wird zum Beispiel der Oberkörper eines halbierten Opfers gezeigt, das mit schmerzverzerrtem Gesicht die Hände auf den Leib preßt, aus dem die Eingeweide hervorquellen. Die Ausführung der Reliefs weicht stilistisch und technisch von den feinen, polierten Reliefblöcken in Chavín ab. Die Figuren in Cerro Sechín wurden mit Kohle auf die grob geglätteten Granodioritsteine aufgezeichnet und dann mit einem harten Gerät durch kontinuierliches Schleifen als vertiefte Linien herausgearbeitet. Eine im Vergleich zu der Bildhauerkunst von Chavín recht primitive Technik, die als viel älter anzusehen ist.

Es ist viel darüber geschrieben worden, welche Bedeutung diese makabre Prozession gehabt haben könnte: Handelte es sich um eine Schlacht, nach der die Kämpfer über Tote und Verstümmelte hinwegschreiten – oder um ein rituelles Opfer von Priestern während einer Prozession? Auch absurde Interpretationen von Organverpflanzungen wurden schon gemacht. Fest steht, daß die Ikonographie der vorausgehenden Lehmreliefs mit den Fischen einen

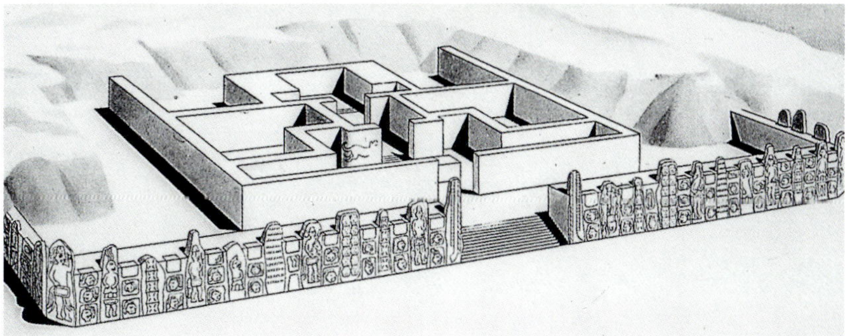

Der schaurige Zug der Krieger und Opfer umkreist von beiden Seiten den jüngeren Steinbau Cerro Sechíns und endet an der Freitreppe des Mittelportals. Wurde hier eine wirkliche Zeremonie im Relief nachgestellt?

Bezug zum Wasser, zum Regenkult ergibt. Das könnte auch für den steinernen Fries mit den vielen Toten gelten. Aus der topographischen Verbindung früherer Heiligtümer der Küste mit dem Meer wird neuerdings ein Bezug zu kultischen Meeresritualen, wahrscheinlich begleitet von Menschenopfern, hergeleitet. Menschenopfer als Regenzauber?

Im frühen Alt-Peru gab es keine schneidenden Hiebwaffen, sondern nur stumpfe Keulen für den Nahkampf sowie Lanzen und Schleudersteine als Fernwaffen. Es ist bei jenen Darstellungen also weniger wahrscheinlich, daß es sich um im Kampf abgetrennte Köpfe und Gliedmaßen handelt, als vielmehr um Trophäen von Ritualopfern, sorgfältig und mühevoll mit Steingeräten präpariert, denn Menschenopfer und Kopftrophäen haben in der andinen Kunst eine zentrale Bedeutung. Durch Opfern von Menschen sollten übernatürliche Kräfte versöhnt und damit die Fruchtbarkeit der Flur garantiert werden. Ob dabei die dargestellte Prozession um die Tempelplattform wirklich stattgefunden hat, ist eine offene Frage.

Typisch für die Architektur von Cerro Sechín sind abgerundete Ecken am Plattformbau wie an den Tempelhäusern. Die Umfassungsmauer mit den Reliefs von Kriegern und Opfern besteht aus roh geglätteten Blöcken, in Lehm verlegt

Durch zahlreiche verschiedene Methoden der Datierung konnten die Ausgräber die Zeit der Nutzung der zentralen Tempelplattform für den Lehmbau auf das 18. bis 12. Jahrhundert v. Chr., für die steinerne Umfassung von 1400 bis 1300 v. Chr. ansetzen. Somit ist Cerro Sechín der älteste bekannte Fundort monumentaler Steinskulptur im alten Amerika, ein halbes Jahrtausend älter als Chavín. Diese Erkenntnis verändert mit einem Schlag das ganze überkommene Lehrgebäude. Die Frühzeit muß nun neu überdacht werden.

Auch die spätere Nutzung des Heiligtums von Sechín ist mittlerweile geklärt. Durch Erdrutsche vom Hang wurde der südliche Bereich der Korridore um den Zentralbau irgendwann verschüttet. Die Reparaturkolonnen von einst verlegten das Niveau des Lehmbodens nun einfach nach oben; ein großer Teil der steinernen Friese verschwand hinter der Auffüllung. Das Südportal mit dem Abbild der beiden Würdenträger wurde jedoch offenkundig weiter benutzt; es blieb erst durch einen Korridor, später über eine steile Treppe vom ebenfalls höhergelegten Südhof aus zugänglich.

In diesem Bereich legten die Ausgräber unter späteren Verschüttungen ein einzigartiges Dokument frei: die Abdrücke nackter Füße von zahlreichen Erwachsenen und Kindern, die während einer der klimatischen Feuchtperioden im schlammigen Untergrund wie auf einem frisch verschneiten Trampelpfad hinterlassen wurden. Diese Fußspuren wurden durch die Thermolumineszenz-Methode um 1000 v. Chr. datiert. Man sieht sogar deutlich, wo Menschen beim

Trittsiegel der Vergangenheit. Im Bereich der hinteren Tempelplattform, die die Ausgräber sorgfältig freilegten, fanden sich auch die Abdrücke nackter Füße von Menschen, die hastig durch den Schlamm gewatet waren – vor 3000 Jahren

Geröll vom angrenzenden Hügel Cerro Sechín hatte
das Heiligtum am Rand der fruchtbaren Talaue im Lauf der Geschichte
verschüttet. So blieb es erhalten

Überqueren des Platzes ins Rutschen kamen und lange Gleitspuren hinterließen. Ausrutscher, nach 3000 Jahren noch nachvollziehbar!

Im weiteren Verlauf der Geschichte wurde dann der ganze Südbereich des Heiligtums vollends von Erdrutschen verschüttet, das politische und zeremonielle Zentrum geriet in Vergessenheit. Der Hang wurde später weiter benutzt, ein Grab aus der Chavín-Zeit wurde gefunden, schließlich folgten Siedlungsschichten und einfache Gräber aus der 1. Hälfte des 1. Jahrtausends n. Chr., die ihrerseits von mehreren Bauphasen einer bescheidenen Chimú-Siedlung aus der späteren Zwischenperiode bedeckt wurden.

Als ich Cerro Sechín Anfang der sechziger Jahre zum erstenmal aufsuchte, mußte ich mir mühsam einen Weg durch die Sanddünen bahnen; in tiefen Trichtern waren die reliefbedeckten Steinpfeiler der Nordfassade versteckt, die architektonische Anlage insgesamt war nicht erfaßbar. Heute bietet sich dem Besucher ein völlig verändertes Bild: Ein auf das ursprüngliche Niveau abgesenkter Vorplatz im Norden gewährt Zugang zur Steinfassade, die sich als geschlossene Wand darbietet. Abgestürzte oder verschleppte Reliefblöcke sind an ihren Platz zurückversetzt, die Steinmauer ist, unsichtbar, gegen die Einwirkung von Erdbeben verstärkt worden. Die Lehmreliefs der älteren Bauphasen jedoch sind nicht zu besichtigen – sie wurden gegen Feuchtigkeit und Regen fachgerecht mit Sand hinterfüllt und abgedeckt; die empfindlichen Malereien bleiben so der Nachwelt erhalten.

Den Anfängen auf der Spu

Ein ordinärer Abfallhügel in der Küstenwüste Perus erschütterte das Geschichtsbild selbst der Kenner Alt-Amerikas. In 4000 Jahre altem Müll hatten Fragmente verzierter Flaschenkürbisse und Textilien von großartiger Ornamentik überdauert. Damit begann – viel früher als bislang angenommen – der erstaunliche kulturelle Höhenflug der indianischen Siedler, der in den Schöpfungen späterer Zeit kulminierte: gewaltigen Sakralanlagen vom Ausmaß ganzer Städte. Und am Ende steht die Legende von der „Ebene der Lamas“: Dort sollen die treuen Untertanen des gefangenen Inka die 500 Tragtiere mit dem Lösegeld für den Herrscher getötet und den güldenen Staatsschatz vergraben haben. Man sucht noch heute danach

Die Wüste trennt. Nur das Asphaltband der Panamericana verbindet heute die weit voneinander entfernten Küstentäler. Die räumliche Isolierung war Anlaß für die schöpferische Vielfalt der unterschiedlichen Oasenkulturen. Nur sporadisch fanden sie sich zu Großreichen zusammen

Die reiche Fauna des Pazifik, vom Humboldt-Strom begünstigt, war eine der Voraussetzungen für die Entstehung der andinen Hochkulturen. Frühe Siedler lebten überwiegend von Muscheln. Der Kot der riesigen Vogelscharen auf den Guano-Inseln wird seit uralter Zeit als Dünger genutzt

Aus Lehm erbaut und vom Wind verweht, künden die Ruinen von der einstmals dichten Besiedlung am Rand der Talaue des Jequetepeque. In ummauerten Höfen lebten die Menschen in luftigen Hütten aus Flechtwerk und Matten, angepaßt an das Wüstenklima

Der Reichtum der Anden sind die Erzvorkommen: Abraumhalde einer verlassenen Mine in einem Gebirgstal unweit des frühen Fundplatzes Kunturhuasi in Nordperu

Grabräuber begutachten ihre magere Ausbeute von Keramikgefäßen. Wichtigstes Werkzeug bei der illegalen Tätigkeit ist die Stahlsonde mit Quergriff; wird sie fündig, beginnt die mühsame Arbeit mit den Spaten. Zurück bleiben geschändete Gräber

Ein dunkelfarbiger Schutthügel, zwölf Meter hoch, etwas mehr als hundert Meter lang und etwa halb so breit, nur einen Steinwurf vom Strand entfernt, wo sich die langen Wellen des Pazifik in immer gleichem Rhythmus brechen – das ist Huaca Prieta an der Mündung des Río Chicama in der nördlichen peruanischen Küstenwüste. Kein einladender Platz, verlassen, dem scharfen Seewind ausgesetzt, eine trübselige Halde in einer tristen Landschaft. Selbst für die illegalen Schatzgräber war der Ort uninteressant, die Asche- und Abfallschichten, in Jahrhunderten aufgehäuft, versprachen keine wertvollen Funde. Und doch wurden gerade hier die wichtigsten archäologischen Erkenntnisse über die älteren Phasen der Zivilisation im Andenbereich vor dem Einsetzen des Frühen Horizonts mit seinen monumentalen Sakralanlagen gewonnen.

Die Untersuchung von Huaca Prieta war Teil eines großangelegten Forschungsprojekts mehrerer nordamerikanischer Universitäten und Museen, das 1945 begann und auf Jahre angelegt war. Unter Einsatz modernster, vor allem auch naturwissenschaftlicher Methoden sollte im Zusammenspiel zahlreicher Einzeldisziplinen ein in sich geschlossener Talraum ganzheitlich erkundet werden. Zum Team, das sich als Modell das nahe Virú-Tal ausgewählt hatte, gehörten neben den Archäologen auch Sozialanthropologen, Geographen und Biologen, Ethnohistoriker und Klimaforscher. Ziel der interdisziplinären Arbeit war es, die gesellschaftlichen Entwicklungen innerhalb eines bestimmten Gebietes zu ergründen, die wechselseitige Beziehung zwischen naturgegebenen Lebensbedingungen, Mensch und Umwelt zu klären und die Geschichte eines größeren Oasenbereichs so zu erforschen, daß daraus allgemeine Schlüsse für die Entwicklung der andinen Kulturen ableitbar wurden. Dazu wurde die Verteilung aller früheren Siedlungsplätze im Tal mit Hilfe der Luftbildauswertung dokumentiert, einzelne Ruinen wurden kartiert, eine Abfolge der vorgefundenen Keramik wurde erarbeitet, die Schichtenabfolge von Gräbern analysiert.

Junius Bird, Archäologe am American Museum of Natural History in New York, hatte sich als einziger in diesem Großprojekt einen Platz außerhalb des Virú-Tales ausgesucht, etwas weiter nördlich, eben jenen unattraktiven Abfallhügel von Huaca Prieta. Eine besonders glückliche Wahl, wie sich bald herausstellte. Der gigantische Haufen war nämlich auf einer leicht erhöhten Felsbarre angelegt, so daß von unten aufsteigende Feuchtigkeit die leicht vergänglichen organischen Stoffe, die Holz- und Baumwollreste und die feinen Kürbisschalen, nicht hatte zerstören können. Zusätzlich hatte eine leichte Küstenhebung den Hügel geliftet, der so vor dem Zerstörungswerk der ständig anstürmenden Pazifikbrandung besser geschützt war. Lediglich die dem Meer zugewandte Flanke war abgewittert und bot damit einen natürlichen Querschnitt durch die sich überlagernden und durchdringenden Phasen der früheren Siedlung, denn nichts anderes als ein im Lauf der Zeit gewachsener Wohnhügel war diese Erhebung.

Die Frühzeit tritt ins Licht. Im trostlosen Schutthügel der Huaca Prieta im Chicamatal grub Junius Bird sehr alte Wohnschichten aus. Seine Arbeit führte zu einem Wendepunkt in der Andenarchäologie: Die Entstehung von Hochkulturen mußte um 1000 Jahre zurückverlegt werden. Gefäße aus gebranntem Ton kannten jene frühen Siedler nicht; ihre Gerätschaften aus Stein, Knochen und Flechtwerk sind höchst bescheiden. Flaschenkürbisse dienten ihnen als Schwimmer für Fischernetze. Am Beginn einer formalisierten Kunst steht das Kürbisgefäß mit feiner Ritzverzierung

Mit tiefen Suchgräben quer und längs definierte Junius Bird die Abfolge der Siedlungen noch genauer, dann hob er mit einer Schar von Helfern eine Schicht nach der anderen sorgfältig ab, wobei jede Schaufel Abraum mühsam durchgesiebt werden mußte, jedes Steinchen und jeder einzelne Gegenstand, sei er auch noch so klein, im Grundriß und Schnitt zeichnerisch dokumentiert wurde. Eine Sisyphusarbeit, die mehr als zehn Monate in Anspruch nahm. Mit seiner akribischen Ausgrabungsmethode und der präzisen Auswertung auch des noch so unscheinbarsten Fundmaterials lieferte Bird ein Musterbeispiel dafür, wie in der neueren Archäologie aus wenig spektakulären Resten weitreichende Erkenntnisse gewonnen werden können.

In den höheren, jüngeren Bereichen des Hügels fanden sich Grubenhäuser, in die Auffüllung eingetieft, insgesamt etwa hundert, die jeweils aus ein bis zwei kleinen Räumen von rechteckigem oder ovalem Grundriß bestanden. Zum Teil waren die Wände aus konischen Lehmziegeln, etwa wie große Zuckerhüte geformt, mit den Spitzen horizontal gegeneinander versetzt und in Lehm verlegt. Die Mehrzahl der Mauern bestand jedoch einfach aus großen, runden Feldsteinen, mit einer Art Mörtel aus Abfall, Sand und Meerwasser zusammengebacken. Die Dachkonstruktion dieser primitiven Behausungen bestand einst aus Rundhölzern, vor allem aber aus Walrippen, mit Steinplatten und geflochtenen Matten überdeckt. In der Siedlung und in ihrem Umfeld fanden sich auch zahlreiche Gräber mit spärlichen Beigaben.

Wie Zuckerhüte konisch geformt sind die Lehmziegel der Küstenarchitektur in den frühen Perioden

Aus der Fülle der Funde läßt sich recht genau ein Bild vom Leben der Menschen in der alten Huaca Prieta zusammensetzen. Den Mengen von Gräten, Knochen und Schalen zufolge ernährten sie sich überwiegend von Fischen, von Meeressäugern wie Seelöwen und von Muscheln. Zum Fischfang dienten Netze aus Baumwollfäden; sie wurden noch komplett gefunden, mit Flaschenkürbissen als Schwimmer und angebundenen Steinen als Beschwerung. Zugleich betrieben die Menschen damals aber auch Ackerbau und sammelten wilde Früchte. Als Nutzpflanzen waren Baumwolle, Kürbisse, Pfefferschoten und kleine Bohnen nachzuweisen. Reste von Landtieren kamen im Abraum kaum vor, nur ein paar Vogelknochen.

Die Ausstattung dieser frühen Siedler und Fischer war den Funden nach einfach: primitive Steingeräte, Knochenschaber, Matten und Körbe, aus Muschelschalen geschnitzte Angelhaken. Eine fast vollständig erhaltene Sandale ist aus groben Fasern geflochten und trägt noch die Stricke zum Verschnüren.

Mangels Holz dienten Walgerippe zum Hausba

Was die Archäologen aber besonders wunderte: Im ganzen Hügel von Huaca Prieta entdeckten sie keine einzige Tonscherbe. Wie, so muß man fragen, haben die Menschen damals gekocht – ohne Tongefäße? Die Antwort ergibt sich aus den zahllosen gefundenen Steinen, die rußgeschwärzt waren. Mit ihnen, im Feuer glühend heißgemacht, wurden die Speisen gegart. Und als Wasserbehälter dienten mangels Tongefäßen bauchige dünnwandige Flaschenkürbisse.

Die Siedlung existierte also, so die Schlußfolgerung, schon in der vorkeramischen Zeit, im Praekeramikum. Sie hat nach den Radiocarbon-Datierungen von organischem Material ein Alter, das weit vor dem Frühen Horizont liegt und in die späte Phase der Anfangsperiode reicht, also etwa um 2000 v. Chr. Schlagartig wurde mit dieser Grabung also der Beginn der andinen Hochkulturen, den Julio Tello noch um etwa 1000 v. Chr. angesetzt hatte, um glatte tausend Jahre zurückverschoben.

Bei einem Zwischenaufenthalt in New York besuche ich Junius Bird, den Müllarchäologen von Huaca Prieta, Jahre später im Museum, wo er als Kustos der Südamerikanischen Abteilung arbeitete. Auf Fachkongressen hatten wir uns kennengelernt und über die Jahre hin angefreundet.

Seine Augen blitzen hinter der runden Nickelbrille, und der buschige weiße Haarkranz um seine Glatze leuchtet, als er mich an die endlose Reihe der Stahlkästen führt, um mir die Funde von Huaca Prieta zu zeigen, die hier in jahrzehntelanger Detailarbeit gereinigt und ausgewertet wurden.

Von den mehr als zehntausend Flaschenkürbisfragmenten, die Bird untersuchte, einige nur noch fingernagelgroß, war etwa ein Dutzend mit groben Ritzlinien verziert. Als einzige Beigabe einer Bestattung fanden sich zwei winzige Gefäße aus Kalebassenfrüchten, so fragil wie Zigarettenasche. Erst durch einen mühsamen chemischen Festigungsprozeß und mit Hilfe einer stützenden Auskleidung konnten sie haltbar gemacht und gereinigt werden. Dabei kamen meisterhaft in feinen Ritzlinien stark abstrahierte Gesichter und geometrische Menschenfiguren zum Vorschein.

Noch größer war die Überraschung bei der Auswertung der zahlreichen aus Baumwolle gewebten, geflochtenen oder geknüpften Textilfragmente. Junius Bird zieht eine Schublade nach der anderen auf und breitet die sorgfältig gereinigten Textilien aus. Auf den ersten Blick stutze ich: Was da so graubraun wie ein Stück eines alten, zerfetzten Kartoffelsacks aussieht, soll etwas Besonderes sein? Junius legt einen der Fetzen unter das Mikroskop und läßt mich das System von Überkreuzungen der Fäden genauer studieren. Komplizierte Muster kommen zum Vorschein, welche sich erst durch graphische Aufzeichnungen jedes einzelnen Fadens zu großartigen Ornamenten zusammenfügen, die mit dem bloßen Auge nicht mehr erkennbar waren. Da tauchen geometrische Figuren wieder auf und komplizierte Bilder von Menschen und Tieren, ineinander verschlungene und doppelköpfige Wesen, Schlangen, Vögel, Meerestiere, alles in einer stark abstrahierenden, rechtwinkligen Darstellungsart, die durch die Webtechnik vorgegeben ist.

Kaum zu erkennen sind die verschlüsselten Tierbilder in den verschlungenen Kettfäden der Baumwolltücher aus Huaca Prieta. Erst unter dem Mikroskop und durch fotografische Verstärkung wird dieser Kondor mit ausgebreiteten Schwingen wieder sichtbar

Die frühen Bewohner von Huaca Prieta waren also alles andere als primitive arme Schlucker, nur weil sie noch keinen Kochtopf kannten und sich in ihren kargen Hütten mehr schlecht als recht vom Muschelauskratzen am Leben hielten. Trotz dieses Mangels hatten sie bereits eine hochentwickelte Kunsttradition geschaffen, deren Bilder eine uns unerschlossene Mythologie widerspiegeln und sich auf den verzierten Kalebassen, in feinen Knochenschnitzereien, vor allem aber in der Textilkunst niederschlagen. Hier bereits klingen ikonographische Formen an, die später in der Kunst des Frühen Horizonts wieder auftauchen. Der Schritt zum Beginn einer Hochkultur, das Entstehen einer formalisierten Kunst, vollzog sich also schon bei den Abfallhaufen des Wohnhügels von Huaca Prieta.

Seit den Entdeckungen Birds kamen, vor allem im Bereich der Küstentäler, immer mehr archäologische Zeugnisse aus dieser vorkeramischen Zeit der andinen Kulturen zum Vorschein. Es sind nicht nur Siedlungsreste, sondern auch Anlagen, die offensichtlich einem religiösen oder sakral-rituellen Zweck dienten. Meist liegen sie unmittelbar in Meeresnähe. Sie bestehen aus Gebäuden auf massiven Plattformen, oft kombiniert mit einem hofartigen Platz davor.

Eine solche frühe vorkeramische Anlage hat der Archäologe Frédéric Engel in El Paraíso wenige Kilometer nördlich von Lima im Chillón-Tal freigelegt. In mehreren Überbauungsstufen ruht das Gebäude auf einer massiven Plattform von etwa 60 mal 50 Metern Seitenlänge. Rechteckige Räume sind untereinander durch schmale

Türöffnungen verbunden. Die dikken Wände bestehen aus Steinschichten, die mit Lehm verfugt wurden. Die Flächen waren mit Lehm glatt verputzt und ursprünglich wohl auch farbig bemalt. Vom Eingang führen Treppen auf einen rechteckigen Vorhof, um den sich das Labyrinth der Räume und Kammern gliedert. Im Bereich dieses Sakralbaus, über dessen Funktionen im einzelnen man nichts weiß, wurden feine Textilien gefunden, jedoch keine Keramik. Die planmäßige Errichtung eines so großen Gebäudes, das eine Gesamthöhe von mehr als sechs Metern erreicht, setzt eine zahlreiche Bevölkerung voraus, die hier über einen längeren Zeitraum siedelte, und deren Nahrungsgrundlagen so gesichert waren, daß sie sich den „Luxus“ erlauben konnte, ein solches Heiligtum gemeinsam zu erbauen.

Treppe, Atrium, Eingang, einst flankiert von riesigen Pumareliefs – so präsentiert sich das von Lucy und Richard Burger freigelegte Heiligtum Cardal im Lurín-Tal

⋆

Die letzten drei Kilometer muß ich zu Fuß am Strand entlang durch die Dünen stapfen; den Geländewagen habe ich in der kleinen Bucht bei einer Gruppe windschiefer Fischerhütten aus Schilfmatten stehengelassen; von der asphaltierten Küstenstraße Panamericana aus war ich mit Mühe noch die etwa sechs Kilometer Sandpiste bis dorthin gekommen, dann verlor sich der Fahrweg.

Ich befinde mich an der peruanischen Nordküste, etwa 25 Kilometer südlich der Stadt Casma; mein Ziel ist der Ruinenplatz Las Haldas. Die Sonne brennt auf die völlig vegetationslosen Sandflächen, aber vom Pazifik her weht ein gleichmäßiger kühler Wind, der die Wanderung erträglich macht. Nur das regelmäßige Rauschen der Brandung ist zu hören und die heiseren Schreie der Seevögel, die in dichten Schwärmen über die Wellen kreisen und sich kopfüber Fische aus dem Wasser ergattern. Der Fischreichtum an dieser einsamen Pazifikküste wird auf diese Weise geradezu sichtbar.

Das Gelände wird steiler, der flache Strand geht über in eine felsige Klippenküste. Ich klettere über rötlichbraune Basaltbrocken, während unter mir die Brandung aufschäumt. Ein heiseres, langgezogenes Bellen tief unten kann nur von Seelöwen kommen. Genau zu erkennen vermag ich sie nicht zwischen dem dunklen Gestein.

Schließlich ist die Anhöhe erreicht, eine breite Felskuppe mit Steilabsturz zur Küste hin. Mein Blick wendet sich landeinwärts, wo sich in flachen Wellen die flimmernde Endlosigkeit der Wüste ausbreitet, in fein abgestuften Tönen von Ocker, Braun und Violett. Nicht ein Halm, nicht ein Strauch, kein einziger Kaktus belebt die Öde, die in der Ferne des Horizonts das Gebirge erreicht. Das Rauschen der Brandung verklingt im Hintergrund; hier herrscht jetzt Wüstenstille.

Ganz langsam gewöhnen sich die Augen an das gleißende Licht; ganz langsam nur, gleichsam das Gelände abtastend, erkenne ich, daß ich auf dem höchsten Punkt einer riesigen Anlage stehe, die sich als Abfolge von abgestuften Plätzen und Plattformen von der Meeresklippe aus weit landeinwärts hinzieht. Die mit großen Basaltblöcken gepflasterten Böschungen, die Terrassen und Treppen lassen sich erst auf den zweiten

Blick als künstliche Gebilde erkennen, und nur im Herumwandern von Ebene zu Ebene erschließt sich mir das ganze, in einem grandiosen Verlauf planvoll angelegte Heiligtum.

Las Haldas gehört zu den größten Sakralanlagen an der peruanischen Küste. Mehrere Archäologen haben hier schon geforscht. Ihre Sondierungslöcher sind stellenweise heute noch zu sehen. Die Radiocarbon-Datierungen der untersten Schichten legen die ersten Gebäude in die präkeramische Zeit, noch vor 1600 v. Chr. Seither wurde der Platz kontinuierlich genutzt; es gab mindestens drei große Überbauungen während des Frühen Horizonts und dann auch schon Keramik, darunter kleine Figurinen mit Menschendarstellungen, bis etwa 900 v. Chr. Schließlich folgte noch eine eher ärmliche Phase der Weiterbenutzung ohne größere Umbauten. In all den Jahrhunderten wurde das eigentliche Bauprinzip fortgeführt, Plattformen lediglich erweitert, erhöht und vergrößert, Treppen erneuert oder überbaut.

Die massiven pyramidenartigen Plattformen, architektonische Hauptelemente der Anlage, künstlich aufgehäuft und mit steinernen Böschungen ummantelt, trugen einst wohl die eigentlichen Tempelgebäude. Ihre wenigen Reste bestehen aus rohen Basaltblöcken in einer Lehmmörtelverbindung und lassen einen U-förmigen Grundriß erkennen. Dazu muß man sich ein Flachdach aus Balken und Lehm denken. Stellenweise fanden die Ausgräber wie poliert wirkende glatte Fußböden aus Lehm, auf denen noch Reste gelber und roter Bemalung hafteten.

Insgesamt bedecken 18 solcher Plattformen das heilige Areal. Die größte wurde bis zu 40 Meter hoch aufgefüllt und grenzt nach hinten unmittelbar an die Felsformationen der Küstenlinie. Ihr folgen landeinwärts, in Mittelachse aufgereiht, sechs riesige Ebenen, etwa 60 Meter breit und mehr als 400 Meter lang. Die übrigen, kleineren Plattformen gruppieren sich beidseits dieser Achse auf dem Felsrücken.

Als zweites Architekturelement entdecke ich rechteckige Hofanlagen, begrenzt von wallartig erhöhten Bereichen mit steingemauerten Böschungen. Breite Öffnungen in der Mittelachse und Treppen verbinden sie. In den größten dieser Höfe ist ein nahezu kreisrunder Platz von mehr als zwanzig Metern Durchmesser eingetieft, ummauert und über zwei Treppen zu erreichen. Sein Boden ist völlig bedeckt von einer dicken Schicht Asche und Holzkohle. Hier müssen gewaltige Feuer gelodert haben.

Welche Massen von Menschen mögen es gewesen sein, die diese Anlagen schufen? Und was mag sie dazu bewogen haben? Frondienst – oder tiefe Frömmigkeit? Wir wissen es nicht. Aber wir ahnen, welche Mühsal das gewaltige Werk bereitet haben muß. Während die Bauten der vorkeramischen Phase noch massiv mit Erde aufgeschüttet wurden, sind die späteren Überbauungen eher mit lockerem Geröll und abgerundeten Steinbrocken aufgefüllt. Sie wurden wohl vom Strand herbeigeschleppt und, wie Spuren zeigen, mitsamt ihren grob geknüpften Transportnetzen in die Füllung eingeschichtet. Bei den Ausmaßen der Plattformen kann man sich die endlose Schlange der Lastenträger kaum vorstellen, die durch die Wüste keuchten, um das Heiligtum zu vollenden.

Menschenwerk zwischen Meer und Wüste: Das Heiligtum Las Haldas mit seinen Pyramiden, ummauerten Höfen und vertieften Rundplätzen bezieht die Landschaft mit ein

Auch in der Mauertechnik ist eine Entwicklung abzulesen. Die ältesten Böschungsmauern zeigen einfach unregelmäßige Steine, mit Lehm zusammengefügt. Bei späteren Böschungen sind zwischen hohen Orthostaten – senkrecht eingebaute Steinblöcke – kleine Steinbrocken eingekeilt: eine Bauart, die an den großen Tempel von Sechín mit seinen monumentalen Steinreliefs erinnert. Ein besonderes Detail hat der Archäologe Terence Grieder bei seinen Sondagen beobachtet. In der letzten monumentalen Umbauphase waren die Werkleute dabei, eine Treppe samt Wange zu erneuern, sind aber offensichtlich nicht mehr fertig geworden. Unter dem später eingewehten Wüstensand fand sich noch ein angespitzter Meßpflock samt dazugehörender Baumwollschnur, mit der die neue Mauerflucht markiert war.

Am Beispiel von Las Haldas wird besonders deutlich, wie stark sich die uns Europäern seit den Griechen und Römern vertraute architektonische Raumkonzeption unterscheidet von dem, was sich die frühen Südamerikaner darunter vorstellten. Für sie hatte der umbaute, allseits geschlossene Innenraum eine höchst untergeordnete Bedeutung; viel wichtiger war ihnen der gestaltete Außenraum. Er ruht nicht in sich selbst, sondern hat viel weiter gespannte Bezugspunkte, ist auf die ganze umgebende Landschaft bezogen und verknüpft sich mit grenzenlosen Achsenbezügen auf das Ordnungssystem der Natur. Oft sind diese Bezüge auch auf astronomische Fixpunkte ausgerichtet und schließen so den Kosmos in die Sakralarchitektur ein.

Die gesamte Anlage mit ihrer Folge von Plätzen und Terrassen, mit ihrem Wechselspiel von massivem Baukörper um umgrenztem Freiraum auf verschiedenen Ebenen, bildet so eine riesige Avenue – eine als Vektor wirkende Zeremonialstraße, die die Unendlichkeit der Wüstenlandschaft mit einbezieht. Jedoch wissen wir nicht, welche Prozessionen sich dort abspielten, für wen die Opferfeuer in dem riesigen Rundhof loderten, was für Gottheiten hier verehrt wurden. Der Ethnologe Henning Bischof hat dargelegt, daß auffallend viele der frühen Heiligtümer Perus in unmittelbarer Nähe des Meeres angelegt wurden oder sich direkt darauf bezogen. Bei Las Haldas hält er es angesichts der Lage auf den Küstenklippen und einer steilen Treppe von der obersten Plattform zum Meer hin für möglich, daß dort Menschenopfer stattfanden; Gottheiten, die dem Meer zugeeignet waren, könnten durch blutige Rituale beschworen worden sein.

Bei Betrachtung solcher riesenhaften Bauten erhebt sich abermals die Frage nach der Ernährung und Versorgung der Massen von Menschen, die dort gewirkt haben müssen. Zwar ist die These weiterhin anerkannt, daß an der peruanischen Küste die maritimen Nahrungsgrundlagen – also Fischfang, die Jagd auf Meeressäuger und das Sammeln von Muscheln – die entscheidende Voraussetzung für die Entwicklung von Hochkulturen schufen. Neuerdings aber stellt sich immer mehr heraus, daß landwirtschaftliche Produkte eine ähnliche Bedeutung hatten. Der frühe Anbau von Nutzpflanzen wie Baumwolle, Kürbis, Bohnen und Chilipfeffer war ja von Junius Bird durch seine Ausgrabungen in Huaca Prieta nachgewiesen worden.

Im Bereich des Wüstentales von Huarmey fand dann der peruanische Forscher Duccio Bonavia Nachweise dafür, daß Mais bereits um 2300 v. Chr. systematisch angebaut und auch gelagert wurde. Er hat am Fundplatz Los Gavilanes im Boden eingetiefte, mit Stei-

Nur daumengroß – und doch ein gewaltiger Fortschritt: Maiskolben aus früher Zucht, um 2300 v. Chr.

nen ausgemauerte Silos freigelegt, in denen große Mengen Maiskolben gelagert waren. Es war eine frühe Züchtung mit einer Kolbenlänge von nur wenigen Zentimetern, meist dunkel gefärbt, und recht kleinen Körnern. Im Vergleich zu den hybriden Maiskolben, die wir heute im Supermarkt erstehen können, sehen Bonavias Funde wie Däumlinge aus. Und doch war es einst ein ungeheurer Fortschritt, eine Frucht zu produzieren, die sich über längere Zeit in einer Vorratsgrube aufbewahren läßt. Es ergab sich damit plötzlich die Chance, Perioden großer Trockenheit, wie sie in Flußoasen immer wieder vorkommen, zu überleben. Anbau und Zucht der Maispflanze also dürften entscheidend zur Entwicklung der Hochkultur beigetragen haben. Ihre Anfänge werden auf dem Gebiet des heutigen Ecuador bis ins 3. Jahrtausend v. Chr. zurückverfolgt.

*

Mit zwei Kollegen von der Universität San Marcos in Lima bin ich zum Grabungsplatz Pacopampa in der Provinz Chota im nördlichen Andenhochland Perus unterwegs. Dort wollen die beiden in einem bisher wenig erforschten Heiligtum des Frühen Horizonts ihre Ausgrabungen fortsetzen. Die offene Pritsche des Kastenwagens ist voll von Grabungswerkzeug. Es hilft uns schon vor dem Ziel. Immer wieder müssen wir auf der steilen Schotterpiste anhalten, um mit Hacke und Schaufeln metertiefe Löcher zu füllen, bis der Fahrer weiterbugsieren kann, ohne daß der Wagen aufsitzt. In ein paar Wochen, zur Regenzeit, wird diese Strecke ins Gebirge nur noch mit Maultieren passierbar sein.

Endlich, nach zweitägiger Rüttelei, treffen wir im Abenddämmern in der kleinen Siedlung Pacopampa ein. Einstöckige Lehmhäuser mit steilen Grasdächern säumen einen kleinen gepflasterten Platz. Am Dorfrand die Hütte des Ruinenwächters und Grabungsvorarbeiters Don Mateo; dort werden die Geräte gelagert. Ohne Übergang, schlagartig setzt die Nacht ein; es wird eisig kalt. In dem einzigen Raum, Wohn- und Schlafzimmer zugleich, drängen wir uns um das Herdfeuer, dessen Flackerschein die von den Dachbalken hängenden Werkzeuge und Pfannen beleuchtet. Die lange Fahrt und die unfreiwilligen Straßenbaueinsätze haben uns hungrig gemacht.

Don Mateo bietet ein besonderes Mahl an. Routiniert faßt er unter den wackligen Tisch, von wo undefinierbare Bewegungen wahrzunehmen sind. Ein kurzes Quieken, und er hat ein erschlaffendes Meerschweinchen in der Hand, das er jetzt ruck, zuck mit seinem Taschenmesser abhäutet. Viermal wiederholt sich die Szene, dann brutzeln die kleinen Braten flachgedrückt auf einem Eisenrost über dem Feuer. Es ist wirklich ein Festmahl, mit gerösteten Maiskolben als Zugabe. Einer der wichtigsten Proteinspender waren Meerschweinchen schon in alter Zeit, wie Knochenfunde beweisen. Sie wurden – und werden auch heute noch – im Haus gehalten, wo man sie für unerwarteten Bedarf stets vorrätig hat. Ein Griff unter den Tisch genügt.

Im Schein unserer Taschenlampen gehen wir noch hinüber, um Don Crispulo, dem Dorfältesten, unsere Aufwartung zu machen. Zwei Petroleumlampen erhellen den langen Raum, der Amtslokal, Kramladen und Kneipe in einem ist. Die Wände und der Boden bestehen aus Stampflehm. Im Hintergrund türmen sich Büchsen und Flaschen in einem Regal. Ein gutes Dutzend Männer im Poncho und

Der Puma auf dem Dorfplatz von Pacopampa – eines der wenigen Monumente, die nicht in die Museen der fernen Hauptstadt verfrachtet wurden

Lebendvorrat in der Küche. Meerschweinchen werden seit alters her gezüchtet

mit dunklem Filzhut stehen am Tresen. Sie feiern den Ausklang eines Heiligenfestes, und die Stimmung ist angeregt. Aus Blechbechern wird Yonque getrunken, ein dem Zuckerrohrschnaps ähnliches Getränk, das mit Kräutern, Zimt und Wasser auch heiß genossen wird und furchtbar im Hals kratzt. Jedenfalls wärmt das Gebräu und schützt gegen die Hochlandkälte, die durch die offene Tür hereindringt.

Der hagere Mann neben mir plaudert angeregt über Maisernte und Pferdedressur. Nach einer Weile schlingt er den Wollschal um den Hals und verschwindet im Dunkel der nächtlichen Dorfgasse. Aus dem Augenwinkel sehe ich, wie er im Weggehen eine schwere Flinte hinter der Tür hervorholt und umhängt.

Erst am anderen Morgen, während wir zu den Ruinen hochsteigen, erfahre ich von Don Mateo, daß ich mit dem Anführer der *Ronda* geplaudert und getrunken habe. „Ronda" ist eine bewaffnete Bauernmiliz, die sich gegen den Viehdiebstahl zusammengeschlossen hat und, vor allem auch nachts, die Weiden bewacht. Mit den Guerilleros haben die Bauern schon etliche blutige Auseinandersetzungen gehabt. Chota ist eine abgelegene Provinz, bereits jenseits der kontinentalen Wasserscheide, hin zu den Urwaldgebieten. Da ist Selbsthilfe oft die einzige Chance.

Die Ruinen von Pacopampa bedecken eine langgezogene Bergkuppe über dem Dorf. Eine riesige, dreifach abgestufte Pyramide erscheint hier wie ein grasbewachsener Hügel, nur im unteren Bereich kommen feingeglättete Quadermauern zum Vorschein. Davor liegt ein großer Platz, umgeben von Plattformen. Die Konturen der einzelnen Gebäudetrakte, die noch nicht ausgegraben sind, lassen sich nur erahnen. Aber die ganze Anordnung und auch die feine Steinbearbeitung erinnern an Chavín. Ich sehe die Öffnungen von inneren Gängen am Rand der Hauptplattform, auch solide Treppen und überdimensionale, sorgfältig geglättete Schwellenblöcke als Umrahmung des Platzes. Die verschiedenen peruanischen Forscher, die hier seit 1939 sporadisch gegraben haben, entdeckten auch außerordentlich kunstvolle Steinplastiken mit antropomorphen und zoomorphen Reliefs, die stilistische Verwandtschaft mit Chavín widerspiegeln.

Vom Ruinenhügel bietet sich ein weiter Blick; die kahlen, nur grasbewachsenen Weiden des Hochlandes werden durchschnitten von sehr tiefen Tälern, in denen schon üppiger, dunkelgrüner Baumbewuchs vorkommt. Das Amazonastiefland liegt nicht allzu fern. Aber auch die Luftlinie zu dem weiter südlich gelegenen Chavín ist wesentlich kürzer, als man nach der vieltägigen, beschwerlichen Reise von der Küste aus annehmen möchte.

Auf dem Dorfplatz zeigen mir die Bewohner noch einen besonderen Schatz. Es ist die steinerne Großplastik eines Puma, die sie dort auf einen Sockel gestellt haben. Der massig, fast quadratisch ausgeführte Körper mit dem feinen hochragenden Kopf ist völlig unversehrt. Das harte Gestein der Skulptur ist spiegelglatt poliert. Ein künstlerisches Meisterwerk, das die Bildhauer der Zeit des Frühen Horizonts im 1. Jahrtausend v. Chr. ganz ohne Metallwerkzeuge ausgeführt haben, mit Steinhämmern zum Prellen der Oberfläche, und mit Quarzsand zum Schmirgeln und Polieren. Wie schön, daß dieses Kunstwerk noch in seiner ursprünglichen Umgebung zu sehen ist und nicht in ein Museum der Hauptstadt abgeschleppt wurde.

★

Ähnlich wie Pacopampa gibt es zahlreiche Heiligtümer des Frühen Horizonts im Andenbereich, im Hochland wie an der Küste, die bisher noch gar nicht in allen Einzelheiten erforscht sind. Sie zeigen die von Chavín her bekannte Anlage von großen Sakralplätzen und Pyramiden. Vor allem in der Kunst des Steinreliefs und in der Produktion von zeremoniellen Keramikgefäßen verraten sie bei allen regionalen Verschiedenheiten doch ikonographische Übereinstimmungen, die auf eine einzige mythologische Wurzel und damit gemeinsame Religionsvorstellungen schließen lassen.

Ein besonders interessantes Heiligtum dieser frühen Periode wurde von einem Archäologenteam der Universität Tokio in Kotosh im mittleren peruanischen Hochland ausgegraben. Julio Tello, der große Altmeister, hatte den künstlichen Hügel von mehr als 13 Metern Höhe schon 1935 während seiner rastlosen Suche nach den Frühformen des Chavín-Stils erstmals untersucht. Die Japaner legten dann die dichte Abfolge von Überbauungen und Umbauten in systematischen Schichtgrabungen frei.

Wie in Las Haldas an der Küste reicht in Kotosh die älteste Phase des Heiligtums in die vorkeramische Zeit und wird nach Radiokarbon-Datierungen vor 1800 v. Chr.

Lehmreliefs im Innenraum des Tempels von Kotosh

angesetzt. Von späteren Überbauungen verdeckt, haben sich wichtige Teile dieses Anfangstempels erhalten: ein rechteckiger Raum mit Wänden aus Bruchsteinen in Lehmfügung, durch Nischen gegliedert. Dieser wohl mit einem Flachdach zu rekonstruierende Tempel ruhte auf einer massiven Plattform. An den Innenwänden unten hat sich der Lehmverputz unter Schutt erhalten. Er ist an zwei Raumseiten reliefverziert und zeigt etwa lebensgroß zwei sich überkreuzende menschliche Unterarme mit realistisch modellierten Händen. *El Templo de las Manos Cruzadas*, der Tempel mit den gekreuzten Händen: So ist der frühe Bau von Kotosh in die Fachliteratur eingegangen.

Ein späterer Tempel über diesem Anfangsbau ist bereits mit dem Vorkommen von Keramik verbunden. In der Mitte des Raumes stießen die Ausgräber auf eine Besonderheit: eine vertiefte Feuerstelle, zu der durch einen unterirdischen gemauerten Kanal Frischluft von außen geleitet wurde. Solche Anlagen kommen noch mehrfach in Kotosh und in der sakralen Architektur des Andenhochlandes vor. Welchen Zwecken die Feuer im Tempelraum dienten, welche Zeremonien sie begleiteten – das wird jedoch für immer unbekannt bleiben.

Genutzt wurde der Haupttempel bis etwa 1000 v. Chr. Die etwa 800 Jahre zuvor einsetzende Keramik aus feinem grauen Ton mit vor dem Brand eingeritzten Verzie-

Typisches Kotosh-Gefäß. Die fünf fein modellierten Köpfe könnten Trophäen darstellen

rungen zeigt eine nach dem Brand aufgebrachte Bemalung in Rot, Weiß und Gelb. Diese Einlagen wurden mit pflanzlichen Klebemitteln, zum Beispiel Harzen, in die Verzierungen eingefügt. Die Keramikgefäße von Kotosh zeigen in der Spätphase Formen wie Flaschen mit langem Hals und Gefäße mit Steigbügelhenkel, die auch typisch sind für die Keramik des Frühen Horizonts in Chavín.

⋆

Nach Abschluß meiner eigenen Grabung in Südperu fahre ich nach Norden, um die texanischen Kollegen Thomas und Shelia Pozorski zu besuchen, die dort seit 1980 in einem trockenen flachen Seitental des Río Casma an einem besonderen Ruinenkomplex graben.

Von der Küste führt die Sand- und Schotterpiste etwa 18 Kilometer talaufwärts, bis in der Ferne mitten in einer Ebene die Masse der Pyramide von Moxeque auftaucht. Kein Mensch ist zu sehen, aber von der etwa zwölf Meter hohen oberen Plattform steigen dichte Staubwolken hoch. Dort also muß die Grabungsstelle sein. Ich klettere die steile Böschung hinauf und stelle dabei fest, daß diese Pyramide A mit ihren etwa 130 Metern Seitenlänge ganz aus Steinfüllungen besteht. Oben fällt der Blick auf ein Labyrinth von quadratischen Kammern und schmalen Gängen. Über mehr als zwei Meter dicke Mauerkronen finde ich den Weg zu einem großen Mittelraum, in dem die beiden Pozorskis mit ihren Studenten und einheimischen Arbeitern gerade einen Lehmfußboden freilegen. Ich habe Glück, die Grabung ist nahezu abgeschlossen und so kann ich alle Räume freigelegt sehen, die

Als endlose Trümmerhalde präsentiert sich die Bebauung von Pampa de las Llamas-Moxeque. Das ausgegrabene Atrium der Pyramide zeigt Nischen mit Lehmverputz

später zu ihrem Schutz wieder mit Erde und Schutt zugefüllt werden sollen.

Bereits der Name dieses Ruinenplatzes, *Pampa de las Llamas*, ist mit einer absonderlichen Geschichte verknüpft. Der deutsche Forscher und Arzt Ernst Middendorf, der gegen Ende des 19. Jahrhunderts auf abenteuerlichen Reisen das ganze Land durchzog, hat die Legende der „Ebene der Lamas" aufgezeichnet. Danach war hier, nachdem die Spanier ins Land eingefallen waren und den Inkaherrscher Atahualpa gefangengenommen hatten, eine riesige Karawane mit Gold für das Lösegeld nach Cajamarca unterwegs, als die Schreckensnachricht eintraf, Atahualpa sei ermordet worden. Darauf vergruben die Transportführer den Schatz an einer unbekannten Stelle und schlachteten sämtliche Tragtiere ab – 500 Lamas!

Schon der große Julio Tello hat auf der „Ebene der Lamas" während der dreißiger Jahre gegraben. Sein Interesse galt vor allem einer anderen, der riesigen Pyramide von Moxeque, einem 30 Meter hohen Bau mit 160 Metern Seitenlänge, aus gestuften Plattformen mit abgerundeten Ecken bestehend. Außen an der dritten Plattform legte Tello einen Fries aus Lehmreliefs frei, die sich samt ihrer leuchtenden Bemalung hinter Schutt erhalten hatten. Es waren in Nischen gesetzte Halbbüsten von Menschen. Die Gesichter fehlten; lediglich Gewandteile sowie Schlangenornamente in leuchtendem Blau, Rot, Weiß und Schwarz hatten sich erhalten. Die Friese waren ursprünglich etwa drei Meter hoch und vom Vorplatz weithin sichtbar. Auch einige Lehmreliefs von Menschenköpfen in kleineren Nischen hat Tello freigelegt. Einer von ihnen, mit geschlossenen Augen und nach unten verzogenem Mund, ähnelt verblüffend der Darstellung der Toten auf dem Opferfries von Cerro Sechín.

Leider ist von diesen farbigen Großreliefs heute nichts mehr erhalten. Eine schwere Sünde der früheren Archäologen; wußten sie's nicht besser? Nach der Freilegung blieben die Reliefs ungeschützt und wurden von Witterung wie von erbarmungslosen Schatzsuchern restlos zerstört.

Im unteren Bereich der Pyramide erkennt man noch die Abraumhalden der früheren Grabung, der obere Teil zeigt die Innenkonstruktion mit Wänden aus kegelförmigen Lehmziegeln. Eine U-förmige Bebauung der obersten Plattform um einen hochgelegenen Mittelhof läßt sich noch erahnen.

Genau gegenüber diesem Bau von Moxeque, etwa 1,5 Kilometer entfernt, liegt jene Pyramide A von Pampa de las Llamas. Ganz offensichtlich sind die beiden Großbauten in einer grandiosen Planung auf einer gemeinsamen Achse angelegt worden.

Was auf den ersten Blick, als ich den Gipfel der Pyramide A erreichte, wie ein Labyrinth aussah, enthüllt sich auf dem Vermessungsplan der Kollegen als eine ganz regelmäßige Anlage aus mehr als zwanzig quadratischen Räumen, die durch ein kompliziertes System von schmalen Türöffnungen, engen Gängen und Treppen miteinander verbunden sind. Die dicken steingemauerten Wände tragen feinen Lehmverputz und sind weiß bemalt, die Böden bestehen aus einem glatten Lehmestrich.

Die Ausgräber führen mich durch die Flucht der Räume und Kammern, die sämtlich abgerundete Ecken aufweisen und in allen Wänden tiefe rechteckige Nischen zeigen; sie waren einst mit Rundhölzern überdeckt oder trugen steinerne Sturzbalken. Einige der Öffnungen sind von rechteckigen Wandpfeilern unterteilt: Ein Kern dünner Rundhölzer wurde dick mit Verputz ummantelt. Auf den glatten Lehmfußböden haben sich unter dem Schutt sogar die Abdrücke geflochtener Schilfmatten erhalten. Sonst wurden nur wenige Gegenstände gefunden: Reste von Textilien und eine Unzahl von Mäuseknochen deuten darauf hin, daß die weitläufige Raumgruppe auf dem Pyramidengipfel als riesiges Vorratslager diente, in dem eine herrschende Bevölkerungsschicht Agrarprodukte und Handwerkserzeugnisse hortete und verwaltete – ganz offenbar unter strenger Aufsicht.

Tom Pozorski zeigt mir, wie konsequent das Kontrollsystem der einzelnen Bereiche durchdacht war: Über eine steile Freitreppe erreicht der Besucher die oberste Plattform und gelangt in einen Vorhof, in dessen Stirnwand sich ein Tor mit hoher Schwelle öffnet. Seine Wände waren mit einem überdimensionalen Relieffries geschmückt. Von ihm hat sich nur die unterste Zone erhalten, ich erkenne die Füße von Katzenwesen, wahrscheinlich Pumas, auch ein Schwanz ist noch zu sehen, der in einem Schlangenkopf endet. Diese Reliefwand mit dem Tor war zehn Meter breit und muß ursprünglich eine Höhe von etwa fünf Metern gehabt haben. Ein wahrhaft monumentaler, furchterregender Eingang, bewacht von den Riesenkatzen.

Hinter dem Zugang im ersten großen Gemach entdecke ich vor der Wand senkrecht in den Boden eingelassene Holzpfosten und querliegende Balken; zwischen Wand und Pfosten aufeinandergeschichtet, ließ sich damit der Zugang ganz verrammeln. Eine schmale Tür führt weiter zu einem quadratischen Atrium von 35 Metern Seitenlänge genau in der Mitte der ganzen Anlage. Von dort erschließen sich die einzelnen Raumgruppen über weitere Verteilerräume, die sämtlich ebenfalls mit einem raffinierten Sperrmechanismus ausgestattet sind: In steingemauerte Kanäle tief in der Wand sind Rundbalken geführt. Sie können aus der Leibung der Türöffnungen ausgefahren werden und finden gegenüber Halt in einer Nische. Durch diese Schranken lassen sich die Zugänge also nach Bedarf sperren und öffnen.

Das ganze kunstvoll ausgeklügelte System von Vorratslager und Kontrolle interpretiert Pozorski als weltliche Administrationszentrale, während die große Pyramide von Moxeque, mit der Pyramide A durch eine Sequenz von Höfen und Plätzen verbunden, nach seiner Auslegung das religiöse Zentrum darstellte. Radiocarbondaten ergeben für die Plattformbebauung der Pyramide A eine Entstehungszeit von 1700 bis 1100 v. Chr.; Pozorski hat darunter noch ein sorgfältig zugeschüttetes, kleineres System von Räumen nachweisen können, das sicherlich älter ist.

Wo nun aber wohnte diese Elitegruppe, die ihren Produktionsüberschuß in gewaltigen Mengen so sorgfältig verwaltete und so ängstlich bewachte? In einer kilometerlangen Reihe stehen neben der monumentalen Hauptachse der Gesamtanlage etwa fünfzig kleinere Terrassen. Auf ihnen haben die Ausgräber ebenfalls zahlreiche quadratische Nischenräume gefunden, die sie als Verwaltungsgebäude interpretieren. Diese Plattformen sind verbunden mit einer Abfolge von Höfen und Rechteckräumen, die sich als Luxus-Appartements bezeichnen lassen und offensichtlich Wohnzwecken dienten.

Und wo wohnten die Armen, die Bauern, die Arbeiter, die Handwerker, die Bauleute, die die Nahrungsgrundlage für diese Oasengesellschaft sicherten und ihren ungeheuren Bauaufwand ausführen mußten? Auch dafür haben die Ausgräber eine Antwort gefunden: Ein von oben kaum erkennbares Gewirr niedriger Mäuerchen gegenüber den Elitequartieren entpuppte sich bei der gründlichen Reinigung vom Flugsand als unregelmäßige Anlage von runden und ovalen, meist einräumigen Hütten. Lediglich einige wenige Feldsteine markieren die Hausumrisse; die Wände von einst müssen wir uns als lehmbeworfenes Flechtwerk aus Schilfrohr vorstellen. Sonst hat dieses Hüttenwerk der Unterprivilegierten kaum mehr Spuren hinterlassen.

Der Gesamteindruck von Pampa de las Llamas ist überwältigend. Er zeigt uns bereits um 1500 v. Chr. ein differenziertes urbanistisches Gebilde monumentaler Großbauten mit einer klaren Dualität von

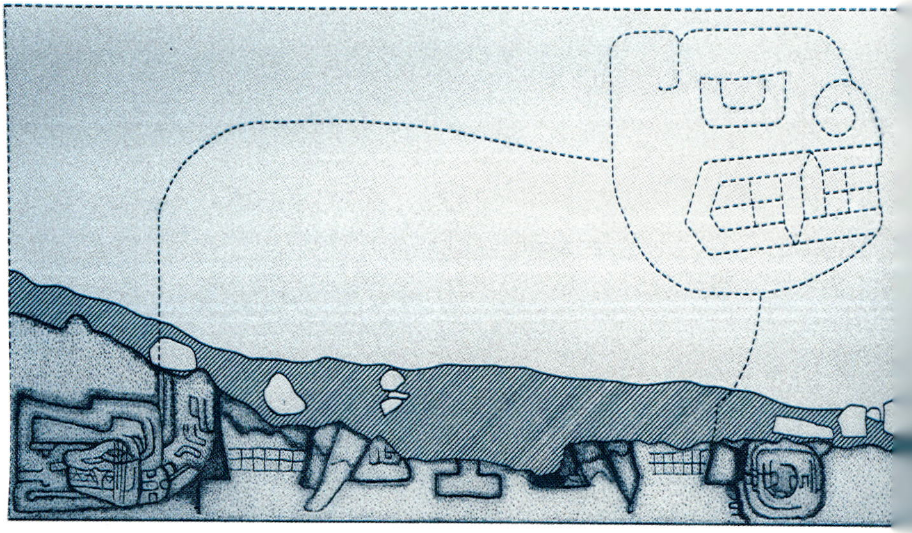

sakralem und administrativem Zentrum, Elitequartieren und Armenhütten. Nahrungsgrundlage dieser frühen Gesellschaft bot sowohl das nahe Meer als auch die Bewässerung der Flußaue zur intensiven Landwirtschaft; wir begegnen hier den ersten Anzeichen eines frühen hierarchischen Staatswesens, das sich in planvollen Großprojekten und Heiligtümern manifestierte – zu einer Zeit, als die Bewohner Mitteleuropas überwiegend in ungeordneten Streusiedlungen hausten.

*

Es war eine Notgrabung an der peruanischen Nordküste, im mittleren Tal des Jequetepeque am Ruinenplatz Monte Grande; sie schien eigentlich nicht sehr aussichtsreich – und doch brachte sie eine sensationelle Entdeckung. Hier wurde eine ganz andersartige Bauweise vorgefunden als bei der unregelmäßigen Siedlung der armen Leute von der Pampa de las Llamas.

Notgrabungen sind für uns Archäologen stets dann angesagt, wenn neue technische Projekte – etwa Straßen- oder Häuserbau – eine potentielle archäologische Fundstätte unwiederbringlich zu überdecken und zu zerstören drohen. Bei Monte Grande sollte das der Fall sein. Ein deutsches Entwicklungshilfeprojekt sah vor, das mittlere Tal durch einen riesigen Staudamm zu sperren und zu überfluten. Aus dem Reservoir könnten dann die Wüstengebiete unterhalb bewässert und so agrarisch nutzbar gemacht werden. Mehrere alte Dörfer würden in dem künftigen Stausee verschwinden, aber auch eine große Zahl vorspanischer Ruinen. Die galt es vorher noch zu erforschen.

So setzte hier das Deutsche Archäologische Institut 1980 zu einer zweijährigen Grabungskampagne an. Die Kollegen hatten keine große Hoffnung auf überraschende Erkenntnisse. Der Ort war als Fundplatz besonders feiner Keramik des Frühen Horizonts im internationalen Kunsthandel schon lange berühmt. Die zerstörerische Wühlarbeit der Raubgräber im ganzen Tal hatte kein einziges Bauwerk verschont; alle Pyramiden und Terrassen waren durchtunnelt worden, im Gewirr der riesigen Löcher und Abraumhalden konnte man kaum mehr Konturen der Anlagen erkennen.

Nach der ersten Reinigung erwies sich ein durchwühlter Hügel auf einem sanften Schotterhang als große aufgeschüttete Zeremonialanlage. Mehrere Terrassen und Plätze in unterschiedlichem Niveau waren mit einer obersten massiven Plattform durch eine Freitreppe zusammenkomponiert. Ganz oben gruppierten sich rechteckige Bauten aus Steinmauerwerk um einen Hof. Die gesamte Anlage des Heiligtums wies zwei Bebauungsphasen übereinander auf.

Wo aber hatten die Menschen gewohnt, die diesen Kultplatz einst errichteten und benutzten? Auf den von Trockenrinnen durchzogenen Schotterabhängen im weiteren Umkreis waren über der Erde keinerlei Anzeichen von Bauresten erkennbar; bei schragem Sonnenlicht frühmorgens und gegen Abend jedoch zeichneten sich auffällig ebene Bereiche am Hang ab. Die Ausgräber entschlossen sich hier zu einer großflächigen Untersuchung nach einem Verfahren, wie es bei prähistorischen Ausgrabungen in Mitteleuropa entwickelt wurde.

Das riesige Areal, in zehn mal zehn Meter große Flächen unterteilt, wurde systematisch in ganz dünnen Schichten horizontal abgetragen – eine mühsame und staubige Arbeit, mit einem kleinen eisernen Kratzer den Boden zu

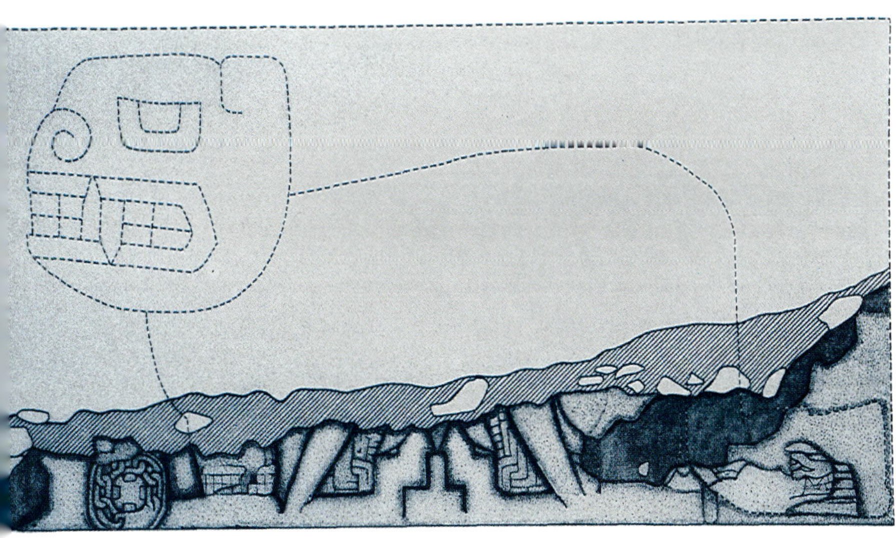

Der Eingang zum Atrium auf der Pyramide wurde von gewaltigen Raubkatzen bewacht. Nur die unterste Zone der Lehmreliefs blieb erhalten

lockern und dann vorsichtig abzuheben. Jede einzelne Schicht wurde mit dem Pinsel gereinigt, dann geglättet und mit allen ihren Einzelheiten, vor allem den Bodenverfärbungen, sorgfältig maßstäblich aufgezeichnet. Dunkle Bereiche im hellen Untergrund entpuppten sich dabei als Pfostenlöcher.

Das Holz der Pfosten selbst war längst verwittert. Aber aus all diesen Verfärbungen in den verschiedenen Ebenen ergab sich dann nach und nach der Grundriß einer großen, regelmäßig angelegten Siedlung. Die Häuser waren in Leichtbauweise mit Wänden aus bambusartigen Rohrpfosten errichtet worden. Die Pfosten waren dicht nebeneinander versetzt, Lükken teilweise mit Feldsteinen ausgeflickt, und dann auf beiden Seiten mit einer dicken Lehmschicht verputzt. Die ebenfalls lehmverputzten Flachdächer aus Rohrkonstruktion lagen darauf. Die überwiegend einräumigen Häuser besaßen jeweils in der Mitte eine steingemauerte, in den Lehmfußboden eingetiefte Feuerstelle.

Etwa zweihundert Häuser kamen so zum Vorschein; sie waren im unmittelbaren Umkreis des Heiligtums in Gruppen angeordnet, und zwar U-förmig um Plätze, die sich zum Zentrum hin öffneten. Größenunterschiede der Häuser deuten auf eine hierarchische Gesellschaftsordnung hin. Die Bauten direkt am Sakralbereich waren wesentlich geräumiger als die entfernteren Hütten und wurden wohl von einer Elite bewohnt. Zwei Bauphasen übereinander – wie beim Heiligtum selbst – konnten auch in dieser Siedlung nachgewiesen werden.

Die sensationelle Entdeckung dieser Notgrabung also war der Nachweis einer regelmäßigen, planvollen Siedlung in direktem Zusammenhang mit dem Heiligtum selbst. Zuvor war man in der Archäologie – ausgehend vom Befund in Chavín – immer der Meinung gewesen, in der Frühzeit der andinen Hochkultur hätten die Menschen im Umkreis eines Sakralzentrums weit verstreut in einzelnen Gehöften und kleinen Weilern gewohnt. Die neue Erkenntnis wäre beim sonst in Peru üblichen Grabungsverfahren in kleinen, räumlich begrenzten Schnitten nicht möglich gewesen. Erst die Anwendung prähistorischer Grabungsmethoden auf sehr großen Flächen hat den Fund von Monte Grande zutage gefördert.

Im Jahr 1988 fahre ich am fertigen Staudamm vorbei in Richtung Cajamarca. Die Straße verläuft inzwischen auf der neuen Trasse hoch über dem Tal, das mittlerweile schon fast ganz zu einem dunkelblauen See angestaut ist. Irgendwo da unten, bereits im Wasser versunken, liegt das Dorf mit den zweihundert Häusern, in denen die Erbauer des Heiligtums von Monte Grande einst lebten.

Eine Notgrabung unter Zeitdruck brachte es zutage, bevor der neue Stausee den Fundort Monte Grande für immer überflutete: Um die zentrale Tempelplattform lagen regelmäßig angeordnete Wohnhäuser einer planvollen Siedlung. Allein an der Verfärbung ihrer Pfostenlöcher im Boden konnte man sie noch erkennen. Zu den kostbaren Funden gehört die Miniatur eines Äffchens, aus einer Spondylus-Muschel geschnitzt

Ein Halbgott kommt ans Lich

Es war der spektakulärste Grabfund auf dem Kontinent in unserem Jahrhundert: Bedrängt von Räuberbanden, bewacht von Polizisten mit Maschinenwaffen, legten Archäologen an der nord-peruanischen Küste in der Pyramidengruppe von Sipán erstmals ein völlig unangetastetes Fürstengrab frei – mit einer überwältigenden Menge von Beigaben aus Silber, Gold und Edelsteinen. Ganz neue Methoden mußten entwickelt werden, um die unschätzbaren Preziosen zu restaurieren und ihnen ihr Geheimnis zu entlocken

Abermillionen von Lehmziegeln mußten die Bauleute in Fronarbeit zusammenfügen, um die riesigen Plattformen der Sonnen- und der Mondpyramide für die Mochica-Götter zu errichten. Die Tempel selbst waren leichte Holzgebilde

Halb Vogel, halb Krieger – Mischwesen auf goldgefaßtem Ohrschmuck aus den Gräbern von Sipán. Türkis war so kostbar, daß die Plättchen aus älterem Geschmeide, wie die Bohrungen erkennen lassen, wiederverwendet wurden

Alle Lebensbereiche d
Mochica-Kultur der Frü
Zwischenperiode stell
die Kunsthandwerker
faszinierender Eindrin
lichkeit dar: Geburt un
Kampf, Alltag und Göt
glauben, die Welt der
und der Mythen, den
Schmuck der Fürsten
die Gaben für die Über
schen. Wie in einem ta
sendjährigen Bilderbu
lesen wir die Botschaf
Töpfer und Goldschmi

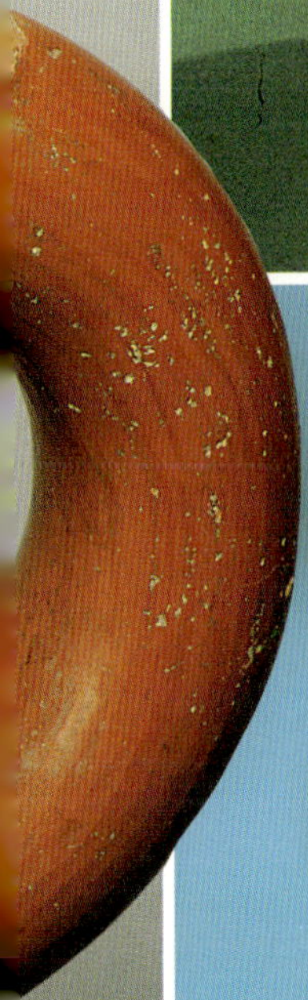

Die wichtigste Entdeckung der peruanischen Archäologie im 20. Jahrhundert war das völlig unberührte Grab eines Mochica-Fürsten mit seinen ungeheuren Schätzen tief im Inneren einer Pyramide von Sipán. Hier hatten die Grabräuber einmal keine Chance

Die Sargkammer von Sipán. Mit Pinsel, Pinzette und Blasebalg muß Schicht für Schicht mühsam freigelegt werden. Vor der Bergung werden die Schätze durch Zeichnung und Vermessung in ihrem Zusammenhang genau dokumentiert

Unter der Last der Abdeckung ist die Grabkammer einst zusammengebrochen, ihr Inhalt zu einer dichten Masse verbacken: Beigaben aus Gold und Silber, Kupfer und Türkis. Der hölzerne Sarg ist vermodert, nur die Kupferklammern blieben

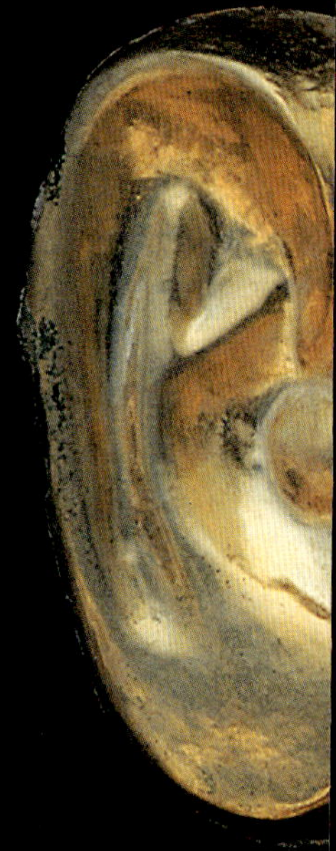

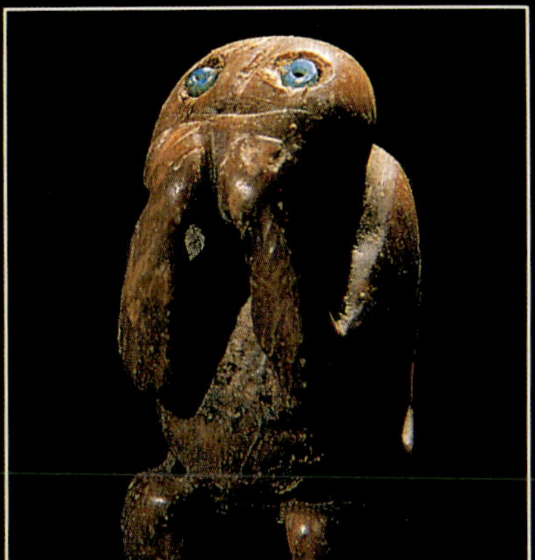

Kunsthandwerker verschiedener Gewerbe arbeiteten in Sipán zusammen, um diese Fülle von Totenbeigaben zu erschaffen: eine Goldmaske mit Augen aus Lapislazuli, eine Steinfigur mit Türkisen, silberne und goldene Erdnüsse sowie Plastiken aus vergoldetem Kupfer. Einige dieser Preziosen stammen aus frühen Raubgrabungen und konnten über den Kunsthandel nach Lambayeque zurückgeholt werden

Das Würdezeichen des toten Herrschers: Der Brustschmuck aus Goldkupferblech, hier noch vor der Restaurierung, ist 60 Zentimeter breit. Die Geste des großen Emblems wiederholt sich in der Figurine

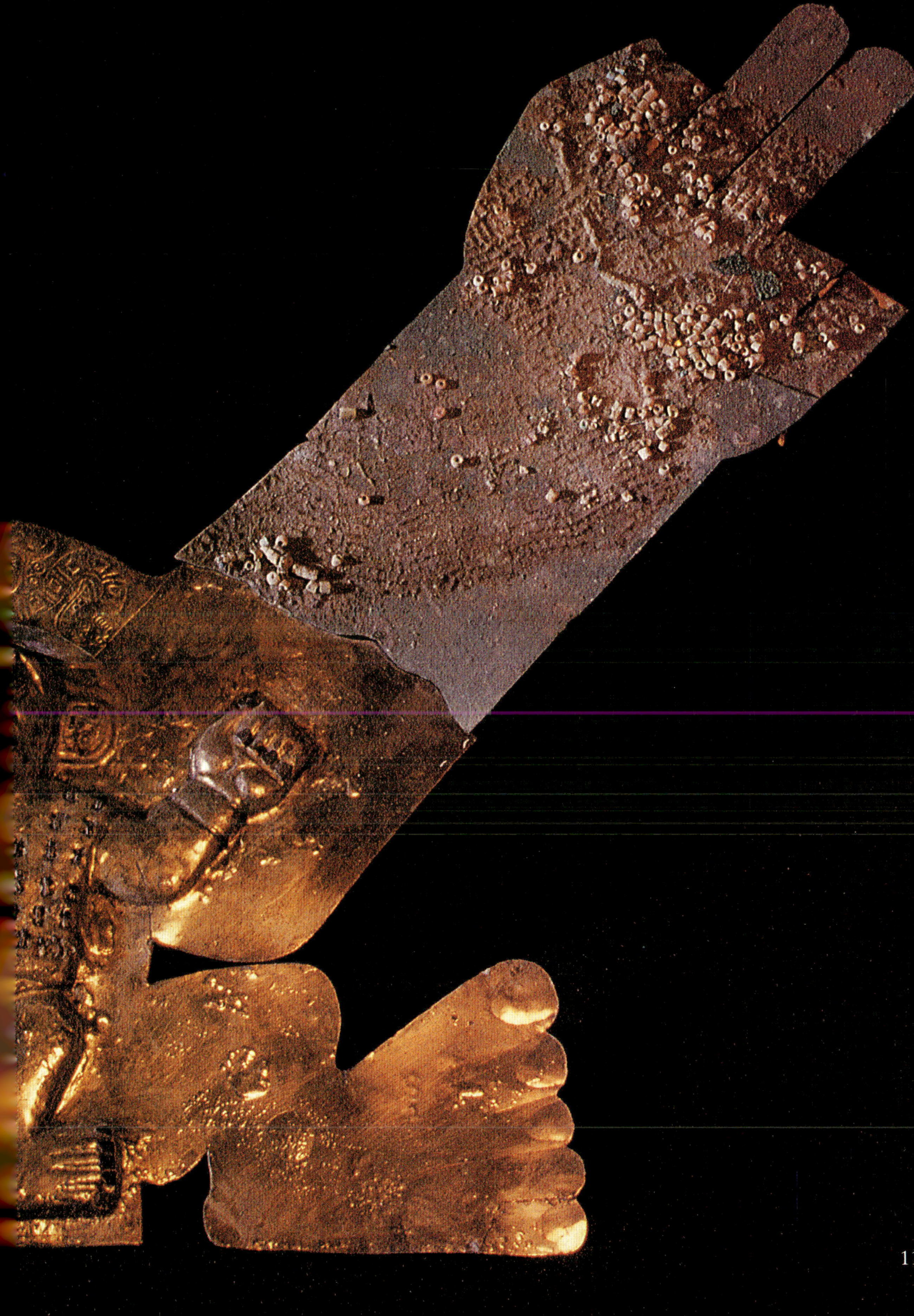

Der Schweiß rinnt mir von der Stirn und brennt in den Augen. Mein nackter Rücken ist zerkratzt und sandverklebt, die dünne Baumwollhose mit einer dicken, feuchten Sandkruste überzogen und steif wie Leder. Es ist unerträglich heiß und ich bekomme kaum Luft. Ich kniee in einem nur achtzig Zentimeter breiten, senkrechten Schacht tief in einer riesigen Sanddüne. Links und rechts stoßen meine Schultern wie in einer Zwangsjacke an die Wände; vor mir ist ein dunkles Loch, in das ich mit der Taschenlampe hineinleuchte. Ein bißchen Helligkeit kommt von oben, wo acht Meter über mir der Einstieg als winzige runde Scheibe von Tageslicht erscheint.

Ein Alptraum? Nein. Ich bin auf der Sohle eines Schachtgrabes in Vicús in Nordperu, und meine Aufgabe ist es, den engen Stollen vor mir so zu vermessen und auf Millimeterpapier aufzuzeichnen, daß alle Beigaben des Toten, der hier vor 1800 Jahren bestattet wurde, in ihrer genauen Position maßstäblich dokumentiert werden.

Ja, ein bedrückender Job. Ich fühle mich wie lebendig begraben. Die Beklemmung wird verstärkt durch den Sand, der ununterbrochen von oben herunterrieselt und Zeichenbrett, Kamera und Lampe längst eingepudert hat. Wie lange werden die lockeren Wände dem Erddruck standhalten, bis sie nachrutschen und mich wirklich begraben? Zeichne schneller, Genosse – ist die Devise.

Die Arbeitsfläche vor mir habe ich zuerst sorgfältig mit Messer und Spachtel geglättet; an der dunklen Verfärbung wird jetzt deutlich die Grenze zwischen der Sandfüllung des Grabraumes und dem ungestörten Sand der Umgebung sichtbar. Etwa wie eine zwei Meter lange Ellipse zeigt sich die Sohle des Grabes auf der Zeichnung. Nun müssen noch die Grabbeigaben in ihrer genauen Lage gezeichnet werden: ein halbes Dutzend Keramikgefäße, ein Messer aus dünnem Bronzeblech, eine Handvoll Muscheln, zum Aufffädeln als Zierat durchbohrt. Vom Toten selber ist nichts übriggeblieben, auch kein Knochenrest. Allein die harten Schmelzkronen der Zähne finden sich noch an ihrer Stelle.

Nun ist die Skizze fertig. Ich löse die Gefäße sorgfältig vom Untergrund, packe sie mit den übrigen Funden in numerierte Plastiktüten. An einem Seil wird ein Sack herabgelassen; Grabfunde und Arbeitsutensilien schweben darin nach oben. Krauchend kann ich mich endlich aus dem engen Stollen in den Steigschacht zurückziehen. Ich hangle mich an dem von den Arbeitern gehaltenen Seil mühsam nach oben, dem grellen Wüstenlicht entgegen, bis ich mich schließlich halbblind über den lockeren Rand der Öffnung schwingen kann. Ein Stein fällt mir vom Herzen; wieder ist ein Grab fertig bearbeitet.

Ich bin an der peruanischen Nordküste bei Piura, um hier das Gräberfeld zu untersuchen, aus dem seit 1962 eine riesige Menge bis dahin ganz unbekannter Keramik einer früheren Kulturepoche durch Schatzsucher in den internationalen Kunsthandel gekommen ist: Tongefäße, meist in Flaschenform mit Ausguß. Das Besondere an ihnen ist die negative Bemalung. Dabei wurden Ornamente mit wachshaltiger Substanz aufgetragen, das Gefäß dann mit brauner

In der Gegend von Piura an der Nordküste Perus wurden riesige Mengen unbekannter Keramik gefunden

Engobe begossen und gebrannt. Die wachsbemalten Stellen, wo die Tonschlämme nicht haftete, blieben so als helle Muster stehen. Bemalungen in Weiß und Rot kamen ebenfalls vor. Der Formenreichtum war erstaunlich; neben den Flaschen gab es Doppelgefäße und solche mit ringförmigem Henkel oder in Tier- oder Menschenform, auch Darstellungen von Häusern als Gefäße wurden häufig gefunden.

Nach einem markanten Felsrükken in der Nähe erhielt diese alte vorspanische Kultur den Namen Vicús.

Die Gräber bestehen aus einem engen, röhrenförmigen Schacht mit einer seitlichen Ausbuchtung an der Sohle; sie haben also jeweils etwa die Form eines Stiefels oder einer nur einseitig ausgebauchten Flasche. Die meisten liegen sechs bis acht Meter tief, einzelne erreichen Tiefen bis zu fünfzehn Metern. Nach der Beisetzung des Toten auf der Sohle wurden die Schächte wieder ganz mit Sand zugeschüttet. Warum die vorspanischen Bewohner, von denen weit und breit zunächst keine Siedlungsreste gefunden worden waren, ihre Verstorbenen in einer so aufwendigen und im lockeren Sand auch für die Totengräber höchst gefährlichen Weise bestatteten, ist unbekannt.

Auf die Kunde von den reichen Grabfunden setzte Anfang der sechziger Jahre in Vicús ein regelrechter Grabräuberboom ein. Bald waren dort mehrere hundert Huaqueros gleichzeitig am illegalen Werk, die schätzungsweise mehr als dreitausend Gräber plünderten und dabei vor allem auch den Fundzusammenhang unwiderruflich zerstörten. Die Wühlarbeit hat die Savanne weithin zu einer Trichterlandschaft verwandelt; von riesigen Abraumhalden umgeben, liegt ein Suchschacht neben dem anderen. Einfache Holzkreuze hier und da zeigen an, wo Schatzgräber bei ihrer gefährlichen Arbeit durch Sandeinbrüche verschüttet wurden und in einem Grab, das sie ausbeuten wollten, ihr eigenes Ende fanden.

Es war 1966, als ich hier bei dem deutschen Amerikanisten Hans Dietrich Disselhoff samt einigen einheimischen Helfern in der Feldforschung mitzuarbeiten begann. Unser Ziel: die ursprüngliche Form der Vicús-Gräber in Grabungsschnitten zu definieren, komplette Grabfunde einschließlich aller von den Huaqueros vernachlässigten Kleinigkeiten zu dokumentieren und aus den Gräbern organisches Material für die Radiocarbon-Datierungen zu gewinnen.

Geschulte Augen braucht man schon, um beim ersten Abheben einer Fläche die Umrisse eines zugeschütteten Grabschachtes zu erkennen; nur im frisch geputzten feuchten Zustand läßt sich der Schacht an ganz feinen Setzrissen und andersfarbigen Einsprengseln im Füllgut ausmachen. Die Arbeiter, knorrige Gestalten mit riesigen Strohhüten und dunklen scharfgeschnittenen Gesichtern, hatten einen sechsten Sinn für das Auffinden der Schächte; Kunststück – sie alle waren ja früher Grabräuber gewesen.

Mit ihrer Hilfe gelang es uns dann, eine ganze Reihe von Gräbern vollständig zu erforschen. Neben der feinen Keramik bargen wir vor allem Metallfunde, eine Lanzenspitze und Messer aus Kupfer. Textilien waren nicht erhalten, ihre Form jedoch noch erkennbar, wo sie mit Kupferblech in Berührung

Altindianische Zwitschermaschine aus Vicús: Durch die Bügel zwischen Flasche und Hohlfigur kann Flüssigkeit hin- und herströmen und erzeugt dabei Pfeiftöne

gekommen waren und sich durch Oxidation damit verbacken hatten. Eines der Gräber enthielt neben fertigem Muschelschmuck auch Muscheln als Rohmaterial und Schneidewerkzeuge aus Sandstein sowie fossilem Holz. War hier ein Schmuckhandwerker mitsamt seiner Werkstatt bestattet worden?

Auch ein weiteres Rätsel von Vicús konnte bis jetzt nicht gelöst werden. Neben der typischen lokalen kommt hier auch eine ganz andersartige, sehr fein gearbeitete Keramik vor, die stilistisch mit der Kultur der Mochica weiter südlich an der Küste aus der Frühen Zwischenperiode übereinstimmt. Um unterschiedlich alte Keramikgattungen kann es sich dabei nicht handeln, denn beide Stile kommen an ein und denselben Stellen auch gemeinsam vor. Wenig wahrscheinlich ist ferner die These, bei der Mochica-Keramik in Vicús könne es sich nur um Importe handeln; zu groß ist die Zahl der Gefäße. Eine wirklich schlüssige Erklärung für die räumliche und zeitliche Koexistenz beider Stile gibt es bisher nicht. Schließlich zeigen sich hier – verwirrenderweise – zudem Einflüsse aus dem Chavín-Stil sowie Verwandtschaften mit der Keramik der Chorrera-Kultur aus den Küstenregionen Ecuadors. In Vicús gab es also – das ist die einzig klare Folgerung – während der Übergangszeit zwischen dem Ende des Frühen Horizonts und der Frühen Zwischenperiode eine Regionalkultur mit weiten Querverbindungen.

Nur drei Jahre nach Abschluß unserer Grabungen in Vicús wurden 1969 wenige Kilometer entfernt in der Dünenlandschaft von Loma Negra neue sensationelle Funde gemacht. Wieder waren es tiefe Schachtgräber, aber jetzt wurde neben spärlichen Keramikbeigaben vor allem eine ungeahnte Fülle von Metallgegenständen freigelegt. Nun boomte hier die Raubgräberei zugunsten des internationalen Kunsthandels. Aus den in Sammlungen weitverstreuten Einzelstücken – sofern auffindbar – können wir uns ein Bild von der außergewöhnlichen Kunst der Metallbearbeitung der Vicús-Kultur machen. Neben Waffen und Geräten aus Kupfer ist es vor allem Schmuck aus vergoldetem und versilbertem Kupfer mit Einlegearbeiten von Muscheln und farbigen Steinen.

Ein Tumi: Das Opfermesser aus Kupfer mit halbmondförmiger Querklinge und reichverziertem Stiel stammt aus der Vicús-Kultur

In New York habe ich später die seltene Gelegenheit, den besten Teil der Funde von Loma Negra in einer Privatsammlung zu sehen. Freunde vom Museum haben mich angemeldet; trotzdem ist es nicht leicht, bei Mr. G., dem Liebhaber von Altertümern, einen Termin zu bekommen.

Ein hochvornehmes Appartmenthaus in Manhattan. Ich passiere den livrierten Türsteher unter der Markise der Vorfahrt sowie eine gläserne Sicherheitsschleuse. Dann erkläre ich dem majestätischen Portier in der Halle meine Verabredung. Er telefoniert und weist mir danach einen Lift zu. Oben erneut eine Kontrolle, der Etagenportier hakt mich in seinem Sicherheitsbuch ab, telefoniert ebenfalls, und schließlich schreite ich über den dicken grauen Teppich auf die Tür von Mr. G. zu.

Der ältere Herr mit Brille wirkt gar nicht wie ein Multimillionär, sondern eher wie ein rüstiger Pensionär. Liebenswürdig führt er mich durch eine Panzertür vor die in die Wand eingelassenen Vitrinen. Dort schimmern, auf Samt montiert, geradezu unglaubliche Kostbarkeiten: lebensgroße Masken, Darstellungen von Skorpionen, Spinnen, Schmetterlingen und Schlangen, mythologische Wesen mit Trophäenköpfen und Opfermessern, Figuren von Mochica-Kriegern mit Kampfkeulen, alles aus Kupferblech getrieben und vergoldet oder versilbert. Viele dieser Reliefs waren einst wohl Dekorationen an der Wand eines Innenraumes oder appliziert als Schmuck auf großen Textilien. Sie spiegeln ein geordnetes Universum von Göttern und Dämonen wider, das auf magische Weise mit dem Schicksal des Menschen verknüpft war und offensichtlich besonderen Bezug zu einer Kriegerkaste hatte.

Wie das alles zusammengehörte, ist nicht mehr rekonstruierbar. Der Fundzusammenhang ist zerstört. Bestimmte Metalltechniken – zum Beispiel das „mise-en-couleur"-Verfahren, bei dem einer Kupfer-Gold-Legierung durch Säure Kupferteile entzogen werden und die polierbaren Goldmoleküle auf der Oberfläche bleiben – deuten auf handwerkliche Beziehungen nach Norden, im Gebiet des heutigen Ecuador und Kolumbien.

Mein kunstsinniger Gastgeber öffnet die Vitrinen und präsentiert mir besondere Preziosen auf einem Samttablett. Er ist ins Schwärmen gekommen, strahlt vor Besitzerstolz. Ich muß bestätigen: Die Stücke hat er alle auf vorbildliche Weise restaurieren lassen.

Der Besuch ist beendet. Aber während die schwere Panzertür des Kunstkabinetts lautlos hinter mir zufällt und ich zum Lift begleitet werde, befallen mich Zweifel. Kann es wirklich die wahre Bestimmung dieser durch Besitzgier aus ihrem Fundzusammenhang gerissenen Kunstwerke sein, im luxuriösen Privatissimum eines Supersammlers zu enden?

Die Zerstörungskette ist eindeutig: Solange Sammler Funden nachjagen, werden Grabräuber auch unter Lebensgefahr nach Schätzen wühlen; die Zwischenträger und Kunsthändler verdienen daran – und die historische Botschaft, die diese Gegenstände für die Wissenschaft gehabt haben könnten, bleibt auf der Strecke. Ein Teufelskreis.

Eines der Rätsel von Vicús war, daß man sonderbarerweise zunächst nur Grabanlagen, aber keine Spuren einer Besiedlung fand. Inzwischen ist das Rätsel gelöst. Ein Forschungsteam der Katholischen Universität Lima unter Leitung des Deutschen Peter Kaulicke hat während mehrjähriger mühseliger Arbeit in der Nähe Gebäudereste entdeckt und freigelegt. Ein riesiges U-förmiges Heiligtum des Frühen Horizonts auf einer

Mochica-Gottheit mit Messer und Kopftrophäe aus Loma Negra

Der kunstvoll aus Kupferblech getriebene Krebs der Vicús-Kultur war auf Stoff appliziert

Hügelkuppe beim Ort Chulucanas gehört dazu. In der Flur Yécala, wo wir damals die ersten Schachtgräber systematisch untersuchten, kamen Ruinen zum Vorschein, auch Wohnhäuser der Vicús-Periode mit hölzernen Pfostenkonstruktionen, außerdem Feuerstellen und Schlackenreste, die auf Metallbearbeitung schließen lassen. Steinchen um Steinchen fügt sich zu dem Mosaikbild einer Regionalkultur, von der wir ursprünglich nur ihre geheimnisvolle Grabkunst kannten.

*

Kaum eine halbe Stunde braucht man von Trujillo an der peruanischen Nordküste für die Autofahrt zu den Pyramiden von Moche, am Rande der Talebene des Río Moche. Die Strecke führt von den weißen Kolonialpalästen des Stadtzentrums durch die dichtbesiedelten Vorstädte, durch Baumwollfelder und Obstgärten. Neben dem schmalen Sandweg gluckert in Kanälen Wasser, das Lebenselixier dieser Oasenlandschaft. Zwischen Bäumen und tropischen Blütensträuchern Lehmhäuser der Bauern mit flachen Dächern aus geflochtenen Schilfmatten.

An einer Biegung eine kleine Ziegelei. Mit nackten Beinen steht einer der beiden Inhaber in einem Berg feuchten Lehms, den er mit Wasser zu einer formbaren Masse verschaufelt. Der andere unter zerfetztem Strohhut streicht den dunklen Brei mit bloßen Händen in kastenförmige, auch unten offene Holzrahmen. Daneben auf einem freien Platz trocknen in langer Reihe, wie Dominosteine hintereinandergestellt, die fertigen Blöcke in der Sonnenglut. Sobald sie fest genug sind, können sie als ungebrannte Lehmziegel verbaut werden. Das Rohmaterial, die lehmige Erde, wird an Ort und Stelle gewonnen: Erdbau, auch heute noch. Der Platz liegt jetzt fast zwei Meter tiefer als die benachbarten Felder; hier wird also schon seit etlichen Jahren produziert.

Schließlich erreiche ich, am Rande der Talaue, wo das Grün der Gärten in das Graugelb der Wüste übergeht, die größte Pyramide Südamerikas, die „Sonnenpyramide" von Moche. Der Name ist eine moderne Erfindung und besagt nichts über die Widmung des Bauwerks, das wie ein riesiger Lehmhügel vor mir liegt. Die Flanken, zerklüftet und verwittert, ragen steil empor. Beim Näherschreiten kann ich erkennen, daß der Bau ursprünglich aus einzelnen, abgestuften Plattformen bestand, insgesamt fünf. In den Außenwänden zeigt sich das Bauprinzip: Die ganze Pyramide ist aus flachen, quaderförmigen Lehmziegeln in einer Bettung aus Lehm aufgetürmt worden. Sie nahm ursprünglich eine Grundfläche von 288 mal 136 Metern ein und war knapp 50 Meter hoch; eine lange Rampe gewährte Zugang über die steilen Böschungen. Auch hier haben, bereits in der frühen spanischen Kolonialzeit, Schatzsucher gehaust. Sie leiteten sogar den Nebenarm des Flusses ab und führten ihn gegen die Flanke des Riesenbaues, um so das Füllmaterial wegzuschwemmen und an den Kern zu kommen; gut ein Viertel der Bausubstanz fiel dieser Operation zum Opfer.

Das Ganze war kein Grabbau wie die ägyptischen Pyramiden, sondern ein jedes menschliche Maß übersteigerndes Podest, ein gigantischer Sockel für einen wohl aus vergänglichem Material – Holz-

Wie vor 1500 Jahren: Noch heute arbeitet ein Ziegelmacher vor der aus luftgetrockneten Lehmziegeln errichteten Sonnenpyramide von Moche in alter Handwerkstradition. Herstellerzeichen auf den Adobeblöcken von einst dienten zur Lieferkontrolle

pfosten und Binsenmatten – errichteten Tempel auf der obersten Plattform. Vergleichbar wäre diese Anlage eher den assyrischen Tempelpyramiden, Zikkurate genannt, bei denen in schwindelnder Höhe ein winziges Heiligtum über eine geradezu unendlich anmutende Treppe erreicht wird. Bauen für die Götter, je höher, desto näher!

Über die Form dieser Gipfeltempel haben wir keine unmittelbaren archäologischen Zeugnisse. Die zahlreichen Darstellungen in der Mochica-Keramik zeigen als Bekrönung von Pyramiden luftige Rechteckbauten, nach vorne offen, mit leichten Flachdächern oder nach einer Seite geneigten Pultdächern.

Auch hier setzte ein so gigantisches Werk ein hohes Maß von gesellschaftlicher Organisation voraus; die Ernährungsgrundlage der Mochica war vor allem eine ausgeklügelte Bewässerungswirtschaft mit großartigen Ingenieurbauten. Im Chicama-Tal, der eigentlichen Wiege dieser Regionalkultur, haben Mochica-Ingenieure einen Kanal angelegt, der auf einem 15 Meter hohen Unterbau über 1,5 Kilometer Länge geführt wurde, ein geradezu gigantisches Werk, für das eine dreiviertel Million Kubikmeter Material bewegt wurde.

Für die Sonnenpyramide wird eine Masse von mindestens 50 Millionen Lehmziegeln veranschlagt. Bei jüngeren Untersuchungen zeigte sich, daß die einzelnen Ziegel auf der Flachseite markiert sind: Punkte, Striche, Kreise oder Dreiecke, mit dem Finger in den noch weichen Lehm geritzt. Ähnliche Markierungen kommen auch anderswo an öffentlichen Bauten der Mochica-Kultur vor. Wir folgern daraus, daß bestimmte Bevölkerungsgruppen vorgegebene Mengen von Baumaterial abzuliefern hatten und deshalb die im übrigen gleichartigen Ziegel zur Kontrolle mit einem Herstellerzeichen versehen wurden. Waren es Fronleistungen unterdrückter Vasallen, ähnlich wie die Lehmziegellieferungen der Israelis in der ägyptischen Gefangenschaft, wie wir sie aus den Büchern Mose kennen?

Jedenfalls war die Gesellschaft der Mochica geprägt von einer streng hierarchischen Ordnung. Die Hauptstütze der Elite stellte eine Kriegerkaste. Welch große Rolle Kampf, Krieg, Aggression und Unterdrückung spielten, läßt sich aus der keramischen Kunst ablesen. Auf zahlreichen Gefäßen werden, plastisch oder gemalt, alle Lebensbereiche der Mochica wie in einem illustrierten Lexikon abgehandelt: Kampfszenen, Opfer, komplizierte Rituale, mythologische Darstellungen. Die großen, als Hohlgefäße geschaffenen Porträtköpfe zeigen offensichtlich naturgetreu modellierte Persönlichkeiten. Architektur, Pflanzen und Tiere sind in dieser Keramikkunst dargestellt, auch eine Fülle von erotischen Szenen.

Vom Chicama- und Moche-Tal, wo ihr Ursprung war, breitete sich die Mochica-Kultur bis etwa 700 n. Chr. an der Nordküste Perus von einem Tal zum anderen aus und umfaßte schließlich ein Territorium von etwa 300 Kilometern Länge. Die Intensivierung der Landwirtschaft mit Großprojekten zur Bewässerung, Dämmen und Kanälen, wurde vermutlich durch einen enormen Bevölkerungszuwachs erzwungen. Es gibt Taloasen, in denen die bewässerte Anbaufläche damals um 40 Prozent größer war als heute.

Eine ganze Gebäudegruppe stand auf der Mondpyramide von Moche. Hier wurde gerade der Wohnbereich freigelegt

Mein Blick wandert von den Ziegelmassen der Sonnenpyramide über einen weiten, ebenen Platz. Im Wüstensand liegen überall Keramikscherben. Hier hat kurz nach der Jahrhundertwende schon der deutsche Forscher Max Uhle gegraben; er hatte zahlreiche Nachfolger. Gegenüber, am Fuß eines Felsenhügels, wo die Flußoase in die Wüste übergeht, liegt als zweiter Großbau die „Mondpyramide". Mit massiven Plattformen und einzelnen Gemäuern aus Lehmziegeln könnte sie das Wohnpodest einer Führungselite gewesen sein. Hier wurden seit 1910 immer wieder Teile von Wandfresken entdeckt; die lehmverputzten Wände waren weiß bemalt und trugen leuchtend bunte Darstellungen in Form eines Frieses. Davon ist heute indes nichts mehr zu sehen. Durch Witterungseinflüsse und Vandalismus von Besuchern wurden die Malereien gänzlich zerstört; ein Rest, 1972 entdeckt, wurde zu seinem Schutz sorgfältig wieder zugeschüttet.

Im Nepeñatal weiter nördlich am Grabungsplatz Pañamarca mache ich zusammen mit dem amerikanischen Kollegen Alan Sawyer Vermessungen in einem großen Zentrum der Mochica-Zeit. Auf dem höchsten Punkt einer Felskuppe erhebt sich eine große Pyramide, davor kleinere Plattformen und ein riesiger ummauerter Platz. Den Zugang zur Pyramide kann man noch als zickzackförmige, steile Rampe erkennen. Wie ein Schlachtschiff mit vielen Aufbauten schwebt die ausgedehnte Anlage über dem hellgrünen Meer der Zuckerrohrfelder unten im Tal. Hier hat 1950 der Amerikaner Richard Schaedel ausgedehnte farbi-

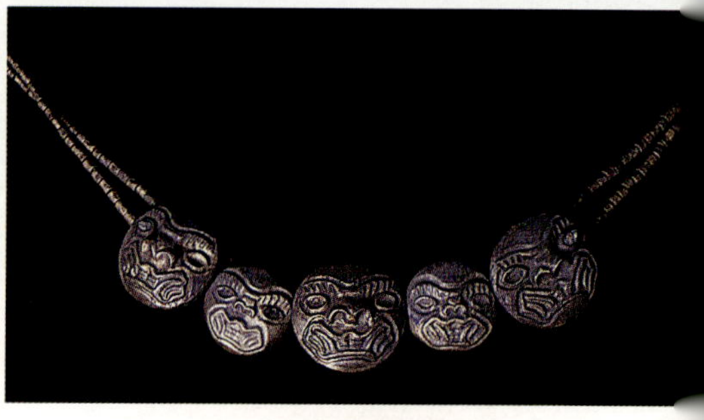

Die Goldschmiede, die Holzschnitzer und die Töpfer der Mochica verstanden ihr Handwerk. Man kannte keine Töpferscheibe, sondern baute Gefäße und Figuren aus einzelnen Tonsträngen auf, die dann geglättet und vor dem Brand kunstvoll bemalt wurden. Bevorzugte Themen dieser Kultur waren Kampf, Krieg und Menschenopfer. Das verbildlicht der an ein Gestell gefesselte Gefangene ebenso wie der Jaguarkrieger mit Keule in Einlegearbeit. Der aus Gold, Kupfer und Silber getriebene Fuchskopf mit Muscheldekor diente wohl als Kopfputz

ge Wandfresken entdeckt. Sie fanden sich, durch später angebaute innere Mauern geschützt, in einer der kleineren Pyramiden von Pañamarca sowie an der Umfassungsmauer des großen Platzes. Ihre weiße Grundfarbe wurde einst auf den noch frischen Lehmputz der Wände aufgetragen, dann hat der Künstler die Umrisse seiner Darstellungen eingeritzt und sie schließlich mit weithin leuchtenden Farben aus Mineralien und Pigmenten ausgemalt.

Die größte Abbildung ist ein mehr als zehn Meter langer Friesausschnitt mit schreitenden Würdenträgern verschiedenen Ranges, es können Priester oder Krieger sein. Die Köpfe fehlen, weil der obere Teil der Mauer abgebrochen wurde, die Rümpfe sind 1,5 Meter hoch. Kleinere Dienerfiguren begleiten den Aufzug. Ob es sich um einen Tanz, um eine Menschenopferszene oder ein sonstiges Ritual handelt, ist unter Fachleuten umstritten. Ein anderes Fragment zeigt eine Frau, begleitet von kleineren Gestalten, offensichtlich im Zusammenhang mit einem Gefangenenopfer. Auch mythologische Mischwesen und große Waffen, vor allem Kampfkeulen, werden dargestellt.

Diese großformatige, direkt mit der Monumentalarchitektur verbundene Bildkunst, die ich vor Jahren, wenn auch zerkratzt und beschädigt, an Ort und Stelle bewundern konnte, ist heute nur noch in der Fachliteratur zu studieren. Die Witterung, Ströme achtloser Besucher, vor allem Schulkinder, sowie gelegentliche Erdbeben haben die Bilder restlos zerstört.

⋆

Der wohl spektakulärste Grabfund der südamerikanischen Archäologie in unserem Jahrhundert wurde 1987 an der nordperuanischen Küste gemacht, unweit der Stadt Chiclayo in der Pyramidengruppe von Sipán. Es sind, erstmals in der Geschichte, völlig unangetastete Fürstengräber der Moche-Kultur mit einem geradezu unvorstellbaren Reichtum an Grabbeigaben, vor allem aus Edelmetall.

Die Story beginnt, wie so oft in dieser Region, als Räuberpistole. Im Februar jenes Jahres tauchen bei Antiquitätenhändlern in Lima unglaublich kunstvolle Metallgegenstände auf, darunter sogar Goldmasken. Es läßt sich nachweisen, daß die Stücke aus einem frischen Schatzsuchertunnel in der „Huaca Rajada", der längst durchlöcherten Pyramide von Sipán, stammen. Bei ihrer hastigen nächtlichen Arbeit tief im Innern einer massiven Plattform haben die Räuber nur die wertvollsten Goldgegenstände zusammengerafft, der Rest wurde zerstreut und zerstört.

Die Polizei kommt den Frevlern auf die Schliche. Während einer Hausdurchsuchung werden hinter einer der Hütten des nahen Dorfes weitere Fundstücke, vor allem Kupferfragmente, entdeckt. Sie waren als unverkäuflich weggeworfen worden. In einer nächtlichen Razzia kommt es zur tödlichen Konfrontation. Einer der Grabräuber wird von der Polizei erschossen. Die Nachricht von den Goldfunden löst eine Massenhysterie aus; in Scharen kommen die Bewohner des Dorfes, Männer, Frauen und Kinder, und wühlen nun sogar am hellichten Tage nach Schätzen.

Wirklichkeit und Rekonstruktion: farbige Mochica-Fresken auf weißgrundierter Lehmwand in Pañamarca

Vor den Pyramiden von Sipán erhebt sich die Gräberplattform

Das ist der Stand der Dinge, als Walter Alva, Direktor des Heinrich-Brüning-Museums in Lambayeque und Archäologie-Beauftragter für diese Region, hinzugezogen wird. Er führt bereits einen langen und zähen Kampf gegen das Raubgräberunwesen. Mit wenigen Mitarbeitern und nur einem Polizisten versucht er, die weitere Zerstörung zu verhindern. Die Gruppe kampiert am Fuß des Hügels. Nachts müssen Wachen aufgestellt werden, denn die Schatzsucher dringen immer wieder ein, um heimlich weiterzuwühlen.

Zuerst reinigt Alva den mehr als sieben Meter tiefen Grabräuberstollen von Schutt. Am Fuß des Schachts, wo die einzigartigen Goldmasken gelegen hatten, haben die Räuber in der Eile eine Nische übersehen. Hier findet Alva ein meterlanges kupfernes Zepter, grün verfärbt, das in äußerst feiner Arbeit eine mythologische Szene zeigt: eine Götterhochzeit in einem mit winzigen Figurenköpfchen geschmückten palastartigen Gehäuse.

Anschließend soll die zerwühlte Oberfläche der ganz aus Lehmziegeln massiv gebauten Plattform gereinigt und vermessen werden. Dabei geschieht dann das Wunder: Im Mittelbereich fällt Walter Alva eine große Rechteckzone auf, die im Gegensatz zur übrigen Oberfläche nur locker aufgefüllt ist. Beim Nachgraben zeigt sich im massiven Gemäuer ein senkrechter Schacht, der später wieder zugeschüttet worden war. Vorsichtig graben die Archäologen weiter und stoßen schließlich in vier Metern Tiefe auf einen Toten. Mit Kupferhelm und Kupferschild ausgestattet, soll er offenbar ein fürstliches Grab, das unter ihm liegt, bewachen.

Nun gilt es, mit äußerster Sorgfalt die eigentliche Grabkammer freizulegen. Ihr Inhalt war durch den Druck der Schachtfüllung nach dem Einsturz der morschen Deckenbalken wie ein Sandwich unter der Dampfwalze ganz flach zusammengepreßt worden. Fast ein ganzes Jahr dauert es, bis der Boden der Grabkammer endlich erreicht ist.

Die Ergebnisse sind überwältigend. In der Mitte der Kammer war in einem hölzernen Sarkophag die Hauptperson bestattet, der „Fürst von Sipán". Die Bohlen des Sarkophags sind nicht mehr erhalten, jedoch durch Bodenverfärbungen und kunstvolle Kupferbänder in allen Einzelheiten nachweisbar. Eine ganze Reihe von Begleitern hatte man dem Fürsten für die Reise ins Jenseits geopfert: Zu seinen Füßen und am Kopfende war jeweils eine junge Frau in einem Schilfrohrsarg bestattet. Zu seiner Rechten lag ein reich mit vergoldeten Kupfergegenständen ausgestatteter Würdenträger, Helm, Schild und ein Schuppenhemd aus demselben Metall. Zu seiner Linken teilte ein weiterer männlicher Leichnam, mit einem Perlenkollier geschmückt, den Rohrsarg mit einem Hund. Außerdem enthielt die Gruft auch noch die Leiche eines Kindes.

Die Skelette der Toten zeichneten sich nur noch als schwarze Verfärbungen in der Grabfüllung ab und mußten vor der Bergung mühsam chemisch gefestigt werden. Bei der näheren Untersuchung stellte sich dann heraus, daß dem Grabwächter beide Füße fehlen, einem Mann und einer Frau des Fürstengefolges je ein Fuß. Hatte man die Glieder nach der rituellen Tötung amputiert, um sicher zu sein, daß die Toten ihren Herrn nicht verließen?

Ein halbes Jahr nach Beginn der Ausgrabung besuche ich Walter Alva während einer Reise an die Nordküste. Bei der Begrüßung stutze ich: Im Hosenbund seiner Jeans steckt ein großer, etwas angerosteter Revolver. Er bemerkt meinen Blick und erklärt: „Ja, es hat wieder Ärger gegeben. Die Grabräuber lassen nicht locker." Man hat ihm dringend geraten, bewaffnet zu sein, wenn er sich von der Grabungsstelle entfernt.

Unweit der kleinen Siedlung Sipán erheben sich zwei riesige steile Lehmpyramiden; ihre Böschungen sind schrundig ausgewaschen und zerfurcht. Daneben als flacheres Bauwerk die große Plattform, in die das Mausoleum des Fürsten eingetieft ist. Ein Drahtzaun schützt den ganzen Bereich; unter einem schattigen Dach hinter Sandsäcken hocken Polizisten mit Maschinenpistolen. Nach der Kunde von den reichen Neufunden bewachen sie die Grabungsstelle Tag und Nacht.

In der großen offenen Grube, über eine Leiter von der Höhe der Plattform zu erreichen, wimmelt es vor Geschäftigkeit. Luis Chero, der Kollege Alvas, ist mit Studenten seit Wochen dabei, den Hauptsarkophag so zu präparieren, daß alle Beigaben präzise vermessen und gezeichnet werden können, bevor sie mit chemischen Substanzen gefestigt und dann sorgfältig geborgen werden. Auf einem Gerüst von Holzbohlen liegen die Archäologen mit dem Gesicht nach unten „freischwebend" über dem Sarkophag. Feine Aquarellpinsel, Pinzetten und ein kleiner Blasebalg sind die Utensilien, mit denen die zu einer dicken Kruste zusammengebackenen Grabbeigaben von Erde gereinigt werden. Dunkelgrün verfärbt zeichnen sich die stark korrodierten Kupferteile ab; die Gegenstände aus Silber sind stumpf und schwarz, nur die leuchtend blauen Türkiseinlagen des Schmucks und das Gold selbst haben Glanz und Farbe bewahrt. Siebzehn horizontale Schichten sind es, in die der Sarkophaginhalt zur Bergung aufgegliedert wird. Jede einzelne haben die Zeichner auf Millimeterpapier genau dargestellt; maßstabgerecht ist die Lage aller Gegenstände, auch der noch so kleinen Türkisperle, festgehalten.

Jetzt gerade geht es um die untersten Schichten auf dem Boden des Sarges. Das schwarz verfärbte Skelett des Fürsten, der nach den Angaben der Anthropologen etwa dreißig Jahre alt wurde, liegt bereits in Watte verpackt und sorgfältig abgestützt in einem flachen Holzkasten. Mit Kunstharz muß es noch weiter gefestigt werden. Unter dem Toten kommen weitere Schätze zutage: Ich sehe noch in ihrer ursprünglichen Lage eine Krone mit wedelförmiger Verzierung, große beilförmige Bleche aus Silber und Gold, die am Rücken wie ein hinterer Lendenschurz gegürtet waren, und immer wieder die ursprünglich auf Stoff aufgenähten Goldkupferplättchen. Sie schmückten ein Tuch, das den Toten und seine Schätze wie ein großer Schuppenmantel einhüllte.

Die Begleiter des Fürsten sind in diesem Stadium noch nicht geborgen. Fest mit dem Erdreich verbacken, liegen sie zu beiden Seiten des Sarkophags, die Skelettreste schwarzbraun verfärbt, leuchtend grün die Fülle der korrodierten Beigaben aus Kupfer. Um das Zen-

›egleiter des toten
›ten von Sipán trug ein
›enkollier und Gegen-
›de aus Kupfer. Ihm zu
›en lag ein Hund
›aben. In den Nischen
Grabkammer fanden
sich mehr als tausend
Tonfiguren und -gefäße –
der größte Keramikfund
bei einer Bestattung
aus alter Zeit. Die prunk-
volle Zeremonie eines
solchen Begräbnisses hat
Theodor de Bry 1597 in
seinem Kupferstich
nachempfunden

Das Gesicht eines kupfernen Männchens mit Nasenschmuck und flachem Helm taucht aus der Masse von Muschelperlen und Tuchresten am Boden eines Grabes auf. Die erhobenen Arme tragen Bänder aus winzigen Türkisen – Abzeichen eines hohen Würdenträgers

trum der Grabkammer stehen tönerne Gefäße, dicht an dicht, auch in Nischen und auf einem Wandabsatz türmen sich Tontöpfe, Schalen, Becher, manche in Menschengestalt. Insgesamt enthält dieses Grab der Superlative mehr als tausend Keramikgefäße, der größte geschlossene Fund, der je in Amerika gemacht wurde.

Am Nachmittag fahre ich, überwältigt vom Reichtum der Funde und beeindruckt von der Präzisionsarbeit des Ausgräberteams, mit Walter Alva zurück nach Lambayeque. Dort zeigt er mir im Museum die bisher schon geborgenen Grabbeigaben des Fürsten, der geradezu protzig mit Gold ausgestattet war. Schädelkappe, Augen und Kinn des Toten waren einzeln mit Goldplatten abgedeckt, die Arme mit breiten Bändern aus Türkis- und Goldperlen geschmückt, auf den Handrücken Gold- und Silberbarren. Die Füße steckten in Sandalen aus Kupfer. Als Körperschmuck hatte der Fürst Ohrpflöcke und Halsketten gleich satzweise bei sich.

Der Kollege reicht mir eine wattegepolsterte Fundkiste nach der anderen: Ich sehe silberne Masken, zu Ketten gereiht, goldene und silberne Halsketten in Form riesiger Erdnüsse, eine Kette aus massiven Goldscheiben, leuchtend blaue Ohrpflöcke aus Gold sowie Türkiseinlagen mit der dreidimensionalen Darstellung eines Mochica-Kriegers in Miniatur. Die Goldschmiedearbeit wurde so fein ausgeführt, daß sogar seine Kampfkeule beweglich angebracht ist. In jeder Hand hielt der Tote ein silbernes Opfermesser, mit der Darstellung eines rituellen Menschenopfers auf dem Griff.

Auf einem fächerartig krönenden Kopfputz aus dünnem Goldblech zeigt Walter Alva mir zarte Linien: Spuren von Federn tropischer Urwaldvögel. In den Ornamenten taucht immer wieder das Motiv des Menschenopfers auf, so auch auf pyramidenförmigen Rasseln aus Goldblech. Mit der Kampfkeule beugt sich ein phantastisch aufgeputzter Würdenträger über einen nackten Gefangenen, um ihm den Todesschlag zu versetzen. Die Vielzahl der Gewänder mit aufgenähter Metallverzierung, die Kragen aus Türkis und Goldperlen, die Tuchbahnen mit Goldkupferschuppen wird man allerdings erst nach einer mühsamen Restaurierung voll bewundern können. Jetzt, kurz nach der Bergung, sind sie noch eine nur durch Festigungsharze vor dem Zerbröseln geschützte klumpige Masse.

Die Hauptperson dieser Bestattung war wohl beides zugleich, Priesterfürst und höchster Krieger. Die Beigaben – sein Wächter, seine Begleiter – deuten darauf hin, daß er selbst ganz direkt mit dem Ritual des Menschenopfers verbunden war.

Aus jedem einzelnen Fundstück und seiner Lage im Grab läßt sich auf das uns bisher so rätselhafte Ritual schließen, das dort vollzogen wurde, auf den Götterglauben und die Religionsvorstellungen jenes Volkes in vorspanischer Zeit. Eine eigenartige Symmetrie waltet zum Beispiel in der Anordnung von silbernen und goldenen Beigaben beidseits des Toten: Silberne Erdnüsse lagen links von ihm, goldene rechts; die linke Hand hielt einen silbernen Barren, die rechte einen goldenen. Die mythologische Ordnung, die sich in diesem offenkun-

Die feinen Federn eines Kopfputzes im Grab des Fürsten von Sipán sind nur noch als Abdrücke in den Sedimentschichten ablesbar. Die Scheibe eines Ohrpflocks aus Gold und Türkisen enthält die Miniatur eines Kriegerfürsten mit beweglicher Keule, Schild und Kopfputz. So ähnlich war der Tote selbst auch ausstaffiert. Das Modell zeigt den Grabschacht samt Inhalt: In der Mitte der Fürst mit Beigaben im Holzsarkophag, um ihn herum die geopferten Begleiter in Rohrsärgen, zu Haupt und Füßen die beiden Frauen, rechts und links die Männer und der Hund

digen Streben nach Harmonie widerspiegelt, bezog wohl nach dem Glauben der Mochica den ganzen Kosmos mit ein. Was damit wirklich gemeint war – diese Botschaft muß freilich erst noch entziffert werden.

Der vorläufige Schluß der Archäologen: In der Kunst dieser Grabfunde klingen Stilelemente an, wie sie schon von Loma Negra bei Vicús bekannt sind. Weitgespannte Fernbeziehungen zur Küste von Ecuador und in die amazonischen Urwaldgebiete zeichnen sich ab.

⋆

Ein Jahr später besuche ich erneut Sipán. Walter Alva hat mit seinem Team inzwischen ein weiteres unberührtes Grab entdeckt, ganz tief im untersten Bereich der Plattform; es ist vielleicht noch reicher ausgestattet als das erste. Den „alten Fürsten von Sipán" nennt er den Inhaber dieser Gruft.

Der Kollege zeigt mir eine Totenmaske mit eingelegten Muschelaugen, ein ganzes Bündel grün korrodierter Speerschleudern, goldene Halsketten mit Jaguarköpfen, einen Brustpanzer aus Muschelstükken und als kostbarstes Kleinod einen Nasenschmuck aus Gold und Türkis, dreidimensional in Form eines Kriegers mit Keule, Schild und Krone. Mir fallen wieder etliche Bezüge zu Menschenopfern auf: eine mythische Götterfigur mit Messer und abgeschnittenem Trophäenkopf, der „Kopfabschneider", und als größte Metallplastik ein 60 Zentimeter hohes Mischwesen aus Krabbe und Mensch in getriebenem und vergoldetem Kupferblech mit Muscheleinlagen. Eine Kette aus goldenen Spinnen, mit Menschenköpfen und feinem filigranen Goldnetz, sticht mir besonders ins Auge. Was für ein Reichtum!

Die Frage, wann denn diese Formen einer Hochkultur entstanden, ist unter Fachleuten heftig umstritten. Nach neuesten Erkenntnissen gehört das zuerst aufgedeckte Grab in das 1. oder 2. Jahrhundert n. Chr. Doch die Arbeit ist noch im Fluß. Walter Alva hat, als wir uns im Frühjahr 1990 erneut in Lima treffen, bereits ein weiteres Grab in Sipán entdeckt und untersucht, das er das „Priestergrab" nennt.

„Irgendwann mußt du doch mit dem Graben aufhören, um deine Erkenntnisse wissenschaftlich endgültig auszuwerten", meine ich, während wir in einer Pizzeria ein spätes Abendessen einnehmen. „Es geht nicht", ist die Antwort, und seine Brillengläser blitzen dabei. „Wenn wir auch nur ein halbes Jahr unterbrechen, kommen sofort die Huaqueros und zerstören den Rest. Deshalb müssen wir alle Gräber jetzt ausgraben." Er hat recht.

Die Aufarbeitung hat indes begonnen. Die gesamten Funde des ersten Grabes, Metallgegenstände und Keramikgefäße, sind inzwischen ins Römisch-Germanische Zentralmuseum nach Mainz geschafft worden. Eine Luftfracht von ganzen zwei Tonnen war das, finanziert vom Auswärtigen Amt. In den Laboratorien dieses Museums sollen unter Einsatz zahlreicher Spezialisten die Grabbeigaben vor dem weiteren Zerfall gerettet werden. Für die bedrohlich korrodierten Metallgegenstände vor allem aus Kupfer müssen ganz neue chemische und physikalische Restaurierungsmethoden entwikkelt werden. Per Fotografie, Zeichnung und Röntgenbild begann eine Zustandsdokumentation; aufgrund von Analysen werden dann

Am Gürtel trug der tote Fürst diese kupferne Kultrassel. Im Kranz der Schellen erscheint das blutrünstige Motiv des mythischen „Kopfabschneiders". Walter Alva, der Ausgräber, wird sich noch lange mit den Rätseln dieses Mausoleums der Superlative beschäftigen müssen

Spezialisten in Mainz restaurieren die Funde mit neuen Methoden

keiten ihrer Landsleute, Tiere und Pflanzen wurden in mehr als tausend farbigen Aquarellen dokumentiert. Der archäologische Teil dieser einzigartigen Bestandsaufnahme enthält Bilder von Keramikgefäßen, kostbaren Holz-, Metall-, Muschel- und Federarbeiten sowie die recht präzisen Planaufnahmen der großen Lehmruinen von Chanchán vor den Toren Trujillos. Leider ist der zugehörige schriftliche Bericht des Bischofs nicht erhalten, und nicht alle Blätter des Bildinventars sind bisher veröffentlicht worden.

Ehrgeizig war Don Baltasar auch. So hatte er es sich in den Kopf gesetzt, seinen König im fernen Madrid mit einer Reihe erlesener Fundstücke für dessen „Kabinett der Altertümer“ zu erfreuen. Mit etwas Glück ließ er nahe seinem Bischofssitz Trujillo am rechten Ort den Spaten ansetzen und einen riesigen geschlossenen Fund, vor allem Keramikgefäße, zutage fördern.

24 große Kisten mußten gezimmert werden, um die insgesamt etwa 600 Einzelgegenstände aufzunehmen. Daß die seltene Fracht unbeschadet ihr Ziel erreichte, grenzt für die Umstände jener Zeit an ein Wunder. Die Kisten wurden an der peruanischen Küste zunächst auf eine nach Norden segelnde Karavelle verladen. Im Hafen von Panamá wurde der Schatz an Land gebracht und auf Maultieren quer durch den Urwald von Darién bis zur Hafenfestung von Portobelo transportiert. Dort blieb er hinter den dicken Mauern des königlichen Schatzhauses bis zum Auslaufen des nächsten Geleitzuges nach Spanien. Von den britischen und französischen Korsaren

spezielle Verfahren zur Erhaltung dieser ausschließlich in der Neuen Welt vorkommenden Metall-Legierungen ersonnen. Eine jahrelange gigantische Arbeit.

★

Es ist nicht zum erstenmal, daß ein so großer Hort von Zeugnissen der alten südamerikanischen Hochkulturen nach Europa gelangte. Der Weitsicht eines spanischen Geistlichen ist es zu verdanken, daß in der frühen Ära kolonisatorischer Ausbeutung eine ganze Reihe unschätzbarer Preziosen nicht einfach als heidnischer Plunder schlichtweg vernichtet wurde, sondern unversehrt auf unsere Tage überkommen ist – nicht per Luftfracht, sondern auf dem gefahrvollen Weg über See unter Segeln.

Don Baltasar Jaime Martínez de Compañón y Bujanda ist sein Name, ein Spitzenmann im Räderwerk der spanischen Administration. 1779 war er zum Bischof von Trujillo im Norden Perus geweiht worden; er nahm seine Aufgabe ernst und begab sich zunächst auf lange beschwerliche Reisen durch seinen gesamten Sprengel, um Inventur zu machen. Sie fiel traurig genug aus; die langen Jahre der Kolonialverwaltung hatten das einst fruchtbare, dicht bewohnte Gebiet durch gewaltsame Umsiedlungen, Mißwirtschaft, Verfall der alten Bewässerungsanlagen und die drückende Zwangsarbeit der Indianer inzwischen fast entvölkert.

Don Baltasar war ein kluger Mann, und er war gründlich. So nahm er mehrere indianische Zeichner mit, die alle Bereiche des Lebens im Lande in einem enzyklopädischen Bildband darzustellen hatten: Stadtpläne, Landkarten, Porträts einheimischer Würdenträger, handwerkliche Tätig-

wurde das Geschwader diesmal glücklicherweise verschont, und so landete der Hort nach einer langen Seereise, nach einer Zwischenstation im Goldturm von Sevilla und nach einer fast ebenso langen Fahrt im Ochsenkarren unter militärischer Bedeckung durch die Gebirge von Estremadura am königlichen Hof in Madrid. Dort ist er heute wichtiger Bestandteil des Museo de las Américas.

Don Baltasar gebührt zu alledem der Ruhm, der erste gewesen zu sein, der sich systematisch und nicht nur als plündernder Schatzsucher mit den Ruinen von Chanchán und mit der Kultur der Chimú befaßte. Deren Reich fällt zeitlich in die Späte Zwischenperiode. Nach dem Huari-Imperium im Mittleren Horizont bildeten sich seit 850 n. Chr. in den Oasentälern der Nordküste einzelne lokale Herrschaftsbereiche heraus, die sich zusammenschlossen zu einem blühenden und dicht bevölkerten Reich „Chimor" – so der von den Spaniern überlieferte Name. Es wurde erst um 1470 durch die inkaischen Armeen überrannt.

Lebensgrundlage der Chimú waren die auf hochentwickelter Bewässerungstechnik basierende intensive Landwirtschaft, der Fischfang an der Küste und ein starker Fernhandel auf einem gut ausgebauten Straßennetz zwischen den einzelnen Tälern – wohl bereits Errungenschaften des Mittleren Horizonts. Das Gesellschaftssystem war hierarchisch gegliedert und straff organisiert. Durch eine ausgeprägte Arbeitsteilung entwickelten die Menschen bereits Methoden industrieller Massenproduktion, zum Beispiel bei der Herstellung von Töpferwaren aus vorgefertigten Formen.

*

Von Trujillo aus fahre ich nur ein paar Kilometer nach Nordwesten zur Chimú-Stadt Chanchán. Der Weg führt bis kurz vor die Pazifikküste, wo die bewässerten grünen Felder zu Ende sind und mich nur noch Erdfarben umgeben, Grau, Braun, Ockertöne. Die Augen müssen sich erst an dieses Einerlei gewöhnen, bis ich erkenne, daß die lehmigen Dünen und Hügel links und rechts keine natürliche Landschaft darstellen, sondern bereits zur Architektur von Chanchán gehören.

Ich befinde mich schon mitten in der Stadt, der größten urbanen Anlage im alten Südamerika mit einer Ausdehnung von mehr als 20 Quadratkilometern – sie zu umrunden, bräuchte es mindestens vier Stunden Fußmarsch. Diese gigantische Siedlung gliedert sich in zehn große Rechtecke, die von bis zu zwölf Meter hohen Doppelmauern aus ungebrannten Lehmziegeln umschlossen waren. 300 bis 600 Meter lang und 200 bis 500

Alle Bereiche des Indianerlebens seiner Diözese ließ Bischof Martínez de Compañón in Aquarellen darstellen. Hier sind es Schafzucht, Hasenjagd, Chicha-Herstellung, regionale Trachten, Lastenträger sowie Bauern beim Feldbau

Meter breit, sind diese Gevierte einheitlich parallel zur Küste orientiert und ergeben ein gleichförmiges Stadtschema aus Einzelelementen.

Durch einen engen Zugang betrete ich eines der am besten erhaltenen Rechtecke. Zwischen den beiden Umfassungsmauern verläuft ein schmaler Weg. Ich gelange in einen riesigen Rechteckhof, von hohen Lehmwänden mit Nischen umgeben. An diesen Empfangshof schließen sich kleinere Hofanlagen an, um die sich Vorratskammern aneinanderreihen. Zugänglich sind sie nur über enge, geknickte Korridore mit Kontrollstationen. In der Mitte des Großgevierts öffnen sich nach vorn Räume mit U-förmigem Grundriß. Sie werden als Amtszimmer für Verwaltungsbeamte gedeutet, die hier Hof hielten und den Ein- und Ausgang von Waren in den Depots kontrollierten. Auch luxuriöse Wohntrakte finden sich hier, um kleine Höfe gruppiert und nur über gewinkelte Gänge zugänglich. Ihre Wände sind durch geometrische Muster im Lehmverputz verziert und durch gitterartig durchbrochene Ziegelkonstruktionen aufgelockert. Eine luftige, im Tropenklima angenehme Wohnform, durch die hohen Umfassungsmauern geschützt vor den feuchten Winden des nahen Pazifik.

Aus dem Labyrinth der Gänge und Höfe gelange ich dann in den offenen Südteil des Gevierts, dem Meer zugewandt. Hier ist die Bebauung nicht so dicht und regelmäßig. Riesige Abfallhaufen lassen auf Küchenaktivitäten schließen. Außerdem gibt es hier mit Feldsteinen ummauerte eingetiefte Rechtecke: bis zum Grundwasserspiegel reichende Gemüsefelder, auf denen jetzt noch hellgrüne Binsen stehen. Ihr Trinkwasser holten sich die Bewohner aus begehbaren Brunnen; einige sind so groß wie ein Fußballfeld.

Schließlich komme ich im Südteil über einen ummauerten Vorhof an eine ganz aus Stampflehm mit einer Zumischung aus Meeresmuscheln aufgeschüttete Plattform, die ich über ihre Rampen besteige. Oben, in kleinen Kammern, tief in die Füllung eingelassen, fanden sich Fürstenbestattungen mit reichen Beigaben. Das Herrschergrab in der Mitte und die Nebenkammern scheinen jeweils zuletzt in den Gevierten angelegt worden zu sein. Die Funde der Archäologen ergaben, daß eine größere Zahl von jungen Frauen den Herrscher ins Jenseits begleiten mußte.

Nach den verschiedenartigen Lehmziegeln läßt sich vermuten, daß die Stadt als Metropole des Chimú-Reiches in drei Phasen errichtet und während mehrerer Jahrhunderte kontinuierlich erweitert wurde. Die großen ummau-

erten Gevierte werden interpretiert als Residenzen jeweils eines Herrscherklans. Einiges spricht für die Theorie, daß jedes Geviert eigens für einen bestimmten Herrscher angelegt, von ihm bewohnt und auch nach seinem Tod vom Klan weiterbenutzt wurde, während der nächste sich ein neues Geviert errichten ließ. So erklärt sich auch die zeitliche Abfolge der einzelnen Anlagen.

Wo jedoch wohnten die armen Leute, die Handwerker und Bauern, die das Luxusleben in den Klansquartieren erst durch ihre Arbeit möglich machten? Die Antwort der Fachleute von der Harvard-Universität, die sich besonders dieser Frage widmeten, heißt SIAR, Abkürzung für „small, irregular, agglutinated rooms“: einfache, aneinandergebaute Hütten aus Holzpfosten und Matten über einem niedrigen Feldsteinsockel, eine labyrinthartige, ungeordnete Siedlung, die sich außerhalb der großen ummauerten Gevierte hinzog und nur noch durch Pfostenlöcher und Wohnschichten erkennbar ist. In diesen Armeleutevierteln lassen sich auch handwerkliche Produktionsstätten – insbesondere der Metallverarbeitung – nachweisen. Aus alten Chroniken wissen wir, daß viele dieser kunstfertigen Gold- und Silberschmiede nach der inkaischen Eroberung in die Hauptstadt Cuzco zwangsverpflichtet wurden. Auch das Chimú-System des ummauerten Klan-Quartiers scheint von den Inka übernommen worden zu sein.

Der Name dieser ehrwürdigen Ruinenstätte, Chanchán, steht übrigens in Verbindung mit einem besonders düsteren Kapitel der jüngeren peruanischen Geschichte. In

In Chanchán, der Hauptstadt des Chimú-Reiches, ist alles aus Lehm: die zwölf Meter hohen Umfassungsmauern, die zur Ventilation filigran durchbrochenen Hauswände sowie die geometrischen Tierreliefs an den Bauten. Lediglich die Brunnen hatten Mauern aus Stein – hier wird einer restauriert

Uraltes Brauchtum, bis heute lebendig: Auf dem aus Binsen zusammengebundenen Boot „reiten" die Fischer mit einem Bambuspaddel durch die Brandung

den Mauergevierten der Lehmstadt wurden in den frühen dreißiger Jahren Tausende von Anhängern der APRA, einer oppositionellen sozialistischen Massenbewegung, durch das peruanische Militär zusammengetrieben und erschossen. Der Anlaß für das furchtbare Massaker war die Ermordung von Heeresoffizieren in Trujillo durch Anhänger der APRA gewesen. Seither bestand eine erbitterte Gegnerschaft zwischen Militär und APRA, die sich bis in die jüngsten Tage unheilvoll auswirkte.

Nur ein paar Kilometer von Chanchán entfernt sitze ich am Strand eines kleinen Fischerortes. Mit weißer Gischt bricht sich die Brandung und verläuft flach auf dem dunkelgrauen Sand. Einer der Fischer, sonnengegerbt und nur mit einer zerfetzten, knielangen Hose bekleidet, schleppt sein Binsenboot ins Wasser. Das lange schmale Gefährt ist wie ein großer Schnabelschuh mit einer aufgebogenen Spitze aus Totorabinsen zusammengebunden. Der Fischer schiebt sein Boot in tieferes Wasser, dann setzt er sich rittlings darauf und beginnt mit einem halbierten Bambusrohr zu paddeln.

Wie ein Korken tanzt das Boot auf den Wellen; es verschwindet einen Augenblick in der Brandung und taucht hinter dem Schaumstreifen im ruhigen Wasser wieder auf. *Caballito* werden die Boote genannt, Pferdchen, und wie ein Reittier werden sie auch benutzt. Die gleichen Boote wurden schon in der Chimú-Zeit an der Küste verwendet; ihre Form ist uns aus zahlreichen Keramikdarstellungen, auch aus der Hauptstadt Chanchán, vertraut.

Die Rätsel am Titicac

Er ist das höchste schiffbare Gewässer der Erde und zugleich Wiege einer Vielfalt alter Kultur. Auf dem meeresgleichen Titicaca-See zwischen den Gipfeln der Anden transportierten die Erbauer von Tiahuanaco mit riesigen Flößen bis zu hundert Tonnen schwere Quader heran, aus denen sie in handwerklicher Meisterleistung überdimensionale Skulpturen schufen. Hier erfanden sie vor 3000 Jahren den Ackerbau auf Hügelbeeten – eine Agrartechnik, die erst in unseren Tagen wieder auflebt. Und auf schwimmenden Inseln am Ufer des Sees vegetieren noch heute die letzten Nachfahren des Urvolks der Uru, das selbst die mächtigen Inka nicht zu bezwingen vermocht hatten

Das höchste schiffbare Gewässer der Erde: Schneebedeckte Berge säumen das Hochbecken des Titicaca-Sees, 3800 Meter über dem Meer – frühe Wiege städtischer Siedlungsform in den mittleren Anden

Herden von Lamas bilden den Reichtum der Anden. Diese neuweltliche Kamelart ist besonders an das Hochland angepaßt und war als Nutztier für Fleisch, Wolle und Transport Voraussetzung für die hochkulturelle Entwicklung der Region

In der eisigen Weite der Hochsteppe am Fuß der Königskordillere fristen die Quechua oder Aymara sprechenden Indianer ein karges Leben als Hirten und Bauern. Ihre verstreuten Gehöfte sind aus Erde gebaut und mit Gras gedeckt, wie schon vor Jahrtausenden

Ökologisch kultiviert: Die uralte Methode des Feldbaus mit Hügelbeeten lebt im Titicaca-Becken wieder auf. Die Kanäle mildern den Nachtfrost, entwässern zur Regenzeit und liefern mit ihrem Schlamm neuen Dünger

Götterköpfe und Steinpfeiler des Mittleren Horizonts. In das restaurierte Mauerwerk eines Kulthofes der Ruinenstadt Tiahuanaco sind diese rätselhaften Gesichter mit Steinzapfen eingebunden

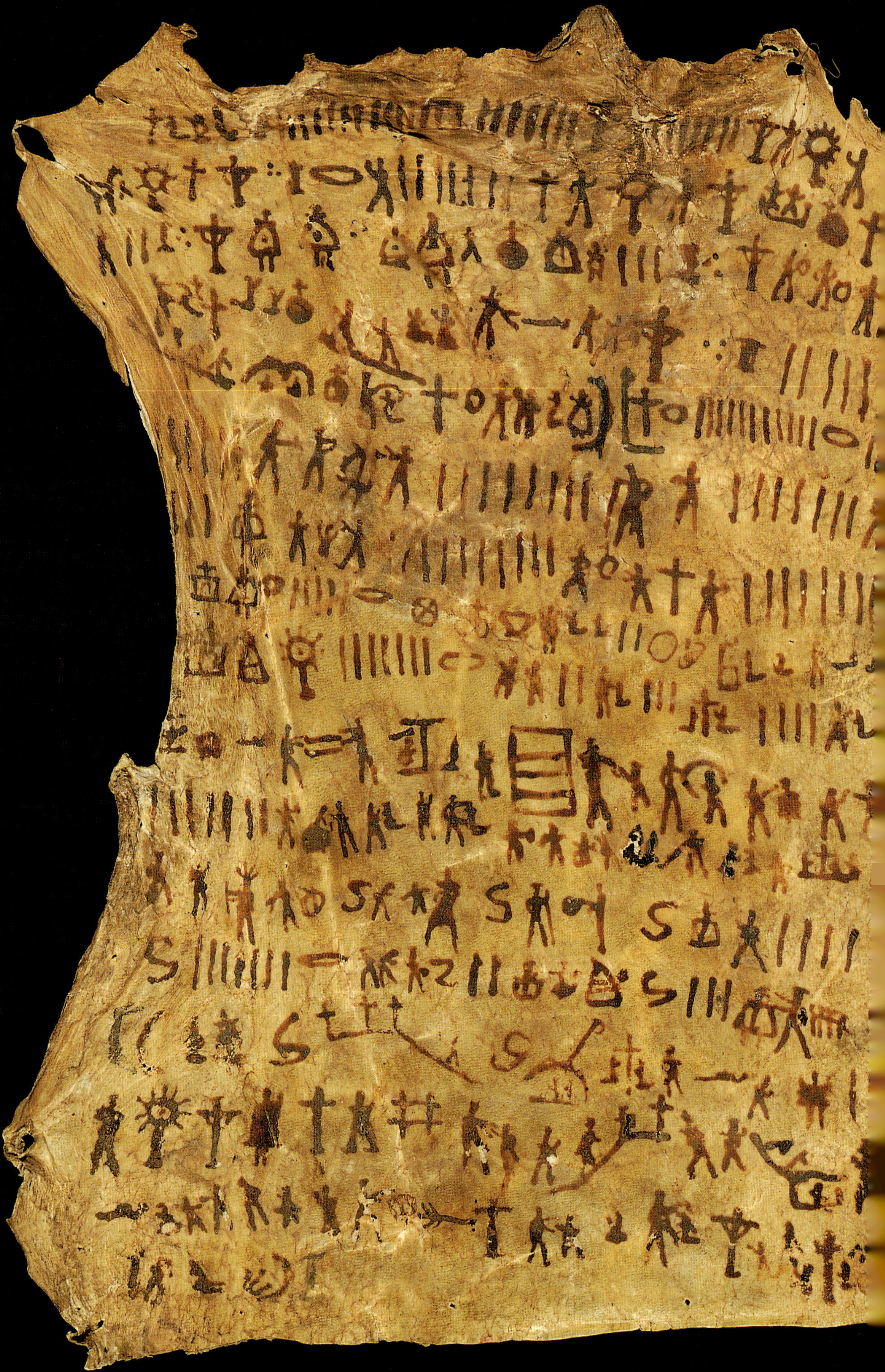

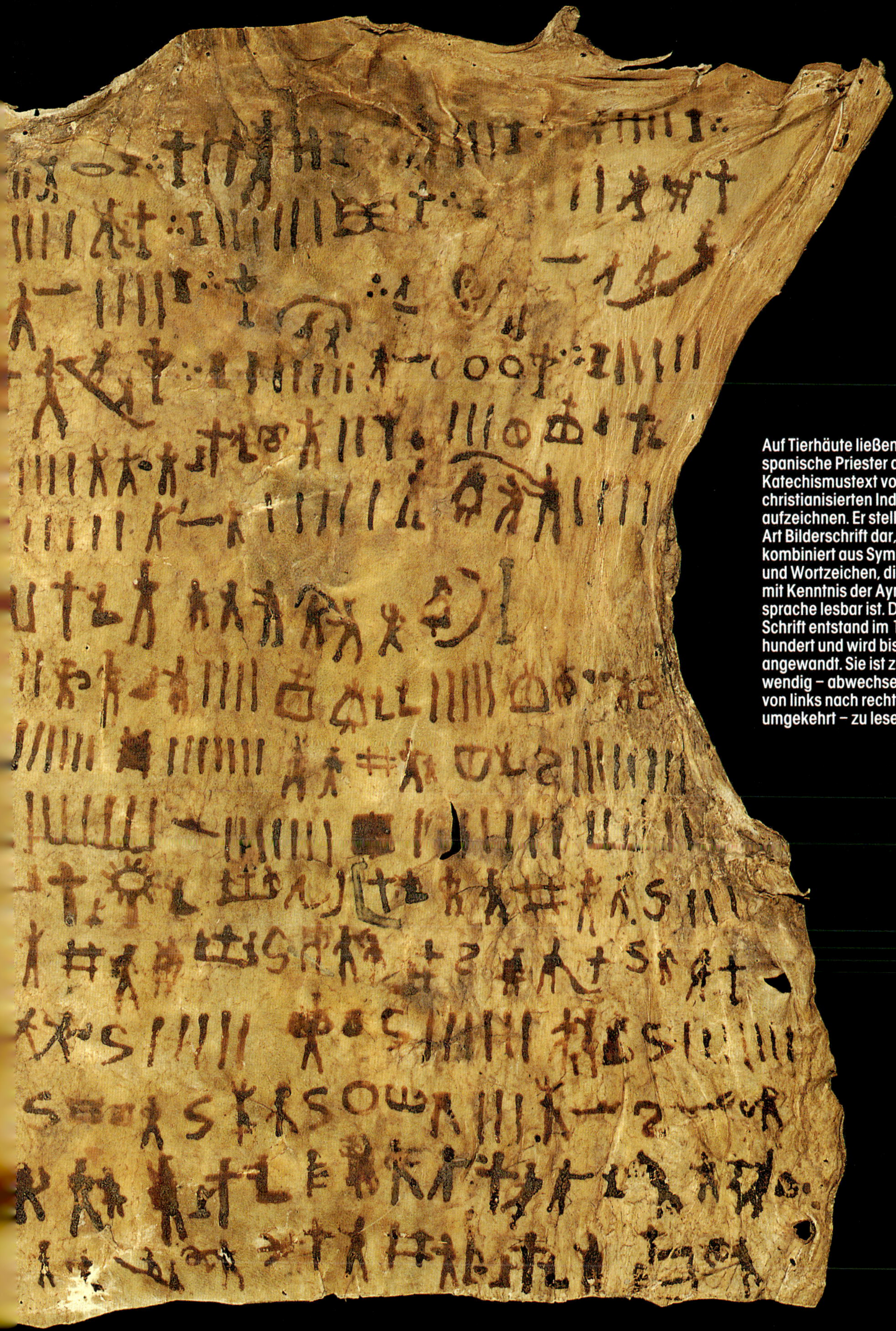

Auf Tierhäute ließen spanische Priester diesen Katechismustext von christianisierten Indianern aufzeichnen. Er stellt eine Art Bilderschrift dar, kombiniert aus Symbolen und Wortzeichen, die nur mit Kenntnis der Aymarasprache lesbar ist. Die Schrift entstand im 16. Jahrhundert und wird bis heute angewandt. Sie ist zeilenwendig – abwechselnd von links nach rechts und umgekehrt – zu lesen

Die Kollegen haben mir mit ihren Berichten schon lange den Mund wäßrig gemacht: Nirgendwo unter allen anderen Kulturen sei die Steinbearbeitung zu so erstaunlicher Perfektion gediehen wie in Tiahuanaco. Jetzt will ich mich in den legendären Ruinen mit ihren überdimensionalen Skulpturen, etwa 20 Kilometer südlich des Titicaca-Sees auf dem knapp 4000 Meter hohen Plateau, selber davon überzeugen.

In einem armseligen Lehmdorf am Südende des Sees, noch in Peru, habe ich eine unruhige Nacht in der einzigen Herberge mit dem hochtrabenden Namen „Internacional" verbracht. Die Hochlandkälte zog durch alle Ritzen des windigen Bretterverschlags, und die nimmersatten Flöhe in der betonharten Matratze kannten kein Erbarmen. So bin ich froh, daß ich jetzt in meinem Wollponcho langsam von der Morgensonne aufgewärmt werde.

Das Dorf ist Grenzstation; von hier geht der Weg weiter über den Desaguadero, den einzigen Abfluß des riesigen Titicaca-Sees, in den bolivianischen Teil des Hochlandes. Drei verschiedene Behörden muß ich in dem Gewirr von Lehmhütten aufsuchen, bevor ich in der Grenzbaracke endlich den Ausreisestempel bekomme.

Mit leichtem Gepäck trotte ich über eine schmale Brücke nach Bolivien und finde in dem klapprigen Holzbus, der zur Reise nach La Paz bereitsteht, tatsächlich noch einen Platz direkt hinter dem Fahrer. So kann ich die Strecke am besten übersehen.

Was für eine heroische Landschaft! Kein Baum, kein Strauch, nur gelbbraune Ebenen mit Gras und kahle, sanft gerundete Höhenzüge. Über die Weite sind einsame Bauerngehöfte verteilt. Mit braunen Lehmwänden und grauen Grasdächern ducken sie sich in die Ödnis wie getarnt. Ganz fern gleißt im Sonnenlicht die weiße Kette der Großen Kordillere am anderen Ufer des Sees, 6500 Meter hoch thront der Gipfel des Illimani.

Im Vorbeifahren beobachte ich eine Gruppe von Aymara-Bauern bei der Feldarbeit. Sie tragen leuchtend rote Wollponchos und eine Art gestrickter Zipfelmütze mit Ohrenklappen. Die dunklen Gesichter mit den fast violettblauen Lippen und die überdimensionierten Oberkörper zeugen von der Anpassung dieser Menschen an das Leben in großen Höhen. Mit dem Grabstock brechen sie den harten Ackerboden auf – ein Instrument, wie es schon vor Jahrtausenden benutzt wurde: An einem langen Holzschaft ist unten mit Lederstricken eine breite Eisenklinge befestigt – früher war die Klinge aus Stein. Zwei ebenfalls mit Stricken befestigte gebogene Querhölzer, eines oben zum Halten mit beiden Händen und eines unten zum Stoßen mit dem aufgesetzten Fuß, ergeben ein sinnvolles Werkzeug. Die Frauen in dicken langen Wollröcken und mit Filzhüten zerkleinern die aufgebrochenen Erdbrocken, drücken mit einem Stock Pflanzlöcher hinein und legen Kartoffeln. Es ist ein karges Leben in dieser immer wieder von langen Dürreperioden heimgesuchten Hochlandzone; die bittere Armut und das rauhe Klima haben die Gesichter gezeichnet, und doch winken die Menschen uns lachend zu.

Am späten Nachmittag schließlich kommen wir im Dorf Tiahuanaco an. Ich wandere gleich hinüber zu den Ruinen, die sich im Abendschein völlig verlassen in einer großen Ebene ausbreiten, ein riesiges ockerfarbenes Trümmerfeld, in dem nur die bearbeiteten Steinblöcke und Quadermauern aus rotem Sandstein sowie rötlichem Andesit und Basalt einen Farbakzent setzen. Man kann sich kaum vorstellen, daß in dieser Abgeschiedenheit in der 2. Hälfte des 1. Jahrtausends n. Chr. eine dicht-

bebaute, mehrere Quadratkilometer große Stadt existierte.

Das Zentrum, in dem ich jetzt stehe, war durch zwei breite, sich rechtwinklig kreuzende Straßen gegliedert. An ihren Schnittpunkten heben sich mehrere Großbauten ab. Da ist zuerst eine riesige Pyramidenplattform von 15 Metern Höhe, Acapana genannt. Ihre gestuften Mauern bestanden ursprünglich aus großen Quadern, doch seit der spanischen Kolonialzeit hat man sie als Steinbruch mißbraucht und die Blöcke für den Bau der Kathedrale von La Paz, für die Dorfkirche, ja selbst für die Trasse einer Eisenbahn weggeschleppt, so daß die geplünderte Plattform sich jetzt wie ein großer natürlicher Hügel darbietet.

Ich klettere zum höchsten Punkt. Hier auf der riesigen Plattform muß ein Tempel gestanden haben. In großen Suchlöchern von Raubgräbern erkenne ich U-förmig gearbeitete Steinblöcke, die eine Art von feingefügtem Kanal bilden. Von hier aus überblicke ich auch das angrenzende Großbauwerk, Kalasasaya genannt, eine fast quadratische ummauerte Plattform mit einer Seitenlänge von 130 Metern. Sie ist in mehrere Stufen gegliedert und über eine monumentale Treppe begehbar, deren gewaltige Steinstufen zu einem von Mauern flankierten Tor führen.

Als der Forschungsreisende Squier hier im 19. Jahrhundert seine Messungen unternahm, standen lediglich noch die großen Orthostaten der Ummauerung, in regelmäßigen Abständen, wie gigantische Zaunpfähle aus Stein. Die

Reliefpfeiler zieren den Kulthof von Tiahuanaco. Die Ausdehnung der gesamten Ruinenstadt wird deutlich an dem 15 Meter hohen Kraterberg der Pyramide Acapana und der mittleren Plattform Kalasasaya mit ihrer Seitenlänge von 130 Metern

Zwischenfüllungen aus kleineren Steinen waren eingestürzt, sind aber jetzt durch Restaurierungsarbeiten wieder zusammengefügt worden. Viele Kollegen vom Fach sehen indes in der sehr weitgehenden Rekonstruktion der Mauern und des Tores, die alten Bestand und neue Ergänzung auch für das kundige Auge nicht mehr unterscheiden läßt, einen das Bauwerk verfälschenden Exzeß.

Auf der Mittelplattform erhebt sich an seinem ursprünglichen Fundplatz ein riesiger monolithischer Steinpfeiler in Menschengestalt – ein stehender Würdenträger mit breitem Kopfband, angewinkelten Armen und einem plastisch vortretenden Gürtel. Die ganze blockige Figur ist mit feinen Ritzornamenten bedeckt. Die berühmteste Großplastik dieser Ruinen steht ebenfalls im Bereich der Kalasasaya: das sogenannte Sonnentor, aus einer massiven, mehr als drei Meter hohen Steinplatte skulptiert, die über und über mit Reliefs bedeckt ist. Man muß sich die ummauerte Plattform als heiligen Bezirk vorstellen mit verschiedenen Sakralbauten, Gemächern für die Priester und gepflasterten Versammlungsplätzen.

In einiger Entfernung erhebt sich ein weiterer Plattformbau über der Ebene, Pumapunku, Tor des Puma, genannt. Hier finden sich noch riesige Steinplatten und fein bearbeitete Quader, die den Steinräubern offenbar zu groß waren. Viele der Platten tragen in mehrere Ebenen gegliederte geometrische Ornamente. Einer der Blöcke, mehr als hundert Tonnen schwer, zeigt Reliefs, die vertiefte Platzanlagen, Treppen und Plattformen symbolisieren könnten.

In der Tat übertrifft die Perfektion der Steinbearbeitung in Tiahuanaco alle anderen andinen Kulturen. Nicht nur große Tore aus Stein sind typisch hier, sondern auch überdimensionale Skulpturen. Wir finden zylindrische Steintrommeln, die als Säulen verbaut gewesen sein müssen, ferner Einlassungen für Kupferklammern, durch die einzelne Blöcke miteinander verbunden wurden; vertikale Dübel hielten die Quadern zusammen, wie sich aus runden Löchern an ihrer Ober- und Unterseite schließen läßt.

Pfeilerförmig blockhaft wirken die Statuen von Tiahuanaco. Die harte Oberfläche ist jedoch mit feinen Ritzungen verziert

Diese ganze handwerkliche Meisterleistung wurde ohne Eisenwerkzeuge vollbracht, nur mit hartem Steingerät, vor allem Prellhämmern, und sehr hartem Schleifsand für das endgültige Glätten der Oberflächen. Genauso bewundernswert ist der Transport des Rohmaterials selbst; vor Ort kommt nämlich kein brauchbares Gestein vor, die Quader wurden von weither geholt. Die Andesitblöcke beispielsweise stammen von der Halbinsel von Copacabana und mußten über eine Entfernung von 70 Kilometern – wohl auf großen Flößen – über den See und dann noch eine weite Strecke über Land transportiert werden. Auf welche Weise das geschah, entzieht sich unserer Kenntnis und bleibt völlig der Spekulation überlassen.

*

Die Erforschungsgeschichte dieses rätselhaften Platzes mit seiner Monumentalarchitektur und den großen Stelen verlief höchst wechselhaft. Am Anfang steht ein sehr vielseitiger Mann namens Ephraim George Squier. Der 1821 in den USA geborene Autodidakt war Landvermesser, Journalist, Hobbyarchäologe und Diplomat gewesen, bevor er 1863 im Regierungsauftrag nach Lima kam, um sich dort um den Guano-Export zu kümmern; das sicherte ihm den Unterhalt, und er konnte nun voll seiner Leidenschaft nachgehen: der Archäologie. Zwei Jahre lang reiste er durch Peru; kaum ein anderer hat in so kurzer Zeit und so gründlich die Küstenwüsten und Hochebenen des Andengebiets durchstreift und dabei unter abenteuerlichen Umständen vorspani-

Die Vorderseite des Sonnentors mit dem Stabgott in der Mitte

sche Ruinen beschrieben, vermessen und gezeichnet.

Über seine Reisen berichtet er später selbst: „Wahrscheinlich habe ich in dieser Zeit mehr Gebiete durchquert als irgendeiner meiner Vorgänger der gleichen Fachrichtung. Ich führte mit mir Maßband, Kompaß, Bleistift und Kamera in dem Bewußtsein, daß nur sorgfältige Pläne mit Schnitten, Aufrissen, Ansichten und Gesamtbildern die strengen Anforderungen einer modernen Wissenschaft erfüllen können.“ Neben einer bloßen Bestandsaufnahme machte sich Squier auch Gedanken über die zeitliche Abfolge einzelner Ruinenbereiche. Damit war er der erste, der sich um eine chronologische Ordnung in der Andenarchäologie bemühte: „Diese Materialien werden meiner Meinung nach nicht nur aufzeigen, daß ursprünglich verschiedene und voneinander getrennte Kulturen in Peru existierten, sondern auch, daß einige von ihnen älter sind als die der Inka.“

Squier beschrieb nicht nur die alten Plätze, sondern auch anschaulich die Sitten und Bräuche im Lande, vom Festbankett der High-Society von Lima bis zum feierlichen Besäufnis der Dorfhonoratioren in einem Hochlandkaff. Der Leser zittert mit ihm, wenn ihn auf der Plattform einer Pyramide ein riesiger Geier überfällt oder auf einem Berggrat das Maultier beinahe abstürzt.

Im Juni 1864 erreicht Squier mit seiner Maultierkarawane die Ruinen von Tiahuanaco. Gleich am ersten Abend erkrankt sein Fotograf – unterwegs schon hatte der Mann an der Höhenkrankheit gelitten – und stirbt unter Qualen noch in derselben Nacht. Nun muß der Forscher auch noch die umständlichen Foto-Aufnahmen selber machen; nach einigen mißglückten Experimenten mit den Chemikalien gelingt es ihm schließlich, seine Glasplatten zu entwickeln.

Auch mit dem Anwerben von Hilfskräften für seine Vermessungsarbeiten hat der Amerikaner kein Glück: Die Aymara-Indianer des nahen Dorfes feiern gerade das mehrtägige Kartoffelfest, eine Serie von rituellen Tänzen nach Abschluß der Chuño-Ernte. Die in diesen extremen Höhen gedeihende kleine, bittere Kartoffelart wird nach der Lese wochenlang am Boden ausgebreitet und so, dem starken Nachtfrost und der kräftigen Sonneneinstrahlung ausgesetzt, haltbar gemacht: ein Verfahren, das sich aus alter Zeit bewahrt hat. Betrübt berichtet Squier, daß viele Dorfbewohner noch zu betrunken waren, um mitzuarbeiten – und sie begannen bereits mit weiteren Strömen von Zucker-

Wie Zaunpfosten blieben von der Plattform der Kalasasaya nur noch einzelne Pfeiler stehen. So sah es schon der Reisende Squier im Jahre 1864

rohrschnaps und Chicha, einem gegorenen Gebräu aus Mais oder Quinoa, das nächste Besäufnis anläßlich des bevorstehenden Fronleichnamfestes. So mußten die längst auf ihre Rückreise drängenden Maultiertreiber widerwillig bei der Vermessungsarbeit assistieren.

Vom ersten Tag an werden die Untersuchungen Squiers argwöhnisch beobachtet von einem uralten Indianer, der mit Strickmütze und zerfetztem Poncho in den Ruinen sitzt und kein Auge von den Fremden läßt; es ist der Zauberer des Dorfes, der herausfinden will, wo die Besucher Schätze auftun. Der stets betrunkene Dorfpfarrer bestürmt Squier täglich, ihn an dem erhofften Reichtum zu beteiligen.

Ein wahres Wunder, daß der Amerikaner trotz dieser Schwierigkeiten in nur einer Woche eine präzise Beschreibung und Vermessung des weiträumigen Ruinengeländes zustandebringt und auch zahlreiche bearbeitete Steinblöcke, die im Dorf verbaut sind, registriert. Auf dem Friedhof, halbwegs zwischen Dorf und Ruinen, entdeckt er als Eingang ein wiederverwendetes antikes Tor aus einem einzigen riesigen Steinblock und hat bei der Aufzeichnung Mühe, die wilden Hunde zu verjagen, die dort die Leiche eines eben bestatteten Kindes aus seinem eisigen Grab gezerrt haben.

Nach Squier unternahm der deutsche Geologe Alphons Stübel 1876/77 eine sorgfältige Bestandsaufnahme der Ruinen mit einer höchst qualitätvollen Fotodokumentation, die er 1892 zusammen mit dem jungen Max Uhle in Deutschland veröffentlichte. Uhles damalige Erkenntnisse über die

Wechselbad von Hö-
nsonne und Nachtfrost
mpfen die Indianer-
uen Chuño ein und ma-
n die Hochlandkartof-
 damit haltbar. Die La-
fähigkeit der Knolle war
lter Zeit entscheidend
n Überleben in Dürrepe-
den und für die Versor-
g auf Kriegszügen

zeitlichen und stilistischen Unterschiede zwischen der Kunst Tiahuanacos und der der Inka bildeten dabei den Grundstock für sein späteres, vor allem am Küstenort Pachacamac gewonnenes Schema der andinen Kulturen.

Bis in die dreißiger Jahre des 20. Jahrhunderts beschäftigte sich der polnische Ingenieur Arthur Posnansky mit der Dokumentation der weiterhin als Steinbruch mißbrauchten Ruinen, die er mit präzisen Plänen in einem mehrbändigen Werk beschrieb. Er machte allerdings höchst phantasievolle Datierungsvorschläge; mit einem Alter von 14 000 Jahren hielt er die Kultur von Tiahuanaco für die Wiege der Menschheit.

Es folgte seit 1932 eine Reihe von Grabungen durch den Nordamerikaner Wendell Bennett, der unter anderem auch die nach ihm benannte größte skulptierte Steinstele von 7,30 Metern Höhe ausgrub. Sie steht heute in der Hauptstadt La Paz. Und später, in den sechziger Jahren, betrieb der bolivianische archäologische Dienst großflächige Ausgrabungen, die indes die Grenzen der Siedlung über mehrere Quadratkilometer immer noch nicht endgültig definieren konnten.

*

Die Kunst von Tiahuanaco hat sich als einheitlicher Stil weit über das Titicaca-Gebiet hinaus verbreitet, wie die Analysen von Funden belegen. Ikonographisch-stilistische Gemeinsamkeiten lassen sich bis in die Wüste von Atacama an der nördlichen Küste Chiles und bis nach Nordwestargentinien sowie ins nördliche Hochland verfolgen. Diese Kunst des Mittleren Horizonts drückt sich vor allem in einer feinen Keramik aus, in der Becherformen – Keros genannt – überwiegen, die mit orangefarbener, cremefarbener und roter Schlämme überzogen sind. Die polychrome Gefäßmalerei zeigt meist weiße oder schwarze Umrandung und verwendet geometrisch abstrakte oder zoomorphe Darstellungen; am Rand der großen Becher sind häufig freiplastische Tierdarstellungen, etwa Puma oder Lama, appliziert.

Die Textilkunst dieses Mittleren Horizonts hat sich in besonders vielfarbigen Geweben mit stark abstrahierten Mustern vor allem im Küstengebiet erhalten. In der steinernen Reliefkunst von Tiahuanaco klingen Motive an, die Ähnlichkeiten mit der Bilderwelt des Frühen Horizonts, der tausend Jahre älteren Chavín-Kultur, aufweisen. Dazu gehören vor allem auch die Reliefs auf dem Sonnentor. Eine Hauptfigur ist dort ein dreidimensional frontal dargestellter Mensch, der in den erhobenen Armen je einen Stab hält. Den Kopfschmuck bildet ein dichtes Bündel von Schlangen. Das Motiv wiederholt sich zu beiden Seiten in Flachreliefs, die, jeweils dem Stabgott zugewandt, in drei Reihen übereinander geflügelte Wesen mit Stäben zeigen. Eine unterste Reihe von Flachreliefs wiederholt das Motiv des menschlichen Gesichts mit Strahlenkranz.

Puma und Kondor sowie der Stabgott, den wir von der Raimondi-Stele in Chavín schon kennen, sind im Frühen Horizont geläufige Motive. Wie sie über große zeitliche und räumliche Entfernungen vom nördlichen Hochland in den Süden des Titicaca-Sees gelangt sind, ist noch nicht endgültig erforscht. Möglicherweise war der Ruinenplatz Pucara, zwischen dem Nordende des Sees und der Stadt Cuzco, eine wichtige Übermittlerstation. Dort formierte sich von 300 v. Chr. bis 200 n. Chr. ein Zeremonialzentrum mit Plattformen und weiten Höfen, das in seiner Kunst – vor allem farbiger ritzverzierter Keramik und Steinskulpturen – von der Küste kommende späte Motive des Frühen Horizonts aufgriff und im Hochland nach Süden weiterverbreitete. Das geometrische Muster in aller Kunst von Tiahuanaco und ihre so stark rechteckige Abstraktion, auch in Vasenmalerei und Steinplastik, wird damit erklärt, daß das Vehikel dieser Darstellung vor allem die leicht transportierbaren feinen Textilien waren, die ja zwangsläufig ihre Ornamente aus sich rechtwinklig kreuzenden Fäden aufbauen.

Die Sonne steht nun schon ganz tief. Von meinem Ausguck auf der Hauptpyramide erlebe ich, wie die fernen Bergketten tintenschwarz werden, am Horizont erscheint ein

düsteres karmesinrotes Band, und die Pyramidenhügel verwandeln sich zu dunklen, blauvioletten Schatten. Die abendliche Hochgebirgskälte fährt mir ganz unvermittelt in die Knochen. Während ich über die Trümmer einer vergangenen Zeit hinabsteige, schweift mein Blick über die öde vertrocknete Ebene. Es ist schwer, sich vorzustellen, daß hier einmal mehr als zwanzigtausend Menschen in einer planvoll angelegten städtischen Siedlung gewohnt haben sollen.

Wovon lebten die Menschen in Tiahuanaco damals? Die Antwort hatte ich schon auf der Anreise mit eigenen Augen gesehen. Wirtschaftsgrundlage waren bereits in alten Zeiten die großen Herden von domestizierten Anden-Kamelarten, also Lama und Alpaka; sie lieferten Fleisch, ausgezeichnete Wolle, Dung — und sie dienten auch als Tragtiere. Wir müssen uns große Lamakarawanen vorstellen, die auf einem weitgespannten Fernhandelsnetz über Land zogen, um die markanten Kunsterzeugnisse von Tiahuanaco zu verbreiten.

Als zweite Eiweißquelle gab es den Fischreichtum der großen Binnenseen. Eine weitere Säule der Wirtschaft war damals in den Ebenen rings um den See ein intensiver Feldbau, wie er freilich seit dem spanischen Einfall schon lange nicht mehr betrieben wurde. Dabei handelte es sich um Knollenpflanzen — Hochlandkartoffeln — sowie Getreide der Gattung *Chenopodium*, auf Indianisch: Quinoa. Angebaut wurde auf vier bis zehn Meter breiten langen Hügelbeeten, zwischen denen etwa einen Meter tiefe Gräben ausgehoben waren. Das Wasser darin speicherte die Tageswärme und verhinderte so Schäden durch Nachtfrost, zugleich wurden die Beete auf diese Weise besser entwässert. Der Schlamm, der sich nur zur Regenzeit periodisch absetzte, wurde regelmäßig ausgehoben und düngte dann von neuem die Beete. Eine auch ökologisch optimale Wirtschaft! Dabei ist das Anlegen der Beete für eine größere Gemeinschaft gar nicht so besonders arbeitsaufwendig. Luftbildauswertungen und Grabungssondagen ergaben, daß Hunderttausende von Hektar am Titicaca-See durch solche Hügelbeete bebaut waren. Diese Agrartechnologie setzt bereits sehr früh ein, etwa um 1000 v. Chr. Sie ist also nicht eine Folge des starken Bevölkerungszuwachses im Mittleren Horizont, sondern wohl eher dessen Voraussetzung.

Eine archäologische Erkenntnis mit Zukunft? Bei Huatta in der Gegend von Puno am nördlichen Seeufer wurde seit 1985 nach jenem alten System ein neuer Anbauversuch gemacht: Die indianischen Bauern legten mit Unterstützung nordamerikanischer Ethnologen solche Hügelbeete studienhalber an, allerdings bisher nur auf etwa hundert Hektar Fläche. Die Ernte war weit besser als beim üblichen Anbau auf ebenen Feldern. Vielleicht ergibt sich so mit einer jahrtausendealten, erst jetzt wiederentdeckten Technologie ein Ausweg aus dem Teufelskreis von Hunger und Übervölkerung, der die Hochlandbauern dort plagt. Zum Einkauf von Kunstdünger — der zu-

Die abstrahierte Kunst von Tiahuanaco, wie sie auch der Tonbecher mit Lamakopf zeigt, wird zurückgeführt auf die Ornamentik von Textilien – hier ein Gobelin mit geometrischen Figuren, Kopftrophäe und Stab

dem ökologisch bedenklich ist – sind sie viel zu arm, und alle paar Jahre vernichtet eine Dürre ihre Saaten.

*

Am See entlang reise ich zurück nach Norden, nach Puno und Cuzco. In Julí macht der Bus Zwischenstation. Das elende Dorf aus halbverfallenen Lehmhütten hat vier riesige Kirchen aus rosa Sandstein. Hier war in der Kolonialzeit das Zentrum des Jesuitenordens für das südliche Hochland, das Collao. Das Missionsgebiet reichte von hier bis zum Atlantik, bis nach Paraguay.

Man muß sich das vorstellen: Hier stand Anfang des 17. Jahrhunderts einmal eine Druckerpresse, hier wurden Bücher hergestellt und verbreitet, sogar ein Wörterbuch der Aymara-Sprache! Reste der Pracht dieser christlichen Missionszentrale zeigen sich noch in der steinernen Reliefkunst der Kirchen. Europäische Barockornamente mischen sich hier mit einheimischen Motiven, die Zwikkel der großen Vierungskuppeln sind ausgeschmückt mit Fruchtgirlanden, mit Darstellungen von Affen und Papageien. Wie Tiahuanaco lange zuvor, so ist auch dieses lebendige Zentrum vergangen; zwischen dem Straßenpflaster wächst hohes Gras, die Dächer der Kirchen sind durchlöchert, in eine eingebrochene Kuppel scheint grell die Sonne.

Ich sitze im Bug und blicke angespannt auf den See, der wie ein Spiegel vor uns liegt. Das Wasser gluckert unter dem kleinen Boot. Ein feiner dünner Nebel dämpft alle Geräusche, auch das Tuckern des Außenbordmotors. Der Nebel und das fahle Höhenlicht bilden eine reflektierende Einheit. Weit hinter uns schimmern die Wellblechdächer von Puno im stumpfen Schein.

Es ist ein ganz hellgrauer Hochgebirgstag, und ich fahre zu den schwimmenden Binseninseln im Titicaca-See, wo die Uru-Indianer leben. Röhricht gleitet vorbei, braun die verfaulten Stengel abgestorbener Binsen. Wildenten fliegen auf und fallen schnatternd ins Schilf zurück, und immer wieder schwarze Tauchervögel mit glänzenden Köpfen wie lackiert – sie sind da, und lautlos verschwinden sie, abgetaucht. Mein Gesicht brennt – trotz des Filzhutes –, und die Augen tränen von der diffusen Helligkeit, die alles überstrahlt. Da hilft auch die Sonnenbrille nichts. Schneeblind – seeblind, reime ich vor mich hin und strecke die Hand ins Wasser; es ist eiskalt.

Der Bootsmann stellt den Motor ab – mit einem pfeifenden Rauschen gleitet das Boot auf eine helle Masse zu, die wie ein riesiger Strohhaufen auf dem Wasser schwebt. Wir sind da. Ich gehe an Land, aber von festem Boden kann man nicht reden; beim ersten ungeschickten Schritt gibt der Untergrund nach, und ich habe den linken Stiefel voller Wasser, während ich weiterbalanciere, nun etwas vorsichtiger. Man muß das Gleichgewicht halten wie auf einem Trampolin.

Die Uru leben tatsächlich auf einer dicken Schicht schwimmender Binsen, die von oben immer wieder erneuert wird, während die unteren Lagen verfaulen. Ihre halbrunden Hütten bestehen aus Binsen, und auch die Boote, die sie in den Ufersümpfen benutzen, sind kunstvoll aus Binsen zusammengebunden. Binsen und nochmals Binsen.

Die Uru sind ein uraltes Fischer- und Sammlervolk, das in der Inkazeit seinen Namen bekam, er bedeutet „schmutzig", „zerlumpt",

VOCABVLARIO
DELA LENGVA
AYMARA.
PRIMERA PARTE, DONDE POR ABECEDARIO se ponen en primer lugar los Vocablos dela lengua Española para buscar los que les corresponden en la lengua Aymara.
COMPUESTO POR EL P. LVDOVICO Bertonio Italiano dela Compañia de Iesus en la Provincia del Piru, delas Indias Occidentales, Natural dela ... dela Marca de Ancona.
DEDICADO AL ILLVSTRISSIMO Y Reverendissimo Señor Don Fray Domingo Valderrama Centeno Maestro en sancta Theologia, Arçobispo, y primer Obispo dela Paz, del Consejo de su Magestad.
EDITE IN LVCEM
GENTIVM VT SIS
SALVS MEA. VSQ. AD EX
TREMVM TERRE. Isaiae.
IHS
Impresso en la casa dela Compañia de Iesus de Iuli Pueblo en la Provincia de Chucuito. Por Francisco del Canto. 1612.

Zerborstene Kirchengewölbe künden von der vergangenen Pracht der Jesuitenmission am Titicaca-See. 1612 entstand das Aymara-Wörterbuch auf der Druckerpresse der Mönche in Julí

Ihre Welt geht in die Binsen. Aus Schilfrohr bestehen nicht nur die Boote und Hütten der Uru, sondern auch ihre schwimmenden Inseln auf dem Titicaca-See. Ernährungsgrundlage sind Fische und Wasservögel

„grob", denn sie galten als unzivilisierbar. Ihre Sprache ist nicht mit den großen indianischen Sprachen Quechua und Aymara verwandt. Sie waren, bevor die Neuzeit über sie kam, geschickte Jäger von Wasservögeln und fischten mit unterschiedlichen Methoden, mit Speeren und kunstvollen Netzen. Auch nächtliche Treibjagden mit mehreren Booten unternahmen sie.

Ich marschiere über das Binsentrampolin zu den kugeligen Hütten hinüber, dunkle Tauchervögel sind dort ausgebreitet, halbiert zum Trocknen in der Sonne. Eine Frau in zerfetztem Rock mit schwarzem Filzhut ist dabei, kleine Fische einzusalzen; neben ihr liegt ein Mahlstein zum Zerquetschen von Quinoakörnern. Drei Männer laden gebündelte Binsen aus einem Boot, ein alter Mann flickt an einem anderen Boot, das er an „Land" gezogen hat.

Aber die Idylle täuscht: Nurmehr wenige dieser Sumpfbewohner sind reinrassige Urus, lediglich ein paar alte Leute sprechen noch die urtümliche Sprache des rätselhaften Stammes. Mittlerweile haben sie sich vielfach mit den auf dem Festland wohnenden Aymara-Indianern vermischt und auch deren Anbaumethoden angenommen. Auf einigen der Inseln werden noch inkaische Knollenfrüchte angepflanzt – in Schlamm und Erde, aufgehäuft auf den Binsen.

Das Leben in dieser kalten Feuchtigkeit ist hart: Viele Urus leiden an Tuberkulose, es fehlt an Gemüse, die Kinder, die ich sehe, sind bedeckt mit Ekzemen. Eine schwimmende Schulstation, die irgendeine christliche Mission hier aus Wellblech errichtet hat, macht den Niedergang nur noch deut-

In den unzugänglichen Sümpfen am Rande des Sees vermochten die Inka das Urvolk der Uru nicht zu integrieren. Erst die modernen Zeiten mit Akkulturation und Tourismus haben ihre Lebensform dem Untergang geweiht

licher. Die Urus leben jetzt hauptsächlich vom Tourismus, von den Brosamen, die die knipswütigen Besucher bei ihren Stippvisiten hinterlassen. Wahrscheinlich wird in einer nächsten Generation noch nicht einmal mehr ein Rest der alten Lebensweise existieren; die kunstvollen Binsenboote sind dann nur noch im Völkerkundemuseum zu sehen.

*

Neben Tiahuanaco südlich des Titicaca-Sees gibt es ein zweites großes Zentrum der Kulturen des Mittleren Horizonts; es ist der Ruinenplatz Huari, unweit der Provinzstadt Ayacucho im mittleren Andenhochland. Hier entstand ungefähr zwischen 600 und 900 n. Chr. eine ausgedehnte städtische Siedlung, die ganz eindeutig Züge der Tiahuanaco-Kultur, vor allem in der Architektur und in der bildenden Kunst, übernahm und weiterführte.

Das Stadtgebiet von Huari liegt etwa 3000 Meter hoch auf einer von tiefen Tälern geschützten, welligen Ebene, umfaßt etwa 1,5 Quadratkilometer und war dicht bebaut. Die Mauern bestehen aus Feldsteinen mit Lehmmörtel und formieren sich rechtwinklig zu einzelnen, abgegrenzten Bereichen. Darüber hinaus gibt es höchst kunstvolle, aus großen, feinbearbeiteten Blöcken zusammengesetzte zum Teil mehrgeschossige Kammeranlagen, mit riesigen Steinplatten überdeckt; sie werden als Grabbereiche einer Elite gedeutet. Die Bautechnik der vornehmeren Anlagen erinnert in ihrer handwerklichen Qualität an Tiahuanaco. Die architektonische Ausgestaltung läßt eine Gliederung dieser Siedlung in einzelne Quartiere mit stark unterschiedlichem sozialen Rang erkennen.

Huari war ein Zentrum. Von hier aus erweiterte ein militärisch und administrativ gut organisiertes Staatswesen wohl vor allem durch kriegerische Expansion das von ihm beeinflußte Territorium auf weite Bereiche der mittleren Küste und auf große Teile des Hochlandes nach Norden. Dabei löste das Huari-Imperium an der Nordküste die regionalen Sitze der Mochica-Fürsten ab und ersetzte sie durch eigene Residenzen. Im Nepeña-Tal zum Beispiel, wo ich am Ruinenplatz Pañamarca noch die Reste der farbigen Fresken an den Wänden eines ausgedehnten Hofes bewundert hatte, entstand neben der großen, aus Lehmziegeln erbauten Hauptpyramide der Mochica auf der höchsten Stelle eine in feinem Steinmauerwerk gefügte Anlage mit Höfen und Terrassen, in der sich die neuen Herren festsetzten.

Von Huari aus entstand schon früh ein politisches Gebilde, das viele Kriterien eines regelrechten Staates erfüllt, also an Organisation und territorialer Ausbreitung die regionalen Häuptlingstümer der Frühen Zwischenperiode weit übertrifft. Welche Einzelheiten des Huari-Staates dabei bereits als Vorläufer des späteren Inka-Imperiums gelten können, ist jedoch noch umstritten. Fest steht, daß die Huari-Kultur, von Tiahuanaco aus künstlerisch und städtebaulich befruchtet, nicht allein wie die großen Plätze des Frühen Horizonts durch religiöse Ausstrahlung wirkte, sondern vor allem durch militärische Eroberung und durch Fernhandel. Dabei bleibt unklar, welche Komponente überwog, die kriegerische oder die kommerzielle.

In der Kunst zeigt sich die Vereinheitlichung des Einflußgebietes dieses beginnenden Staates durch weit verbreitete, sehr feine mehrfarbige Keramik und vielfarbige Textilien mit besonders stark abstrahierten Mustern. Typisch sind hier auch dreidimensionale Kleinplastiken aus Türkis oder Lapislazuli.

Das Instrument der Herrschaftsausbreitung von Huari waren regelmäßig angelegte Siedlungseinheiten, in denen die neuen Administratoren residierten. Untereinander waren diese urbanistischen Gebilde gegliedert in Zentren von unterschiedlicher Rangordnung: Oberzentrum, Mittelzentrum, kleine Unterzentren im Umkreis, alle durch Fernstraßen verbunden. Architektonisch lassen sich trotz unterschiedlicher Größe stets die gleichen Planungsprinzipien erkennen: ummauerte Gevierte, wiederum in sich unterteilt, Grundrisse gleicher Größe, ausgetüftelte

Krone und Zepter: Als Zeichen seiner Würde trug ein Huari-Edler eine Zipfelmütze sowie einen Zeremonialstab, dessen Muscheleinlage wiederum einen Edlen mit Stab und Kampfkeulen darstellt

Zugangskontrolle. Diese Stadtplanung, die sich im Mittleren Horizont bis zum Ende des 1. Jahrtausends herausbildete, hatte wenig gemeinsam mit den Pyramiden, Heiligtümern und weiträumigen Sakralanlagen der früheren Epochen. Eine rationale Urbanistik erzwang nun eine überwiegend städtische Lebensweise mit scharfer Trennung der sozialen Schichten und einem hohen Maß an Spezialisierung.

In einer solchen städtischen Siedlung gab es also Luxusquartiere für die Verwaltungselite, wohl auch Priesterwohnungen und Zeremonialbereiche, dann zahlreiche, weniger luxuriöse Wohnstätten für Handwerker und Soldaten. In den Höfen wurden Waren produziert, vor allem Keramik und Textilien; große Areale waren der Lebensmittelproduktion gewidmet. Vielfach sind die Anlagen strategisch so plaziert, daß sie den Zugang zum lebenswichtigen Wasser, etwa günstigen Flußabschnitten, kontrollieren.

Als ähnlich bedeutendes Zentrum an der Küste könnte Pachacamac südlich von Lima gelten. Zudem darf man annehmen, daß die Gliederung von Chanchán, der Hauptstadt des späteren Chimú-Reiches, mit ihren streng städtischen Elementen der großen ummauerten Rechtecke auf Huari-Einflüsse zurückgeht. Allerdings wäre es falsch, nun alle organisatorischen Errungenschaften des folgenden Inka-Imperiums schon auf das Staatsgebilde von Huari zurückzuführen.

27 Kilometer südlich der alten Inka-Hauptstadt Cuzco: ein breites Tal, vom Río Huatanay durchschnitten. Im Osten und Westen blinken schneebedeckte Kordillerengipfel. Der Fluß mit seinen senkrechten Kies- und Schotterufern hat sich tief in die grüne und gelbbraune wellige Landschaft eingegraben. Auf einem sanften Hang über der Talsohle liegt Pikillakta, „Stadt der Flöhe", eine spätere Bezeichnung wohl aus der Inkazeit.

Die Ruine, die ich da schon von der Straße als braungraue Steinmasse sehen kann, gehört zu einer der großen Regionalresidenzen der Huari-Kultur: ein urbanes Zentrum der zweiten Kategorie, und besonders gut erhalten. Alle Mauern bestehen aus Feldsteinen mit Lehmmörtel, stellenweise noch bis zu acht Meter hoch. Beim Näherkommen gerate ich in eine enge, von Mauern eingefaßte Gasse, der einzige Eingang zu einem großen Rechteckplatz, umgeben von Podesten. Von hier aus führt eine Treppe über einen schmalen zweiten Weg in das höchste ummauerte Karree, wo schmale Straßen sich rechtwinklig kreuzen und nur in der Mitte der dichten Bebauung mehrere Plätze ausgespart sind. Die Häuser stehen in langen Reihen gleichmäßig aneinandergefügt. Wieder eine Umfassung, aus der ich mit Mühe einen Durchgang in die nächste Ummauerung finde. Nur langsam erschließt sich der Grundriß dieses Labyrinths.

Ich steige bis zur höchsten Stelle des Hanges und klettere auf das Geröll einer eingestürzten Mauer: Von hier aus der Vogelschau wird deutlich, daß die Häuser der einzelnen Gevierte unterschiedlich groß sind – mit Seitenlängen bis zu 35 Metern. Und daß drüben, an der Stirnseite der Stadtanlage, sich ein enges Netz winziger Reihenhäuser anschließt. Es ist schwierig, sich über die hoch ummauerten Umgangswege mit ihren Trümmern dorthin durchzukämpfen; es gibt kaum Durchgänge, immer wieder werde ich wie in einem Irrgarten abgeleitet. Dann liegt das ganze Areal vor mir: insgesamt gut fünfhundert relativ kleine Gevierte (nur je etwa 4 mal 7 Meter), die in sich wiederum durch Korridore und gewinkelte Zugänge verbunden sind.

Bewohnt wurde diese ausgedehnte Stadtanlage etwa von 600 bis 900 n. Chr. Zunächst sah man den Platz vor allem wegen der zellenartigen kleinen Gebäude fälschlich als inkaisches Vorratslager an, später auch als eines aus der Huari-Zeit. Erst durch Ausgrabungen des Nordamerikaners Gordon McEwan 1979 wurden Einzelheiten der unterschiedlichen Nutzung der diversen Hauselemente deutlich faßbar. Daß die meisten Räume zum Wohnen dienten, beweisen Feuerstellen; handwerkliche Tätigkeiten sind durch Obsidian-, Muschel- und Metallfunde vor allem in Abfallschichten belegt. Die großen Häuser zeigen mit luxuriös feiner Keramik und dick stuckiertem Lehmboden deutlich gehobenere Wohnqualität; ein wohl für Rituale genutzter Raum barg im Fußboden zehn Menschenschädel als Opfergabe. Gemauerte Wasserkanäle durchzogen die Anlagen. Als Bewohner der fünfhundert kleinen Zellenbauten, alle auch mit Feuerstellen ausgestattet, stellt McEwan sich eine dienende Klasse von Soldaten oder Bauleuten vor, die vielleicht nur zeitweise hier hausen mußten.

Ein besonders schöner Fund in Pikillakta kam bereits 1927 ans Licht: In zwei Opferdepots wurden zahlreiche winzige Figurinen aus fein geschnitztem türkisartigen Stein entdeckt. Sie sind nur drei bis vier Zentimeter hoch und stellen Würdenträger mit gleichartigem

Pikillakta, die ummauerte Elite- und Arbeiterstadt der Huari, beherrschte das ganze Umland. Luxushäuser und kleine Wohnzellen sind nach regelmäßiger Rasterplanung jeweils in Quartiere zusammengefaßt. Die Türkis-Statuette eines Würdenträgers stammt aus einer Opfergrube

Kopfputz dar, die Körper stark abstrahiert und die Arme angelegt. Mit großen Augen und schmalen Lippen starren sie den Betrachter unergründlich an.

Eine bahnbrechende Entdekkung zur Kunst des Mittleren Horizonts an der südlichen Küste machte die kanadische Archäologin Martha Anders im Pisco-Tal. Sie grub dort seit 1987 am Ruinenplatz Maymi und fand Huari-Keramik im Schutt leichter Gebäude aus Schilf sowie Lehmziegeln: eine Ausnahme, denn sonst manifestiert sich die planvolle Architektur der Huari-Kultur auch an der Küste meist in Stein. Als sensationell galt Martha Anders' Entdekkung einer besonderen Art von sehr feiner polychromer Elitekeramik, die in Maymi selbst hergestellt und in großen Opfergruben eines umzäunten heiligen Bezirks rituell deponiert worden war. Es sind Sakralgefäße in Becherform, mit Tonreliefs vor allem von Kulturpflanzen geschmückt. Auch Dreifußbecher auf Ständern in Menschengestalt sind dabei. Diese Keramikgattung bietet einen unerhörten Formenreichtum. Eine komplizierte, mit dem Feldbau verknüpfte Fruchtbarkeitsmythologie spiegelt sich in dieser bisher gänzlich unbekannten Kunstproduktion der Huari-Kultur.

Die Fachwelt setzte große Erwartungen in die Arbeit dieser tüchtigen Archäologin. Doch seit Martha Anders im Sommer 1990 in Peru tödlich verunglückte, ruhen die für die Erforschung des Mittleren Horizonts so aufschlußreichen Ausgrabungen von Maymi. Und wer die großartigen Keramikgefäße wissenschaftlich abhandeln wird, steht erst einmal dahin.

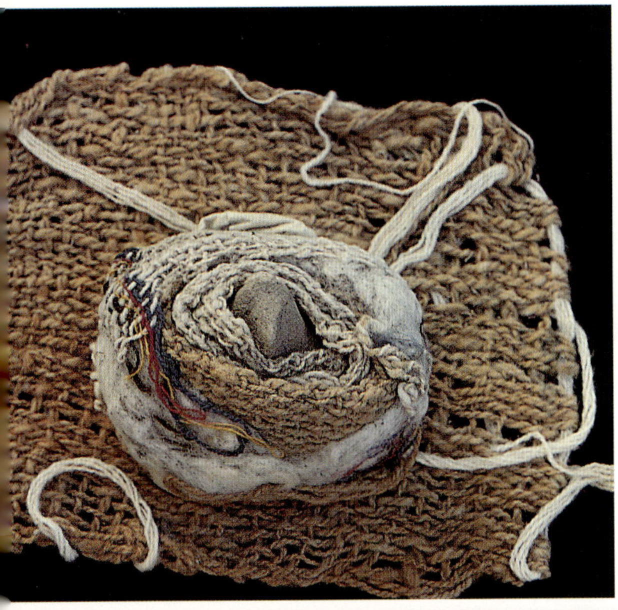

Flechtwerk als Opfergabe und als Element des Hausbaues fand Martha Anders in Maymi, ferner eine bis dahin unbekannte Form der Huari-Keramik, die mit einem Fruchtbarkeitskult in Verbindung gebracht wird

Sitzmumien und Wüstenzeicher

Eine magische Welt kam zutage, als die Ausgräber in der Mondlandschaft der peruanischen Küste ihre Spaten ansetzten: In tiefen Schächten kauerten mitunter mehr als fünfzig Tote in flachen Körben, vollständig erhalten und angetan mit Tüchern und Schleiern von märchenhafter handwerklicher Perfektion. Besondere Kennzeichen sind ihre künstlich verformten Schädel – Schönheitsideal vor mehr als 2000 Jahren. Zu den ungewöhnlichsten Zeugnissen der alten Andenkulturen gehören ebenso die legendären Gebilde und Linien in der Schotterebene von Nazca – riesig im Ausmaß und meist nur aus der Vogelschau zu erfassen. Wild blüht die Spekulation, wozu sie gedient haben mochten. Einem Fruchtbarkeitskult? Oder als Landezeichen für Außerirdische?

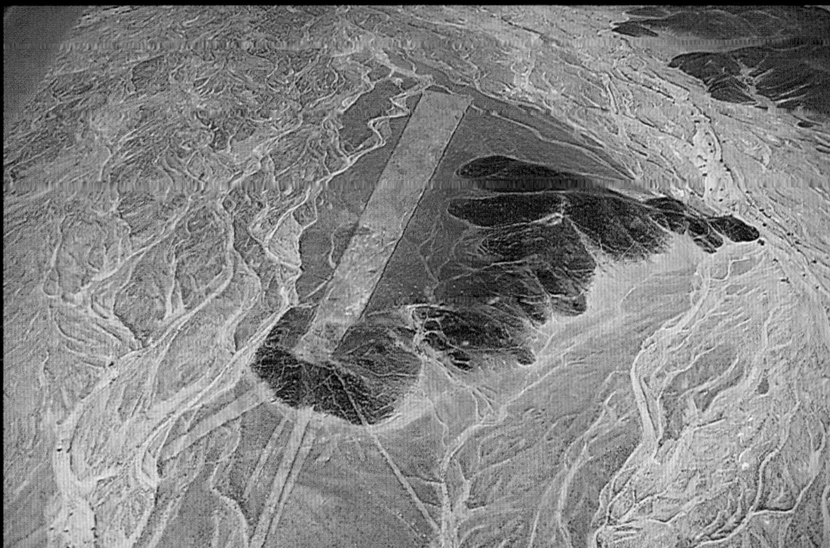

Mit Haut und Haar haben sich die Toten der vorspanischen Zeit samt ihren Kleidern und Tüchern in der extrem trockenen Küstenwüste am Pazifik meist ohne besondere Einbalsamierung erhalten

Die größte Spinne der Welt wird vermessen. Rätselhafte Zeichen und Linien, nur aus der Höhe erkennbar, haben die alten Amerikaner in der Schotterwüste von Nazca hinterlassen. Kalender oder Landebahnen? Der Phantasie von Interpreten sind keine Grenzen gesetzt

Wer wann wozu dieses absonderliche Zeichen angelegt hat, bleibt unbekannt. „Kandelaber" wird das 200 Meter lange Scharrbild im Steilhang der Paracas-Halbinsel genannt – weithin ist es sichtbar

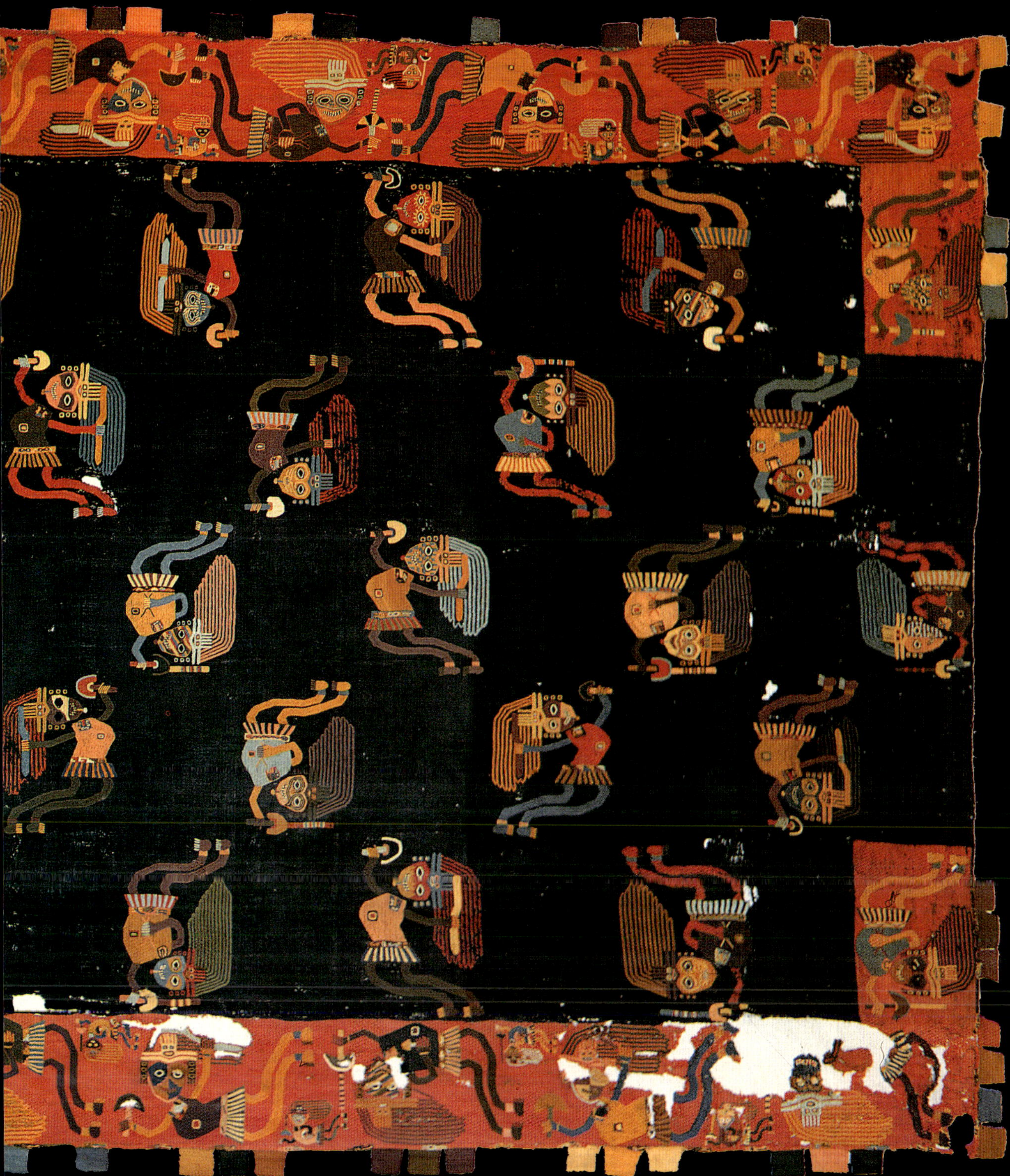

Ein fürstlicher Totenmantel. Aus Wolle und Baumwolle gewebt und mit Dämonen kunstvoll bestickt, umhüllten Dutzende solcher Tücher die Mumie eines Würdenträgers der Paracas-Siedler in der Frühen Zwischenperiode. Die magische Kraft der Bilder beschwört die uns so völlig fremde Mythologie der alten Indianer

Es hört sich ja schön an, wenn man so sagt, wir Archäologen betrieben die Wissenschaft mit dem Spaten. Aber eher arbeiten wir mit Spachtel, Pinsel und Maßband. Und oft genug graben wir nicht in Ruinen, sondern in Bibliotheken oder Archiven nach Schätzen aus ferner Zeit, die uns rekonstruieren helfen, was unwiederbringlich dahin zu sein scheint. Mitunter mühsam genug, solche einzigartigen Dokumente aufzustöbern und ihre vergilbten Schnörkelschriften, dazu noch in altertümlichen Sprachen, zu dechiffrieren.

Zu diesen literarischen Funden gehört ein besonders anschaulicher Bericht eines spanischen Augenzeugen der ersten Stunde, der das uralte Orakelheiligtum von Pachacamac in Peru beschreibt, einst als zentrale Wallfahrtsstätte der gesamten Küstenregion dem Weltenschöpfer geweiht. Der Bericht stammt aus dem Gänsekiel des Miguel de Estete, eines der Kriegsleute aus der Truppe Pizarros, die hierher ausgesandt waren, um der Forderung nach Lösegeld für den gefangenen Inka Nachdruck zu verleihen. Das war zu Beginn des Jahres 1533.

Wie es an diesem Platz der Naturgottheit, heute eine Ödnis von Ruinen, noch zu Lebzeiten des letzten Inka aussah, beschreibt Miguel de Estete so: „In der Stadt angekommen, zogen wir gleich zum Heiligtum, einem ansehnlichen und weiträumigen Bau. Am ersten Tor standen zwei Wachen, die wir aufforderten, uns hinaufsteigen zu lassen, um den Pachacamac zu sehen. Die Antwort war, niemand dürfe ihn sehen; wenn wir einen Wunsch hätten, könnten sie es dem Priester sagen, der würde es weitergeben. Hernando Pizarro sagte ihnen darauf, daß er auf jeden Fall hinaufgehen müsse, um ihn zu sehen. So führten sie uns gegen ihren Willen und mißmutig durch viele Türen bis zur obersten Plattform des Heiligtums, die von drei oder vier blinden Mauern geschützt war in der Art eines Schneckenhauses, und so stieg man zu ihm empor, wobei die Mauern eher für eine starke Festung als für einen Götzentempel gemacht waren.

Auf der Höhe war ein kleiner Hof vor dem eigentlichen Gemach des Götzenbildes. Das Gemach war aus Flechtwerk und mit Gold- und Silberblech beschlagenen Pfosten gebaut, auf dem Dach waren geflochtene Matten als Sonnenschutz. So sind in dieser Gegend alle Häuser, denn da es niemals regnet, brauchen sie keine andere Dachdeckung.

Jenseits des Hofes war eine verschlossene Tür, von Wächtern behütet; keiner wagte, die Tür zu öffnen. In das Flechtwerk dieser Tür war verschiedener Schmuck verwoben, Korallen, Türkise und andere Schätze. Schließlich wurde sie geöffnet, und nach dem prunkvollen Eingang erwarteten wir Gleiches im Inneren. Das war aber gerade umgekehrt und schien mehr eine Behausung des Teufels, denn der nistet sich immer an schmutzigen Orten ein. Bei geöffneter Tür paßte kaum ein Mann in das Gemach, das finster war und übel stank.

Man brachte Licht, und so betraten wir ein sehr kleines, rohes und schmuckloses höhlenartiges Gelaß; in seiner Mitte stand ein Holzbalken, der in der Erde verankert war und am oberen Ende eine grob geschnitzte menschliche Figur trug. Diese Holzfigur war umgeben von Weihgeschenken aus Gold und Silber, die seit langer Zeit dort ausgestreut waren.

Angesichts dieses Schmutzes und dieses Trugbildes eines Götzen gingen wir hinaus und fragten, weshalb sie eine solch schmutzige und grobe Sache verehrten. Sie erschraken sehr über unsere Verwegenheit und priesen die Ehre ihres Gottes: Das sei Pachacamac, der ihre Krankheiten heile. Soweit zu verstehen war, erschien der Dämon in jenem Gemach ihren Priestern und sprach zu ihnen. Nur die Priester hatten Zugang mit den Bittgesuchen und Weihgeschenken der Pilger. Denn es ist wahr, daß das ganze Volk des Inka dorthin zog, so wie die Mohren und die Türken zum Heiligtum nach Mekka pilgern …"

Ein Gott als Pfosten, ausgegraben im Bereich des Heiligtums. Das aus Holz geschnitzte Mischwesen stellt vermutlich den Weltenschöpfer Pachacamac dar

Soweit der Augenzeugenbericht des Spaniers. Und wie anders das Bild heute! Pizarro ließ den Tempel einreißen und an seiner Stelle ein großes Kreuz errichten.

Das Ruinenfeld von Pachacamac liegt 30 Kilometer südlich von Lima. Bevor die breit ausgebaute Panamericana, die große Nord-Süd-Küstenstraße fast durch den ganzen Kontinent, von der Hauptstadt aus vollends zum Pazifik stößt, durchquert man die endlosen, viele Kilometer in die Wüste ausufernden Elendsquartiere, die wie ein breiter Ring die eigentliche Stadt umgeben. Vier in den Sand gesteckte Pfosten, vier Schilfmatten als Wände und eine Matte als Dach – schon ist die Behausung fertig.

Die Armenviertel, in denen mehr als die Hälfte der fast sechs Millionen Einwohner der Metropole dahinvegetiert, gehen schließlich über in eine wellige Landschaft, aus der eine langgezogene Anhöhe herausragt und an der Küste in einem Steilhang endet: das Ruinenfeld von Pachacamac, zwischen der grellen gelben Wüste und der tiefeingeschnittenen, grünen Oase an der Mündung des Lurín-Tales. Seit dem Mittleren Horizont bis zum Ende der Inkazeit wurde dieser Platz kontinuierlich benutzt und stellt damit die langlebigste Siedlung des Andenraumes dar, eine Kombination von urbanem Aufenthalt und Orakelstätte, an der sich Pilger von der gesamten peruanischen Küste in Massen versammelten.

Massive Plattformen sind weit im sandigen Gelände verteilt, Pyramidenstümpfe erkennbar nach Plan gruppiert. Der häufigste Typ ist eine Plattform mit Rampe in der Mitte, davor ummauerte Rechteckhöfe. Eine breite Allee in einer Geländesenke wird beidseits von Resten von Hallen mit Lehmpfeilern gesäumt. Die älteste Pyramide des Weltengottes, mit gestuften Lehmwänden und Spuren von farbiger Bemalung, erhebt sich am oberen Rand der Anhöhe. In der Zeit der inkaischen Expansion wirkte der alte Kult weiter. Auf der Spitze des Höhenzuges am Meer entstand durch Überbauungen eine gewaltige fünfstufige Pyramide. Die Rampen und Treppen sind mehrfach abgewinkelt und zeigen im unteren Bereich fein behauenes inkaisches Steinquaderwerk, darüber Lehmziegelmauern. Das dürfte der von Miguel de Estete geschilderte schneckenförmige Zugang gewesen sein. Ganz oben liegt ein mit Nischenmauern umfriedeter Platz. Von hier aus geht der Blick weit hinaus über die Brandung des Pazifik und die grauweißen, felsigen Guano-Inseln.

An diesem Platz hat der deutsche Forscher Max Uhle wohl am längsten kontinuierlich gewirkt. 1896 war er nach Peru gekommen; ein ganzes Jahr lang hielt er sich in Pachacamac auf, um zu graben und mit Kompaß und Maßband von dem riesigen Ruinenbereich einen exakten Plan aufzunehmen, der auch heute noch, verglichen mit Luftbildern, durch Präzision und Vollständigkeit besticht.

Bis heute wird in Pachacamac weitergegraben, und immer wieder kommen neue Erkenntnisse, kommen überraschende Funde ans Licht. Eine ganz besondere Entdeckung machte in den dreißiger Jahren der Archäologe Alberto A. Giesecke und bestätigte damit den Bericht des Miguel de Estete. Gie-

Ein Inka-Tempel krönt die alte Wallfahrtsstätte. Hier hat Max Uhle erstmals in Amerika durch Schichtgrabungen die Überlagerung von Kulturen nachgewiesen

secke legte einen 2,35 Meter hohen, jetzt im kleinen Grabungsmuseum ausgestellten Holzpfosten frei, dessen oberer Teil ein bizarr geschnitztes, übernatürliches Mischwesen darstellt. In diesem mit Pflanzen und Tiersymbolen reich verzierten Götterbild manifestierte sich wohl die alte Weltschöpfer- und Naturgottheit, ähnlich, wie sie Estete beschrieben hat.

*

Die Halbinsel von Paracas, etwa 200 Kilometer südlich von Lima, ist ein Ort, wo manch einer noch nicht einmal begraben sein möchte. Wenigstens laden ihre völlig vegetationslosen Sanddünen und bizarren Felsformationen nicht gerade zum Aufenthalt ein. Trotzdem haben hier schon in alter Zeit Menschen gesiedelt, denn das Meer mit seinem Reichtum an Tieren – Fischen, Krebsen, Muscheln, Schnecken – konnte sie gut ernähren.

Eine Mondlandschaft mit scharfen Sandstürmen. Hier regnet es nie, und weit und breit gibt es keinen Fluß. Und doch fanden die vorspanischen Zuwanderer hier auch das lebensnotwendige Süßwasser. In Strandnähe am Südrand der Bucht gibt es nämlich grundwasserführende Schichten in geringer Tiefe; die Siedler mußten also lediglich großflächige Gruben ausheben, um an das begehrte Naß zu kommen. In solchen Tiefbecken war sogar begrenzt ein landwirtschaftlicher Anbau möglich, als Ergänzung zur Nahrung aus dem Meer. Riesige solcher versenkter Gärten sind heute noch erhalten und heben sich vom umgebenden Sandgelände deutlich ab.

Ins Licht der archäologischen Forschung ist die Paracas-Halbinsel erst seit 1925 getreten, und wieder waren es Grabräuber, die den Ort entdeckten und systematisch ausplünderten. Am Hang des Cerro Colorado, des Roten Hügels, noch im Bereich des Festlandes hinter der Halbinsel, hatten Schatzsucher in tiefen Gräbern Mumienbündel mit reichen Beigaben von Textilien gefunden.

Julio C. Tello begann dann dort systematisch zu graben und legte insgesamt mehr als fünfzig Gräber frei. Ihre besondere Bauweise paßt sich den Bodenformationen hervorragend an: Durch eine obere dicke Sandschicht führt ein mit Feldsteinen ausgemauerter runder Schacht, dann folgt ein enger senkrechter Tunnel durch härteres Sediment. Vor der Freilegung waren diese Einstiegsröhren mit Walrippen und geflochtenen Matten abgedeckt, der obere ausgemauerte Schacht ganz mit Sand gefüllt. Der Tunnel erweitert sich unten in wiederum weicherer Schicht zu einer ausgebauchten, abgerundeten Grabhöhle von drei bis vier Metern Durchmesser und gut einem Meter Höhe.

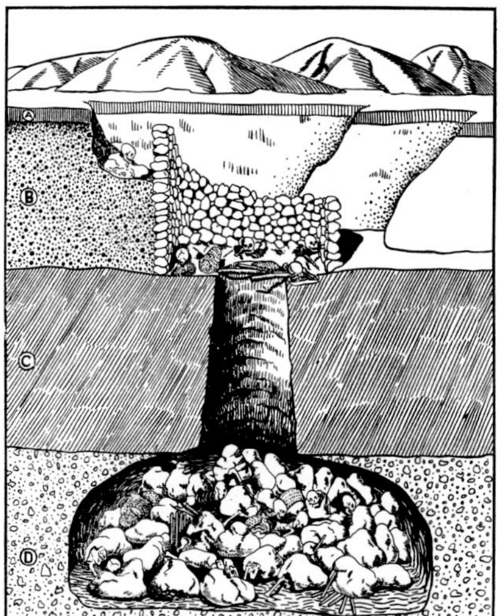

Querschnitt durch ein Cavernas-Grab mit der durch den Untergrund bedingten dreiteiligen Bauweise

In diesen wie Silos gebauten Grabhöhlungen waren mitunter mehr als fünfzig Tote deponiert, sitzend in flachen Körben, in farbige Baumwolltücher gewickelt, die mit geometrischen Ornamenten verziert waren. Zur Totenausstattung gehörten ein Turban aus Stoff, feine Schleiertücher, Flechtarbeiten, Nahrungsmittel sowie Keramikgefäße: vor allem abgeflachte Flaschen mit doppeltem Röhrenausguß, sehr feinen eingeritzten Ornamenten und einer kunstvollen farbigen Bemalung. Auch in der Welt der Toten gab es in dieser Hinsicht deutlich Unterschiede zwischen Arm und Reich.

Typisch für die Toten dieses Gräberfeldes von *Paracas Cavernas*, das etwa von 400 bis 200 v. Chr. angelegt wurde, sind künstliche Schädelverformungen; schon im Kindesalter wurden an der Vorder- und Rückseite des Schädels flache Brettchen angebunden, die durch kontinuierlichen Druck die noch weichen Knochen zu einer länglichen Kopfform deformierten. Ein Schönheitsideal.

Eine spätere Kulturstufe entdeckten die Ausgräber am Südrand der Bucht 1927: ein reiches Gräberfeld, das allein an einer Stelle 429 Mumienbündel enthielt. Die Bezeichnung für diese Kulturstufe, *Paracas Necrópolis*, wie sie inzwischen in die Kunstgeschichte eingegangen ist, führt in die Irre, denn es handelt sich eben nicht um eine Nekropole, sondern um Kollektivgräber im Bereich einer großen Siedlung, die in die Abfallschichten rund um die Wohnhäuser eingetieft oder in älteren, halbunterirdischen, nicht mehr zum

Vor der Halbinsel von Paracas bieten die Islas Ballestas eine ungeheuer reiche Meeresfauna – Nahrungsquell der Siedler schon in alter Zeit

Die vom Sandsturm zerschliffenen Klippen der extrem trockenen Halbinsel machen den Weg zum Meer zu einer beschwerlichen Kletterpartie

Wohnen genutzten Räumen untergebracht wurden. Sie waren teilweise mit Feldsteinen ausgemauert und hatten Decken aus harten Rundhölzern, über denen eine Bambusschalung und eine Abdichtung aus Steinplatten sowie Lagen von Rohbaumwolle folgten; oberirdisch gab es Häuser auch in Leichtbauweise aus Schilf und Binsenmatten.

Die Mumienbündel sehen alle aus wie riesige kegelförmige Stoffpakete in einer groben Tuchumhüllung und Verschnürung. Im Inneren befindet sich dann der meist nackte, durch die extreme Trokkenheit mumifizierte Körper des Toten in Hockerstellung, die Arme über der Brust gekreuzt, inmitten von Beigaben: einfarbige Keramikgefäße und zahlreiche zusammengefaltete Totentücher. Bis zu vierzig solcher Tücher hat man bei einer einzigen Mumie gezählt, feine Schleier und sehr große gewebte Stoffe in leuchtenden Blau- und Rottönen aus Wolle und Baumwolle, die kunstvoll bestickt sind mit phantastischen mythologischen Darstellungen in leuchtenden Farben. Die Ornamente dieser märchenhaft schönen Textilkunst waren also nicht mehr an die Webart und Webrichtung gebunden, sondern entfalten sich in der Stikkereitechnik völlig frei. Eine magische Welt enthüllt sich in diesen ikonographisch komplizierten Darstellungen von tierisch-menschlichen Mischwesen, von Göttern und Dämonen, von Raubkatzen, Vögeln und Meerestieren – eine Welt, in der Traum und Wirklichkeit zu glühenden vielfarbigen Bildern verschmelzen und eine grandiose Kunst in den Dienst des Ahnenkultes stellen.

Erst im Oktober 1989 ist einer dieser einzigartigen Totenmäntel von Paracas nach einer langen Odyssee nach Peru zurückgekommen. Die National Gallery von Australien hatte das Tuch im internationalen Kunsthandel erworben. Der peruanischen Regierung gelang der Nachweis, daß es aus dem Inventar des archäologischen Nationalmuseums in Lima stammte und dort entwendet worden war. Unter Berufung auf die Unesco-Konvention von 1970 zur Rückgabe gestohlenen Kulturgutes konnten die Peruaner nach langen diplomatischen Verhandlungen ihren Schatz zurückbekommen, um ihn im neuen Museo de la Nación in Lima auszustellen.

In unmittelbarer Nähe der Gräber mit den reichen Textilien konnte in den sechziger Jahren der peruano-französische Forscher Frédéric Engel eine sehr ausgedehnte Siedlung nachweisen, die bis etwa 250 n. Chr. benutzt wurde, eine Gesamtlänge von rund 1,5 Kilometern hatte und aus einzelnen, in Feldsteinmauerwerk ausgeführten Rechteckhäusern bestand. Die Dächer waren geflochtene Schilfmatten, getragen von Balken auf gegabelten Pfosten. In den Häusern fand Engel Mahlsteine, vertiefte Vorratssilos für Mais, Meerschweinchenställe und Keramik des Nazca-Stils. Die Toten waren in den Abfallschichten in der Umgebung der Häuser bestattet. Be-

Mumie im Korb. Das teilweise ausgewickelte Totenbündel zeigt neben vielen Tüchern eine Fülle von Beigaben und Körperschmuck. Extreme Schädeldeformation und Tätowierungen entsprachen dem Schönheitsideal ihrer Zeit

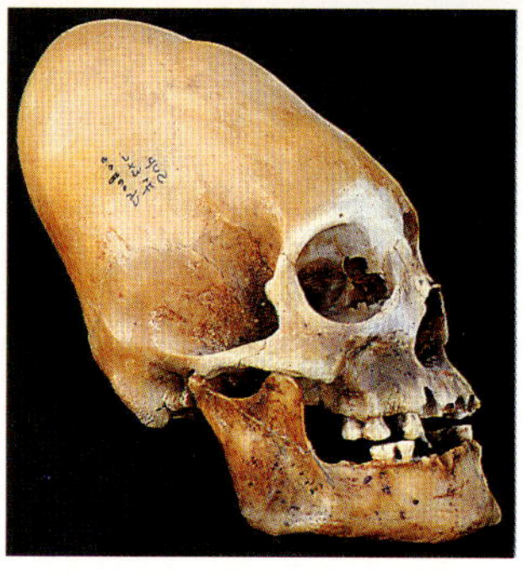

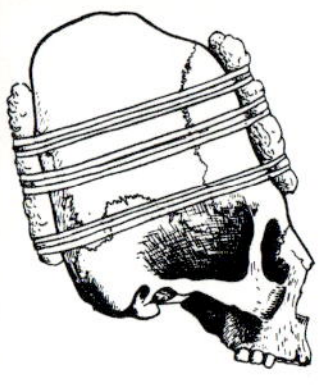

Die Kunst der Stickerei auf dem Untergrund
dicht gewebten Tuches befreite die Darstellung von der
rigorosen Rechtwinkligkeit der Webtechnik: schwebende Dämonen mit
Opfermesser und Kopftrophäe

stickte Mäntel gab es in dieser späteren Siedlungsphase nicht mehr, aber eine Fülle sonstiger Beigaben: Lebensmittel, vor allem Erdnüsse, Yuccaknollen und Süßkartoffeln in flachen Schalen, halbfertige Textilien, Taschen mit Webgerätschaften samt Nadel und Faden und zahlreiche Werkzeuge.

Fischer und Krieger müssen in dieser Siedlung gewohnt haben; darauf deuten zahlreiche Waffen, Äxte und Kampfkeulen in den Gräbern. Ein Toter trug noch seine Schleuder in den zusammengebundenen Fingern der rechten Hand, einem anderen steckte eine Pfeilspitze aus Obsidian im Oberarm. Die Körper waren tätowiert, die Männer trugen das Haar lang, die Frauen hatten zwei mit verschiedenfarbenen Wollfäden geflochtene lange Zöpfe und rotbemalte Fingernägel. Dünnes Goldblech oder verzierte Muschelstücke hatte man den Toten in den Mund gelegt, auch feine Kämme und Pinzetten zum Rasieren waren unter den Beigaben. Warum diese Siedlung schließlich aufgegeben wurde und – zum Glück für die Archäologen – durch keine späteren Bebauungen überdeckt wurde, wissen wir nicht. Seither wenigstens siedelte niemand mehr an dieser Stelle der Paracas-Halbinsel.

★

Es ist früh am Morgen, und der Atem der Tragtiere dampft in der kühlen Luft, während wir aufladen. Packtaschen und Blechkisten mit den Vermessungsgeräten müssen auf beiden Seiten der Lasttiere so ausbalanciert und festgezurrt werden, daß sie nicht ins Rutschen kommen auf dem langen Weg. Die Wasserkanister und Vermessungsstative schnallen wir oben auf den

Ritzverzierung vor dem Brand, Bemalung hinterher: typische Figur aus der mittleren Paracas-Kultur. Auf eine realistische Darstellung kam es nicht an, wie die rachitischen Ärmchen zeigen

Die erstaunliche Vielfalt der Textilkunst von Paracas schlug sich neben der Stickerei auch in frei auf Baumwolle gemalten Ornamenten sowie in streng geometrisch gewebten Kompositionen nieder

hölzernen Packsätteln der beiden Maultiere fest, und dem störrischen Pferd muß immer wieder der Gurt nachgezogen werden. Schließlich setzt sich die kleine Karawane in Gang. Die Vermesser und Archäologen trotten schwerbepackt hinterher.

Wir sind im Toparà-Tal an der peruanischen Küste, etwa 15 Kilometer nördlich der Provinzstadt Chincha. Diese Gegend war bisher archäologisch gänzlich unerforscht. Achtzig verschiedene Ruinenplätze, Siedlungen und Gräberfelder, haben wir bei der Luftbildauswertung hier festgestellt und auf unseren topographischen Karten eingetragen. Die Ruinenplätze im unteren, noch mit Geländefahrzeugen erreichbaren Teil des Tals haben wir mit Theodolit und Nivelliergerät bereits in allen Einzelheiten aufgenommen. Und nun geht es vom Ende des befahrbaren Schotterweges aus auf schmalen Pfaden etwa 30 Kilometer ins obere Tal, das sich immer mehr zur Schlucht verengt, dicht am Steilhang entlang. Die Packtaschen der Tiere schrammen bedenklich an den senkrechten Klippen entlang – nur jetzt nicht stolpern oder ausrutschen! –, aber unerschütterlich ziehen die Mulis weiter.

Zwischendurch müssen wir wieder ganz hinunter zur Talsohle, wo im ausgetrockneten Flußbett riesige Geröllbrocken den Marsch behindern, und weiter geht es an den gegenüberliegenden Steilhängen. Lediglich in der Trockenzeit ist hier ein Durchkommen. Wenn im Gebirge Regen fällt, verwandelt sich das ganze Tal zu einem reißenden Strom.

Weit oben an Abhängen und in kleineren Seitentälern in Höhen zwischen 800 und 1300 Metern liegen die kleinen Ruinenplätze, die wir jetzt vermessen wollen. Ein erstaunliches Werk: Alle diese Abhänge waren einst durch kunstvolle Stützmauern terrassiert und wurden von kilometerlangen Kanälen künstlich bewässert. Es ist die klassische Höhenlage für den Maisanbau, den die vorspanischen Bewohner schon seit undenklichen Zeiten betrieben. Alle paar Kilometer hatten sie sich kleine Siedlungen errichtet. Heute wohnt kein Mensch mehr in dieser entlegenen Region.

Schließlich, am späten Nachmittag, erreichen wir unser Ziel, eine regelmäßige, aus Feldsteinen gebaute inkaische Hangsiedlung in etwa 1200 Metern Höhe. Im Abendschein schlagen wir unsere Zelte auf, und der Treiber eilt mit seinen Tieren wieder ins Tal. Es gibt hier weder Wasser noch Futter für sie, so daß er erst nach Abschluß unserer Vermessungskampagne wiederkommen wird, um uns abzuholen.

Während im Abenddämmern der Küstennebel vom Meer her bis hier heraufzieht und auf dem kleinen Lagerfeuer bereits die Bohnen in der großen Pfanne brodeln, mache ich noch einen Rundgang durch die Ruinen. Übermannshoch stehen die in Lehmmörtel verlegten und mit Lehm verputzten Feldsteinmauern um regelmäßige Rechteckräume; zwei trapezförmige Plätze gliedern die Siedlung, und in den Häusern sind sogar noch die zwei bis drei Meter hohen Pfosten aus Algarroboholz mit einer oberen Astgabel stehengeblieben. Sie trugen einst die flachen Dächer aus Lehm und Bambusmatten. Morgen früh werden wir hier überall Stäbe und rotbemalte Pflöcke zur Vermessung einschlagen; in weniger als einer Woche wollen wir einen kompletten Grundrißplan dieses alten Siedlungsplatzes fertig haben. Hoffentlich gibt es morgen wieder einen klaren Tag ohne den Küstennebel, der alles einhüllt und selbst unser Spezialpapier unbrauchbar macht.

Das Projekt, das wir hier seit 1984 über mehrere Jahre mit einer ganzen Reihe von Feldarbeitskampagnen des Deutschen Archäologischen Instituts durchführen, soll das Toparà-Tal als geschlossene geographische Einheit mit allen seinen Besiedlungsresten dokumentieren und erforschen. Wir wollen herausfinden, wie in den etwas mehr als 2000 Jahren vorspanischer Geschichte die Menschen hier gelebt haben, wie sich ihre Lebensweise, ihre Landwirtschaft, ihre Grabsitten entwickelt und verändert haben, wie sie sich mit der besonderen Umwelt, der extrem trockenen Wüstenzone im unteren und dem rauhen Hochgebirge im oberen Tal als Lebensraum zurechtfanden und welcher Art die Beziehungen zu den benachbarten Taloasen sowie großräumig zu dem Kulturbereich von Chincha waren. Auch Grabfunde interessieren uns natürlich, weil die den Toten beigegebene Keramik wie ein Leitfossil bei den Geologen die zeitliche Einordnung einzelner Plätze möglich macht. Allerdings: Materielle Schätze wird es hier nicht geben; alle Gräber im Tal und selbst im entlegenen Gebirge sind längst ausgeraubt worden.

Ganz unterschiedliche Fachrichtungen arbeiten bei einem solchen Projekt zusammen, wenn auch nur in kleinen Einheiten. Für größere

Forschungsgruppen wäre die Logistik in einem so extrem unwegsamen Gebiet nahezu unmöglich; die Wasserversorgung, der Nachschub, die ständige Reparatur von Geräten beschäftigen uns lange genug.

Es ist eine bunte Mannschaft: Elias, der Archäologe aus Lima, sammelt speziell Keramikfragmente, die offen herumliegen, und kommt so zu einem ersten Überblick über die zeitliche Abfolge der Siedlungen. Pepe, Architekt aus Lima, versteht sich darauf, die Stereoaufnahmen vom Luftbilddienst der peruanischen Luftwaffe in vorläufige topographische Skizzen umzusetzen. Sie müssen dann auf langen Märschen durchs Gelände verifiziert werden. Oft stellt sich dabei auf einem abgelegenen Berggipfel heraus, daß die Festungsmauer, die wir nach dem Luftbild hier angenommen haben, lediglich ein Ring großer Kakteen ist.

Für die Einzelvermessung der Ruinen sind Peter und Martin zuständig; Peter, Geodät aus Karlsruhe, bedient die Theodoliten und elektronischen Entfernungsmesser. Er berechnet für die Vermessungspunkte in den Ruinen die präzisen Koordinaten und zeichnet an langen Abenden in unserer primitiven Unterkunft die detaillierten Höhenlinienpläne. Peter muß besonders gut improvisieren können, denn immer wieder geschieht es, daß eines der empfindlichen Geräte bei den extremen Umweltbedingungen oder durch Transportschaden versagt, und dann heißt es, mit rudimentären Hilfsmitteln trotzdem genau weiterzuvermessen. Martin, Architekt aus Darmstadt, zeichnet die Grundrisse und Schnitte der Ruinen an Ort und Stelle maßstäblich auf Spezialpapier. Eine besondere Schwierigkeit ist dabei, aus den breiten Geröllfeldern eingestürzter Steinmauern den eigentlichen Mauerzug, oft nur noch an einzelnen Steinen nachweisbar, herauszufiltern. Mit Hilfe von eisernen Markiernadeln, Fluchtstangen und rotbemalten Bambuspflöcken werden die einzelnen Mauern definiert und dann eingemessen. Oft brauchen wir für eine einzige Ruine bis zu 500 solcher Pflöcke.

An besonders interessanten Siedlungsbereichen oder Grabanlagen setze ich auch Flächengrabungen an, um bauliche Einzelheiten, frühere Nutzungen oder Zusammenhänge zu klären. Das ist das Metier von Hernán, Grabungsarchäologe aus Lima, und seiner drei studentischen Mitarbeiter. Mit Pinsel und kleiner Dreieckskelle reinigt Hernán die verschiedenen Schichten; er hat einen sechsten Sinn für feinste Veränderungen des Bodens. Bald ist er über und über grau bepudert vom mehlfeinen Staub, der beim Sieben des gelockerten Materials den ganzen Tag in dichten Wolken aufsteigt, und wie ein Maulwurf kriecht er in die tiefsten Löcher, um Erdschnitte zu säubern, bevor sie maßstäblich aufgezeichnet werden. Norma, Archäologin aus Lima, hat einen eigenen Teilbereich bei der Flächengrabung. Planum für Planum zeichnet sie die früheste Keramik in Fundlage auf Millimeterpapier – Grundlage für ihre Abschlußarbeit an der Universität.

Luchito, Archäologe und Botanikspezialist, bestimmt in Lima die pflanzlichen Proben, die Reste von Nutzpflanzen, Gräsersamen und Holzfragmente, die wir bei der

Am Rand der Talaue von Toparä zu Füßen der bis zu 3500 Meter hohen Andengipfel liegen die Lehmruinen der Späten Zwischenperiode

Grabung bergen und ihm sorgfältig verpackt bringen. Daniel, Archäologe aus Nordamerika, hat die Bestimmung und statistische Auswertung der zahlreichen Fischknochen und Muschelreste übernommen. Wir können einen starken Anteil von Meeresprodukten an der Nahrung noch bis 35 Kilometer von der Küste entfernt erkennen. Und Carmen Rosa, Biologin, klassifiziert in Lima die Tierknochen, die wir ausgraben. Besondere Schwierigkeiten bereiten dabei die Unterschiede zwischen den Skelettresten von Meerschweinchen und denen von großen Fröschen, die wir häufig in unseren Schichten freilegen.

Einen ganz besonderen Fund hat Amalia, die Historikerin, schon vorher gemacht. Sie durchforschte für unser Projekt die verstaubten Archive in Lima, um historische Angaben aus der spanischen Kolonialzeit für unser Tal aufzutreiben; eine mühsame und oft frustrierende Aufgabe, weil man nie wissen kann, ob überhaupt Dokumente vorhanden sind. Amalia ist fündig geworden und zeigt uns stolz ihre Entdeckung: die bisher unbekannten Akten eines Rechtsstreits aus dem Jahr 1614, den ein Eingeborenenhäuptling gegen einen Spanier um den Grundbesitz des Tales führte. Nur Spezialisten können die mehr als hundert Seiten dieses in kompliziert verschnörkelter Kanzleischrift verfaßten Dokuments entziffern, das eine genaue Flurbeschreibung, Aufzählung der früheren Anbauarten sowie Flurnamen in der Quechua-Sprache enthält.

Noch eine weitere Kollegin aus Lima besucht uns: Sonya, physische Anthropologin. Sie wird die Menschenknochen aus den zahlreichen Gräbern untersuchen. Mehr als 120 Schädel, alle nach Herkunftsort genau definiert, habe ich später im nahen Städtchen in meinem Hotelzimmer aufgehäuft, so daß die Zimmermädchen schon gar nicht mehr zum Putzen kommen mögen. Sonya bestimmt Alter und Geschlecht der Toten, sie weist uns regionale Unterschiede der Schädeldeformtionen zwischen Küste und Hochland nach, und sie kann uns aus dem Knochenmaterial Angaben über Krankheiten und Ernährungsmängel der Menschen von damals machen. Die Schädel, eine ganze VW-Busladung, werden wir danach im Gesundheitsmuseum der Hauptstadt deponieren.

Den Reigen der wissenschaftlichen Mitarbeiter rundet Mohamed Daud ab, Afghane, Geograph mit Promotion an der Universität Bonn, der eine geomorphologische Studie des Tales ausarbeitet. Das heißt, er untersucht mit Hilfe von geologischen Karten und Luftbilden, meteorologischen Daten, von Niederschlagsmengen und Flußwasserständen, wie das Klima und die Vegetation im Wechselspiel mit der Besiedlung die Landschaft verändert haben. Dabei geht es vor allem um die gewaltigen Erosionsschübe während der zyklischen Regenkatastrophen im sonst trockenen Bereich bis 2000 Metern Höhe. Ich beginne die Landschaft plötzlich ganz neu zu sehen, wenn Daud mir auf unseren weiten Streifzügen erklärt, wie Änderungen der Strömungen im fernen Meer diese Katastrophen auslösten; warum die Küstendünen eine bestimmte Form haben – weil nämlich Trockenpflanzen, nur vom Nebel befeuchtet, ihre Gipfel befestigten; oder er schildert, wie die Schuttfächer der Seitentäler zu verschiedenen Zeiten durch Schutt- und Schlammströme aus dem Gebirge entstanden sind. Es ist fast so, als ob man einen Logenplatz bei der Schöpfung der Welt hätte, wenn der Geomorphologe erklärt, wie Landschaft entstanden ist. Was uns dabei besonders interessiert: Die alten Siedlungen waren stets von solchen gewaltigen Erdrutschen bedroht; zum Teil sind die Schlammströme sogar mitten durch große Städte geflossen – und trotzdem wurde danach an derselben Stelle wieder gebaut. Warum?

„Vivir con la crisis“, mit der Krise leben, hat es ein nordamerikanischer Forscher genannt – das Wissen der Menschen in früherer Zeit um ihre ständige Bedrohung durch Naturgewalten. Mitunter haben sie auch vorgesorgt, die Zerstörungen zu verhindern versucht. Überall im Tal, an den Steilhängen und auch in den trockenen Nebentälern, finden sich Terrassenmauern. Es sind eindeutig keine Ackerbauterrassen, sondern Erosions-Schutzbauten, besonders oberhalb von Siedlungen und Gräberfeldern.

Im Laufe unserer Untersuchungen stellen wir fest, daß etwa zwischen 900 und 1500 n. Chr. im Tal eine wahre Bevölkerungsexplosion stattgefunden haben muß. Zahlreiche regelmäßige Siedlungen am Talrand und dichte Bebauung an den Steilhängen künden davon. Aber was war die Ursache? Führte der Fluß damals mehr und regelmäßiger Wasser als heute? Und was veranlaßte den Bau der Höhenfestungen, die wir auf den Gipfeln am Taleingang zur Küsten-

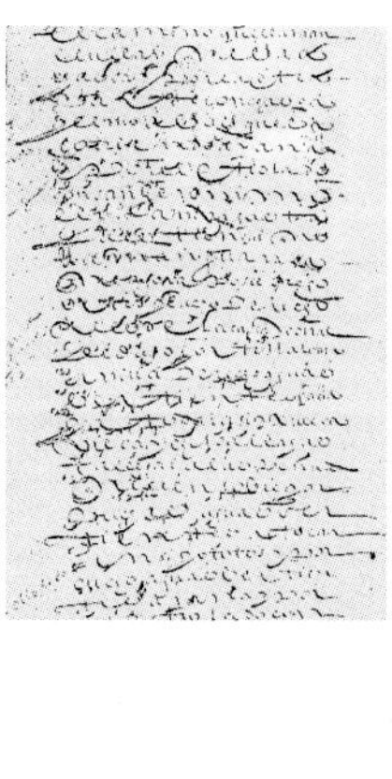

Paläographie: In der Kanzleischrift des frühen 17. Jahrhunderts ist das Gerichtsprotokoll abgefaßt, das für die Archäologen wertvolle Hinweise enthält

Wie eine Spirale windet sich der Zugang
um den Grabtempel, der längst geplündert ist. Unter den
unscheinbaren Resten fanden sich dennoch Spuren vom Leben der
früheren Talbewohner: ein Flechtkorb, ein getrockneter
Frosch, ein geopfertes Lama

wüste in 500 Metern Höhe und am obersten Talausgang im Gebirge in 3400 Metern Höhe vermessen haben? Sollten sie den Zugang zum Wasser in dem engen Flußtal sperren – oder eine Invasion vom Hochland abwehren?

Unser ältester Fund im Toparà-Tal ist eine ganz einfache kleine Siedlung auf einer riesigen Sanddüne, die aus der ebenen Küstenwüste über die ersten Berghänge hereingeweht worden ist. Im Windschatten eines steilen Felsrückens haben sich hier im Sand Hausgrundrisse erhalten, einfache Steinsetzungen, zum Teil unterirdisch angelegt. Funde von Maiskolben, Erdnüssen, Pfefferschoten sowie Angelhaken aus Kupfer und Muschelschalen deuten auf die zweigleisige Ernährung der Bewohner hin. Matten, geflochtene Körbe und Keramik mit Ritzverzierungen zeichnen das übliche Bild einer Bauern- und Fischergemeinde. Die Holzpfostenreste, fest in den mühsam freigelegten Lehmfußböden der Häuser verankert, ergeben schließlich Radiocarbondaten um 400 bis 300 v. Chr. Immerhin hatte diese kleine Siedlung auf der Düne bereits eine gemeinsame Mitte, eine aus Schutt, Abfall und Steinpackungen aufgehäufte pyramidenartige Plattform, an der sich wohl der religiöse Kult der frühen Siedler konzentrierte.

Ein ganz besonderer Fund gelang uns unerwartet unter einem Trümmerhaufen aus Feldsteinen im mittleren Tal. Zutage kam eine Kombination von Grabgelaß und Heiligtum mit einer komplizierten architektonischen Gliederung, die bisher unter allen Sakralanlagen beispiellos ist. Um eine zentrale Grabkammer mit rundem Grundriß und Kragsteingewölbe sind mehrere Rechteckbauten ineinandergestellt. Fußböden und Wände dieses Bauwerks von 18 Metern Seitenlänge trugen einst, wie Reste verraten, einen fein geglätteten Lehmverputz und waren leuchtend weiß mit Kaolinschlämme bemalt. Aus Eingängen und inneren Quermauern läßt sich ein kompliziertes Zugangsritual für dieses ganz mit einem Flachdach aus Lehm und Bambus überdeckte labyrinthische Gebäude ableiten; wer hineinwollte, mußte wie im Schneckengehäuse gegen den Uhrzeigersinn durch enge Gänge wandern, bevor er in die Grabkammer gelangte. Zwar fanden wir sie schon ausgeraubt vor, aber Hernán, unser Archäologe mit dem Maulwurfsgespür, entdeckt in Opfergruben und unter den Fußböden der Gänge noch ein rituell deponiertes Meerschweinchen, mehrere Rehgeweihe sowie ein mit Haut und Haaren erhaltenes Lama, das vor dem innersten Eingang feierlich beigesetzt war. Aus dem Schutt sieben wir dann in geduldiger Kleinarbeit noch eine Menge Informationen: Keramikfragmente, kleine Schmuckelemente aus Kupfer und Silber, Steinartefakte und bearbeitete Teile von Spondylusmuscheln.

Die bemalte Keramik gehört in den Anfang der Späten Zwischenperiode, während die winzige, fein polierte Figurine eines stehenden Mannes aus türkisartigem Stein zur Huari-Kultur des Mittleren Horizonts zählt. Sie sieht genauso aus wie jene zweimal vierzig Figurinen, die 1927 in Pikillakta entdeckt wurden. Das rätselhafte Bauwerk wurde also nicht nur einmal, sondern über längere Zeit für den Totenkult genutzt.

Von besonderer Bedeutung an diesem Ort sind die Spondylusmuscheln. Sie leben nur in den warmen Gewässern der ecuadorianischen Küste und spielten bereits während des Frühen Horizonts im Kult von Chavín eine wichtige Rolle. Nach Chroniken aus der frühen Kolonialzeit wurden sie von einer besonderen Gruppe seefahrender Händler aus Chincha vom

Jeder im Grabungsteam ist Spezialist auf einem besonderen Gebiet. Die Zusammenarbeit unter Entbehrungen und in schwierigem Gelände erfordert hohe Disziplin. – Das Figürchen aus Türkis wurde in dem Grabtempel gefunden

Guerilleros terrorisieren die Gegend um Ayacucho. Diese Frau sucht einen Angehörigen, der einfach „verschwand“

Norden her importiert. Wir müssen uns deren hochseetüchtige Frachtgefährte als große besegelte Flöße vorstellen. Eine solche schwimmende Schatztruhe wurde von Pizarros Steuermann noch im frühen 16. Jahrhundert vor der Nordküste Perus aufgebracht und beschrieben. Durch den Fund in dem Topará-Grab erhält der historische Bericht über die Chincha-Fernhändler indirekt seine archäologische Bestätigung.

In kleiner Gruppe haben wir ganz oben im Topará-Tal eine uralte Festung vermessen. Die Arbeit in der schon dünneren Luft auf einem 3300 Meter hohen Bergrücken war anstrengend und dauerte länger als geplant. Am letzten Tag gibt es nur noch Bananen und Thunfisch aus der Dose zu essen. Vor der Rückkehr an die Küste verbringen wir eine Nacht im einzigen Dorf weit und breit.

Das war unsere Expedition 1987. Seither ist der Sendero Luminoso, der „Leuchtende Pfad“ der maoistischen Guerilla-Organisation, von Ayacucho aus bis in unser Tal vorgestoßen. Ortsvorsteher wurden ermordet, die wenigen Bauern bedroht. Sie haben inzwischen ihre kargen Äcker verlassen, ihr Vieh ins Tal geführt und die Elendsquartiere am Rand der Küstenstadt Chincha vergrößert. Das einst fruchtbare Hochland fiel seither brach.

⋆

Das breite Asphaltband der Carretera Panamericana kreuzt das kleine Küstental des Río Ingenio und steigt dann in einer langen Kurve wieder an auf das Niveau der Pampa Colorada, der Roten Ebene. Wir sind etwa 420 Kilometer südlich von Lima, die nächste Ansiedlung ist die Provinzstadt Nazca. In dieser ausgedehnten, von kahlen Bergen umrahmten und von kleinen Trockentälern durchzogenen Schotterebene haben sich ungewöhnliche Zeugnisse der alten Andenkulturen erhalten. Es sind riesige schnurgerade Linien, die sich vielfach schneiden, über mehr als zehn Kilometer kreuz und quer das Gelände durchziehen und sich bis in die angrenzenden Hügel fortsetzen; außerdem gibt es hier ein Gewirr von geometrischen Zeichen, Winkeln und Spiralen sowie eine Serie geometrisch-figürlicher Tierdarstellungen. Deren Ausdehnung reicht von 15 bis 300 Metern. Wegen ihrer Größe kann man sie auf ebener Erde zunächst gar nicht wahrnehmen; sie erschließen sich dem Betrachter erst im Überblick von einem hohen Ausguck oder aus der Luft.

Das Rätsel von Nazca: Wozu dienten diese gigantischen Bilder? Wer hat sie hergestellt? Wieso blieben sie so gut erhalten? Die Gebilde haben seit vielen Jahren Gelehrte und Phantasten, Spinner und Scharlatane zu kühnen Interpretationen veranlaßt. Am weitesten in seiner Deutung ging wohl der Schweizer Phantasieautor Erich von Däniken: Er hat die Linien als Landebahnen für die Raumschiffe außerirdischer Wesen, Urzeitgründer der Andenkulturen, publizistisch vermarktet. Ein Nordamerikaner schloß aus der Tatsache, daß die Bilder vom Erdboden aus kaum wahrnehmbar sind, auf die Kenntnis von Heißluftballons schon in alter Zeit. Mit Materialien aus der Gegend baute er sich flugs einen Ballon „nach“ – und füllte mit der Geschichte ein ganzes Buch. Ein deutscher Autor hat, von einigen Kurvenüberhöhungen an den Endpunkten der Bilder angeregt, die Linien zu kultischen Rennbahnen erklärt. Wieder ein anderer Interpret schloß auf gigantische Seilerbahnen, auf denen die Fäden für magische Totentücher gesponnen wurden. Auch eine Fülle mathematisch-astronomischer Interpretationsversuche gibt es. Aber selbst aufwendige Auswertungen brachten keine eindeutigen Bezüge aller Linien mit Kalenderdaten oder markanten Auf- und Untergangspunkten von Gestirnen.

Klar ist, auf welche Weise die Linien und Bildzeichen entstanden. Sie sind angelegt worden, indem man den dunklen Schotter der Oberfläche wegräumte; so kam die helle Sandschicht darunter zum Vorschein. Die Linien sind nur schwach eingetieft und bei sehr kleinen Figuren nur etwa 16, sonst zwischen 30 Zentimeter und einem Meter breit. Die großen Geraden sind bis zu zehn Meter breit als helle, sandige Bahnen, stellenweise verbinden sie sich mit trapezförmigen Plätzen, bei denen es sich ebenfalls nur um geräumte Sandflächen handelt. Entstanden ist die Schotterebene durch die ständige Einwirkung des Seewindes, der den leichteren Sand weggeblasen hat und nur den kantigen Gesteinsschutt zurückließ. Im Lauf der Zeiten hat er durch Temperaturwechsel und Sonneneinwirkung eine dunkle, braunrote Farbe angenommen; Geologen nennen die Erscheinung Wüstenlack. Durch seine Färbung heizt sich der Schotter tagsüber auf und strahlt nachts die Wärme wieder ab. Über der Ebene steht so eine dünne Schicht heißer Luft, die den Seewind ablenkt und weitere Winderosion verhindert. So ist durch das Zusammenwirken von Natureinflüssen ein Gleichgewicht entstanden, das einmal bestehende Zustände über lange Zeiträume erhält. Reifenspuren eines Geländefahrzeugs, ja selbst Fußspuren bleiben unversehrt über Jahre erhalten. Es ist, als ob die Zeit eingefroren wäre.

Die systematische Erforschung der Erdzeichen von Nazca begann vor etwa fünfzig Jahren. Bis dahin hatte man die großen geraden Linien als vermeintliches Bewässerungssystem angesehen; erst der Archäologe Toribio Mejía Xesspe wies 1938 die Unmöglichkeit dieser Interpretation nach und schlug eine Deutung im Sinne kultisch-zeremonieller Funktionen vor. Zur selben Zeit arbeitete der Nordamerikaner Paul Kosok an einer landesweiten Studie von Bewässerungssystemen im alten Peru aufgrund von Luftaufnahmen. Er flog auch über Nazca und entdeckte dabei die vom Boden aus kaum erkennbaren stilisierten Tierbilder, zuerst einen Vogel, dann einen Affen, eine Spinne, eine Eidechse und einen Fisch, insgesamt mehr als 30 Figuren. Danach versuchte er sich mit kalendarischen Interpretationen der großen Linien.

Durch Kosoks Entdeckung geriet auch eine bemerkenswerte Frau in den Bann der Wüstenzeichen: die deutsche Mathematiklehrerin Maria Reiche. Seit 1946 hielt sie sich dort ständig auf und widmete ihr Leben ganz der Erforschung der Schotterebene. 1966 habe ich sie erstmals besucht. Unter höchst primitiven Bedingungen hauste die wackere Hobbyforscherin damals in einer Lehmhütte unterhalb der Pampa Colorada im Tal des Río Ingenio. Aus einem trüben Tümpel holte sie ihr Trinkwasser und ernährte sich ausschließlich von Haferflocken, Nüssen und grünem Salat. Von der Sonne völlig ausgebleichtes Haar, dunkelgegerbte Haut und eingefallene Wangen über hervorstehenden Backenknochen – so hatte sie nach der jahrelangen Arbeit in der Wüste inzwischen selbst das Aussehen einer vorspanischen Mumie angenommen.

Wir verbringen einen langen Abend über ihren Berechnungen und Plänen in ihrer Bruchbude im Tal, dann geht es, mit Meßgeräten, Leiter und einem Besen bepackt, in stockfinsterer Nacht den felsigen Steilhang hinauf bis zum Rand der großen Schotterebene.

Viel früher als erwartet kündet ein heller Schein am Horizont die Sonne an. Nun werden mit dem Kompaß Sonnenaufgangspunkt und einzelne Bereiche der Linien angepeilt. Schon nach gut einer

hnurgerade Linien
ehen sich kilometerlang
er die Pampa. Zusam-
en mit figürlichen
rstellungen, vor allem
n Tieren, bilden sie
n kompliziertes Netz-
rk. Jahrzehntelang
kundete Maria Reiche die
dzeichen von Nazca –
ch per Flugzeug

Stunde hat sich die blauviolett schimmernde Ebene in der Helligkeit der schnell steigenden Tropensonne zu einer blendenden, grauflimmernden, staubigen Steinwüste verwandelt.

Von der Leiter aus fotografiert meine Begleiterin Details eines großen Vogelbildes, nachdem sie mit Besen und Kehrschaufel leicht sandverwehte Züge der Zeichnung gereinigt hat. Gegen Mittag wird die Gluthitze im Sonnenglast für eine Weiterarbeit unerträglich. Wir ziehen uns ins Tal zurück.

Durch ihre systematische Dokumentation der Bilder und ihren jahrzehntelangen Kampf um deren Schutz vor wandalistischen Besuchern und ihre Erhaltung hat sich Maria Reiche große Verdienste erworben. Unter abenteuerlichen Umständen hat sie auch aus der Luft fotografiert. Gern erzählt sie, wie sie sich deshalb sogar unter dem Bauch eines Militärhubschraubers festschnallen ließ.

Sicherlich trägt die in Dresden geborene Mathematikerin eine professionelle Brille. Sie interpretiert alle jene Zeichen in der Wüste astronomisch-kalendarisch und versucht, daraus ein allgemeingültiges Meßsystem mit Bezügen zu bestimmten Sternkonstellationen nachzuweisen. Damit konnte sie sich jedoch in der internationalen Forschung nicht durchsetzen.

Als ich die große alte Dame, respektable Außenseiterin unserer Wissenschaft, 1979 mit einer offiziellen Delegation in Nazca wiedertraf und mit ihr im Regierungshubschrauber einen Rundflug über die große Ebene machte, war sie hochbetagt und halb erblindet, aber immer noch vom Geheimnis der Wüstenzeichen besessen. Wie

Die Scharrbilder in der Schotterwüste – hier „Killerwal", Affe mit Spiralschwanz und Kolibri – stehen ikonographisch der Kunst der Nazca-Kultur nahe

eine Heilige verehrt, hat ihr die Stadt Nazca bereits zu Lebzeiten ein Denkmal errichtet und eine Straße nach ihr benannt.

Phantasten, Außenseiter, Leute vom Fach: Zu welcher Zeit die rätselhaften Linien entstanden sind, ist indirekt zu fixieren. Auf der Schotterebene wurden unmittelbar neben den Erdzeichen bemalte bunte Tonscherben gefunden, die in die Frühe Zwischenperiode, die Zeit der Nazca-Kultur mit ihrer besonders farbenprächtigen Keramik, gehören. Auch ich habe während meines ersten Besuchs solche Bruchteile aufgelesen. Zwischen den geometrischen Tierbildern in der Wüste und den Darstellungen in der Nazca-Kunst – Gefäßen in Tiergestalt und gemalten Tieren auf Gefäßen – ergeben sich stilistisch erstaunliche Parallelen, so daß eine Einordnung der Wüstenbilder etwa in die Zeit von 200 v. Chr. bis 540 n. Chr. erlaubt ist. Diese keramische und ikonographische Datierung wird gestützt durch Radiocarbon-Untersuchungen an Holzpflöcken, die an den Enden der Linien und Zeichen im Boden gefunden wurden und mit großer Wahrscheinlichkeit zum Anlegen der Linien eingeschlagen worden sind – Ausgangs- und Zielpunkte.

Eine endgültige Auskunft über den Zweck der Bilder und Linien gibt es bisher nicht. Zu wenig wissen wir über das tägliche Leben und die Religionsvorstellungen der Menschen der Nazca-Kultur, die am Rande der Tal-Oasen unterhalb der großen Schotterebene ihre Felder bestellten und dabei auch ausgeklügelte Bewässerungstechniken – zum Teil mit unterirdischen Kanälen – entwickelten.

Eine neue Interpretation der Zeichen von Nazca, die aus der Sackgasse der ausschließlich kalendarisch-astronomischen Deutungen hinausführt, gibt der Nordamerikaner Johan Reinhard. Er beobachtete, daß viele der sehr langen, geraden Linien an erhöhten Punkten zusammenlaufen und andere wiederum auf Geländemarken und Bergkuppen der nahen Anden hinweisen. Diese Gipfel bringt er mit einem Fruchtbarkeits- und Regenkult der Küstenbewohner von einst in Verbindung. An erhöhten heiligen Stätten wurden Opfer dargebracht, um überirdische Mächte günstig zu stimmen, Ernten zu sichern und vor allem das Einsetzen der Regenzeit zu erbitten. Solche Heiligtümer sind aus alten Chroniken und auch archäologisch belegt; für den Segen des Regens wurden sogar noch in der Inkazeit Kinder auf Berggipfeln geopfert. Reinhard berichtet, daß selbst heute noch in der Gegend von Nazca auf dem Cerro Blanco die Landbewohner bei drohender Trockenzeit Opfergaben als Regenzauber deponieren. Eine solche Interpretation paßt viel eher zu den in magischen Vorstellungen von höheren Naturgewalten verhafteten vorspani-

Die ungewöhnlich lebensfrische Darstellung eines jungen Nazca-Adligen im Burnus auf einem nur zwölf Zentimeter hohen Gefäß wirkt wie ein persönliches Porträt

Verstreute Mumienteile zeugen von ehedem dichter Besiedlung der Wüstentäler um Nazca ebenso wie künstlerische Hinterlassenschaften: Gefäß mit Trophäenkopf; fressende Vögel als Textilmalerei

schen Bewohnern des Andenraumes als die viel zu sehr auf europäisch-naturwissenschaftliche Exaktheit pochenden astronomischen und kalendarischen Deutungen jener merkwürdigen Gebilde.

Die Wüstenbilder von Nazca sind durchaus kein Einzelfall. Auf der Halbinsel Paracas, in einigen Tälern der peruanischen Nordküste und im nördlichen Chile bei Arica sowie in der Wüste von Atacama gibt es ähnliche Linien und Tierdarstellungen. Die Bilder landeinwärts von Arica sind aus dunklen Steinen auf dem hellen Sanduntergrund eines kahlen Wüstenabhangs ausgelegt, also gerade im umgekehrten Verfahren wie die von Nazca. Lamas sind dort dargestellt, große und kleine, eine ganze Herde. Es ist möglich, daß diese Tierdarstellungen von Arica, die man im Gegensatz zu denen von Nazca auch ohne erhöhten Standpunkt ganz gut erkennen kann, nicht nur als Zeichen für überirdische Mächte gedacht waren, sondern auch eine ganz praktische Funktion hatten – etwa Landmarken in der recht orientierungslosen Wüstenlandschaft.

In Arica wurde auch ein aufsehenerregender Fund gemacht, der ein besonderes Licht wirft auf die Bedeutung des Totenkults schon in alter Zeit. Davon kündeten ja bereits die prunkvollen Gräber aus Paracas an der peruanischen Südküste. Arica ist eine kleine Hafenstadt ganz im Norden Chiles. An den sandigen Ausläufern eines zum Zentrum hin abfallenden Hügels und in der anschließenden Ebene von Chinchorro hatte zu Beginn unseres Jahrhunderts Max Uhle gegraben und dabei Mumien von ungewöhnlicher Ausstattung mit Lehmmasken entdeckt, deren Träger er 1919 als früheste Siedler dieser Region beschrieb.

Erneut ins Licht der archäologischen Forschung kamen die Mumien von Chinchorro, als Anfang der achtziger Jahre die Wasserwerke von Arica am Stadtrand einen Graben für Rohre aushoben. Abermals stieß man auf solche durch Uhle schon bekannten Toten mit den Lehmgesichtern. Während der systematischen Ausgrabung dieses Friedhofs wurden insgesamt 96 Mumien geborgen – Männer, Frauen und Kinder. Sie lagen ausgestreckt und von spärlichen Beigaben umgeben auf Schilfmatten. Einige waren mit einem Lamafell oder mit Pelikanbalgen zugedeckt. Vor 7000 bis 4000 Jahren hatten diese Jäger und Fischer hier am Fuß von El Morro gesiedelt; Keramik kannten sie noch nicht. Aber ihre Toten waren mit einem ungeheuer komplizierten Ritual auf das Jenseits vorbereitet worden, wie die genaue Analyse ergab.

Frauenmumie von Chinchorro im Lehmmantel auf Schilfmatte

Wir erschauern vor Ehrfurcht, wenn wir in unseren Schulbüchern lesen, wie kunstvoll im alten Ägypten die Toten für ein ewiges Leben mumifiziert wurden. Nicht weniger aufwendig im alten Amerika! Hier wurde der Leiche regelrecht die Haut abgezogen, dann Fleisch und Eingeweide, auch das Gehirn entfernt. Danach versteifte man das Skelett mit Stäben und fixierte es mit Schnüren. Dann wurde der Körperumriß mit Wolle und Pflanzenfasern ausgestopft und schließlich die im Rauch bei kleinem Feuer getrocknete Haut wieder übergezogen und sorgfältig vernäht. Diese ausgestopfte und naturgetreu nachmodellierte „Menschenpuppe" wurde dann rot oder schwarz bemalt, bekam ein fein modelliertes Gesicht aus hellem und dunklem Lehm, aus demselben Material modellierte Genitalien sowie eine kunstvolle Perücke.

Die Mumien von Arica gehören zu den ältesten erhaltenen in der Welt. Im Totenritual dieser einfachen Fischer- und Sammlergesellschaft aus dem chilenischen Norden zeigt sich schon vor dem eigentlichen Beginn der andinen Hochkulturen die intensive Beschäftigung des Menschen mit dem Jenseits. Bereits hier wird das Motiv des Überlebens durch dauerhafte Ausstattung der Toten sichtbar, das uns auch später in so zahlreichen Varianten begegnet.

Das Imperium in den Ander

War es ein Sozialstaat nach frühkommunistischen Idealen – oder ein totalitäres Sklavenhaltersystem? Europäische Maßstäbe versagen bei der Beurteilung des Inka-Reiches. Und einzigartig in der Weltgeschichte sind auch dessen Aufstieg und Fall. Weniger als ein Jahrhundert brauchten die gottgleichen Herrscher, um ihr Imperium über mehr als 4000 Kilometer von Nord nach Süd zu errichten – mit trutzigen Festungen, planvollen Städten und gepflasterten Heerstraßen. In einem knappen Vierteljahrhundert gelang es einer Handvoll schlecht ausgerüsteter Abenteurer, dieses Großreich mit seinen acht Millionen Menschen zu unterwerfen. Die Suche nach der sagenumwobenen Fluchtburg des letzten Inka in den Urwäldern unter den Andengipfeln dauert an

Bollwerk zur Verteidigung, gigantisches Vorratslager, vor allem aber Propagandabau für die Allmacht des inkaischen Reiches: die Festung Saksahuamán oberhalb der Hauptstadt Cuzco mit ihrem dreifachen zickzackförmigen Mauerring aus zyklopischen Blöcken

Bis in die Steilhänge der Berge im Umland von Cuzco ließen die Inka durch kunstvolle Terrassenbauten allen Boden nutzbar machen, um ausreichend Mais als dauerhaften Vorrat für ihre Armeen anpflanzen zu können

Unter der brennenden Hochlandsonne wurde schon zu alter Zeit in gestaffelten Verdunstungsbecken das lebenswichtige Salz gewonnen – hier eine Saline bei Maras unweit der Inka-Siedlung Pisac

An den Nebelhängen der östlichen Anden hoch über dem Río Urubamba ließen die Inka als planvolle Bergstadt Machu Picchu anlegen – abgerungen der extremen Topographie und ausgeführt in der handwerklichen Perfektion ihrer Architektur

Quechua-Hochzeit in Chinchero bei Cuzco. Trotz der modernen Kleidung und des freudigen Anlasses spricht aus den Gesichtern der Hochlandbauern die entbehrungsvolle Härte des Alltags, die das Leben ihres Volkes seit Jahrhunderten prägt

Coca-Cola

Um ihr Reich zu erobern, mußten die Inka erst die urwüchsige Wildnis bezwingen. In Hochgebirge und Nebelwald entstand eine ganze Kette von Siedlungen, zugänglich allein auf Treppenwegen, die über die Bergsättel führten

Gefangene Jungfrauen, Blumenvögel, Federfächer und ein thronender Fürst: So stellte man sich in europäischer Malweise während der Kolonialzeit das Leben am Hof der Inka vor – Harzmalerei auf einem Kero, dem hölzernen Zeremonialbecher inkaischer Tradition, 16. Jahrhundert

Eine enge gepflasterte Gasse – auf beiden Seiten leicht geneigte Quaderwände, ein Steinblock neben dem anderen, die Fugen ohne jeden Mörtel so schmal, daß nicht einmal eine Messerspitze in die Ritzen paßt: Inka-Mauerwerk in Cuzco, der alten Hauptstadt des riesigen Reiches.

Nur zwei Häuserblocks durch die steinernen Inka-Gassen sind es bis zum großen Hauptplatz, wo die Türme der Kathedrale aufragen, umgeben von Laubengängen mit Steinsäulen und Arkaden in riesigem Geviert. Dies ist der Ort, wo Francisco Pizarro im März 1534 auf den monumentalen Resten der alten inkaischen Hauptstadt das koloniale Cuzco gegründet hat.

Mit Bedacht errichteten die spanischen Eroberer ihre Klöster und Paläste über den unzerstörbaren Mauern wichtiger inkaischer Bauten, um so den völligen Bruch mit der alten Kultur, um ihr gewaltsames Ende zu dokumentieren. Pizarro selbst nennt im Gründungsprotokoll einen ganz nüchternen Aspekt für seine Wahl: daß hier durch den Abbruch der alten Bauten leicht Mauerquader und große Balken als Material für die neuen Paläste gewonnen werden konnten. So gibt es heute also kein einziges vollständig erhaltenes inkaisches Gebäude mehr; im Zentrum jedoch blieben die soliden Grundmauern der alten Häuserblocks als willkommene Sockel für spanischen Neubau erhalten. Außerdem existieren noch zahlreiche inkaische Terrassenmauern, die das leicht abfallende Areal in ebene Stufen gliederten, sowie Reste der Kanalisation, deren Mauern zwei Bäche in der Stadt einfassen.

Alte Dokumente verhelfen uns zu einem recht deutlichen Bild von der ursprünglichen Hauptstadt – die Berichte der spanischen Chronisten, die die Stadt noch in voller Funktion erlebten. Pizarro hatte sie im November 1533 ohne große Kampfhandlungen eingenommen. Zwar waren Tempel und Paläste schnell ausgeraubt, aber der Großteil der Bauten blieb stehen. Zerstört wurde das alte Cuzco erst zwei Jahre später beim Aufstand des von den Spaniern als Marionettenfürst eingesetzten Inka Manco II. In den erbitterten Straßenkämpfen gingen dabei die meisten Gebäude mit ihren hölzernen Dachstühlen und grasgedeckten Giebeldächern in Flammen auf. Manco Inka floh in die Wildnis der Berge.

Cuzco, im mittleren peruanischen Hochland in 3400 Metern Höhe in einem von Andenketten umgebenen Tal gelegen, war bereits lange eine bescheidene ältere Siedlung gewesen, als der Inka Pachacutec auf ihren Grundfesten in der Mitte des 15. Jahrhunderts eine völlige Neuschöpfung errichtete. Das Kerngebiet war ein schmaler Streifen Land zwischen den beiden kanalisierten Bächen am flachen Abhang einer Bergkuppe, auf deren Gipfel eine gewaltige Festung mit dreifachem Mauerring die Stadt schützte. Cuzco war Zentrum des Tawantinsuyu, des Reiches der „vier zusammengehörenden Regionen", dessen Ausdehnung weithin über die Anden die letzte archäologische Epoche des alten Südamerika, den Späten Horizont, umfaßte. Das gigantische Bauprogramm Pachacutecs wurde schließlich unter seinem Nachfolger Tupac Inka (1471–1493) fortgeführt und vollendet.

Deutlich sichtbar waren die Symbole Cuzcos als Regierungszentrale und religiöser Mittelpunkt dieses straff organisierten Staates. Je eine Straße führte aus den vier Reichsteilen in die Metropole, und vier Quartiere der Stadt waren der Bevölkerung aus den entsprechenden Regionen des Landes zugeordnet. Cuzco war so das steinerne Sinnbild eines Imperiums, dessen Menschen jedoch in der Mehrzahl nicht in städtischer Massierung, sondern in bäuerlich gebliebenen Streusiedlungen lebten.

Der Stadtumriß war symbolisch in Form eines Puma angelegt, als Kopf die große Festung, als Körper der spitz zulaufende Bereich der Unterstadt. Dazu schreibt der Chronist Juan de Betanzos: „Nachdem der Inka in der erwähnten Weise die Stadt eingeteilt hatte, gab er allen Plätzen und Grundstücken Namen, und die ganze Stadt zusammen nannte er Puma-Körper, und er sagte, die Bürger und Bewohner seien Teil dieses Puma und er selbst sei dessen Kopf."

Noch ein weiteres Symbol prägte dieses komplizierte Stadtgebilde, ausgedrückt durch die Straßenführung und kalendarisch interpretiert. Die Teilung der Stadt durch die vier Reichsstraßen in Quartiere wurde durch weitere vom Zentrum ausgehende Straßen fortgesetzt, so daß imaginäre Linien, sogenannte *Ceques,* weit in die umgebende Landschaft ausstrahlen und dort an besondere Fixpunkte, etwa Berggipfel oder heilige Stätten, angeknüpft sind. So entstanden Bezüge zur Umgebung, wie sie bereits im Gewirr der großen Linien in der

Wüste von Nazca sichtbar wurden. Diese Ceques waren mit jahreszeitlichen Ritualen und Festen verbunden, Stadt und Umland, Straßen und Naturheiligtümer waren so in einem kalendarisch-kultischen Ablauf aufeinander bezogen.

Grundelement der Stadt selbst sind von hohen Steinmauern umschlossene Straßenblöcke mit jeweils nur einem Zugang. Innen lehnten sich langgestreckte Giebeldachhäuser an die Außenmauern. Sie umrahmten einen oder mehrere Innenhöfe und standen einzeln, aus dickem Steinmauerwerk

Leben in der Ruine eines spanischen Adelssitzes von Cuzco, das 1986 durch ein Erdbeben erschüttert wurde. Sicheren Stand hatten lediglich Bauten wie das Erzbischofspalais, dessen Lehmziegelmauern auf den soliden Quadern des Palastes von Inka Roca fußen. Steinmetze bei ihrer Arbeit zeigt die Miniatur, die von besonderer Herkunft ist. Sie stammt – wie alle anderen auf den folgenden Seiten – aus der Bilderchronik des Quechua-Indianers Felipe Guamán Poma de Ayala, der kurz nach 1600 alle Bereiche des inkaischen Lebens aufzeichnete. Die Handschrift, erst 1908 wiederentdeckt, stellt die wichtigste Bildquelle zum Inkareich dar

gefügt. Die steilen Dächer waren mit Hochlandgras gedeckt. Die Gevierte im Zentrum der Stadt waren jeweils Residenz-, Verwaltungs-, Kult-, Vorrats- oder Begräbniseinheit für einen einzelnen Angehörigen des Hochadels und seinen Klan, seine *Panaca.*

Da die Paläste und ihre Latifundien nicht auf Nachfolger übertragen, sondern von derselben Familie im Dienste des Totenkultes weitergeführt wurden, mußten für neue Herrscher jeweils neue Palastanlagen errichtet werden. Darüber hinaus gab es Baublöcke für die aus dem ganzen Reich zusammengeholten ausgewählten Frauen, die als Adelskonkubinen dienten und sich auf die Herstellung allerfeinster Luxus-Textilien verstanden. Der Rest des Zentrums war vorbehalten für Kunsthandwerker, insbesondere Goldschmiede, und für die adeligen Delegationen aus den Provinzen sowie für Häuptlinge eroberter Gebiete, die hier als fürstliche Geiseln den inneren Frieden zu garantieren hatten.

Selbst die Tempel unterschieden sich nicht von der Blockbauweise der profanen Giebelhäuser. Coricancha, der „Goldhof", als wichtigster Tempel dem Sonnengott geweiht, bildete eine eingeschossige Anlage, um einen Rechteckhof gruppiert. Außer präziser Steintechnik zeichnete diesen Bau vor allem ein reicher Goldschmuck in den Räumen aus. Die Eroberer berichten von ganzen Friesen aus Goldblech und von einem „Goldgarten", in dem lebensgroß Pflanzen und Tiere dargestellt waren. Auf die Sockel dieses wichtigsten inkaischen Heiligtums hatten die spanischen Eroberer Kirche und Kloster von Santo Domingo gesetzt; im Rahmen eines Unesco-Archäologieprojekts wurden die Überreste des Inka-Tempels wieder freigelegt. Einige der Trapeznischen, die dabei zum Vorschein kamen, weisen an den Kanten regelmäßig feine Durchbohrungen auf: Hinweis auf die Verankerung von Goldschmuck.

Als oberste Instanz aller Welten wurde der Schöpfer Viracocha im

Inka-Reich bald in den Hintergrund gedrängt vom Gott im Zeichen der Sonne. Dessen direkter Abkomme, der jeweils regierende Inka, genoß himmlische Verehrung. Einen reinen Monotheismus gab es jedoch nicht; einer ganzen Reihe weiterer Gottheiten wurde im inkaischen Reich gehuldigt. Ein herausragender Kult galt der Ahnenverehrung: An regelmäßigen Festtagen wurden die Mumien der Herrscher neu eingekleidet, rituell mit Speisen versehen und dann in feierlicher Prozession durch die Stadt getragen.

Öffentlicher Bereich im Zentrum der Stadt war ein riesiger, mehr als sechshundert Meter langer Platz in Form zweier Trapeze, von einem kanalisierten Bachlauf getrennt. Der kleinere Teil, Haucaypata, war dem Herrscher und dem Hochadel vorbehalten, während der leicht ansteigende größere Teil, Cusipata, durch Terrassen abgetreppt, für die Volksmassen bestimmt war. Von den Chronisten erwähnt wird ein riesiges Versammlungsgebäude am Rande des Hauptplatzes, etwa 200 Schritt lang und 50 Schritt breit, in dem bei Regenwetter Feste abgehalten wurden – eine Giebelhalle mit Dachstuhl und einer Deckung aus Gras.

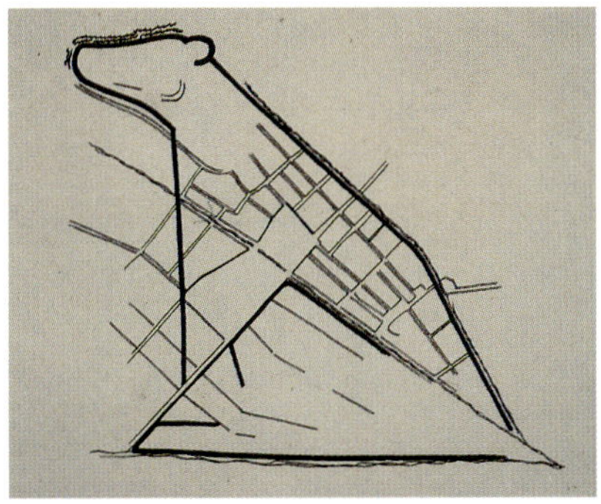

⋆

Am Wegrand sitzt ein blinder Bettler; der alte Mann mit dem geflickten braunen Poncho und den schrundigen nackten Füßen in Sandalen aus Autoreifen spielt auf einer kleinen Harfe aus rohem Holz, wie sie hier im Hochland für die schwermütige indianische Musik typisch ist.

Durch die engen Gassen bin ich einen steilen Treppenpfad hinaufgestiegen zur Festung Saksahuamán. Von hier bietet sich ein weiter

In den freigelegten Nischen des Sonnentempels, auf dessen gekurvter Außenwand das Kloster Santo Domingo errichtet wurde, kamen noch die Löcher zutage, in denen einst der Schmuck aus Goldblech befestigt war. Mitten im Puma-Umriß des inkaischen Cuzco liegt der Hauptplatz, der zur Kolonialzeit verkleinert wurde. Auf der Miniatur ist das ursprüngliche Areal zu sehen

Blick über die koloniale Stadt. Über ein grasbewachsenes Vorfeld schreite ich auf die dreifach gestufte, im Zickzack geführte äußere Festungsmauer von Saksahuamán zu. Man muß sich direkt davorstellen, um die zyklopischen Dimensionen zu erfassen. Die Eckblöcke der vorspringenden Sägezahnmauer sind bis zu fünf Meter hoch, polygonal und absolut dicht gefügt. Außen wurden die Steine gut geglättet und kissenartig leicht vorgewölbt. Es gibt einzelne Blöcke, deren Gewicht auf mehr als zweihundert Tonnen berechnet wird. Das Zurichten und das Glätten solcher Blöcke nur mit Hilfe steinerner Werkzeuge sind genauso bewundernswert wie das Zusammenfügen der Mauer und der Transport der gigantischen Last über weite Strecken bei großen Höhenunterschieden. Diese Meisterleistung vollbrachten die Inka-Ingenieure mit Hilfe hölzerner Rollen. Bis zu tausend Arbeiter zogen einst an den dicken Stricken, um einen einzigen dieser Monolithen über angeschüttete Erdrampen an seinen endgültigen Platz zu bewegen. Einige Blöcke blieben, aus welchen Gründen auch immer, unterwegs liegen – „müde Steine" werden sie genannt. Andere heißen in einer Bilderchronik „blutweinende Steine", weil sie beim Transport unzählige Arbeiter in den Tod gerissen haben.

Durch eine der schmalen Ausfallpforten steige ich auf mehrfach abgewinkelten Treppengängen zwischen den beiden weiteren Mauerringen ins Innere der Festung hinauf. Hier haben die Spanier seit dem 16. Jahrhundert alles irgendwie transportable Baumaterial für die Kirchen in Cuzco weggeschleppt. Stehengeblieben sind lediglich die gigantischen Außenmauern und die Fundamente auf dem obersten Höhenrücken. Zu erkennen sind auch die Sockel eines großen Rundbaus, der einst wie ein Turm die Festungsmitte beherrschte.

Die neuere archäologische Forschung macht immer deutlicher, daß der dreifache Mauerring von Saksahuamán nicht allein der Verteidigung der Stadt diente; daneben galt er wohl vor allem dem Schutz der dort aufgehäuften Vorräte und Schätze – also mehr Lagerhaus als Stadtburg. Der Chronist Pedro Sancho de la Hoz beschrieb es anschaulich: „Die ganze Festung war ein Depot von Waffen, Keulen, Lanzen, Schleudern, Äxten, Schilden, baumwollgepolsterten Kampfwesten und anderen Waffen aller Arten und Kleidung für die Soldaten, die dort aus allen Teilen des von den Herrschern

Cuzcos regierten Reiches zusammengezogen waren".

Man muß sich also diese inkaische Stadt mit ihrer gewaltigen Vorrats-Festung als das steingewordene Symbol eines Großreiches vorstellen, als eine Verwaltungszentrale, in der den Riten, dem Totenkult der Herrscher, der Verehrung des gottähnlichen Sonnenkönigs und der Aufhäufung von Schätzen und Kriegsmaterial weit mehr Gewicht zukam als der Existenz einer ständigen städtischen Bevölkerung.

Die Menschen, die die umfangreichen Bauarbeiten in der Hauptstadt ausführten, den periodischen Kriegsdienst an den sich immer weiter ausdehnenden Landesgrenzen versahen, Straßen und Brükken unterhielten und die Kronländereien der Inka sowie das Ackerland der Tempel bestellten, waren Zwangsverpflichtete, *Mitayos*, die periodisch aus allen Teilen des

Klänge aus ferner Zeit. Vor dem Präzisionsmauerwerk eines Inka-Palastes spielt ein Blinder alte Waisen. Zum Touristenspektakel geriet, was einst auf dem riesigen Platz vor der Festung Saksahuamān mit Massenaufmärschen zelebriert wurde: Inti Raymi – die Sommersonnenwende. Die Miniatur zeigt indianische Musikanten

Reiches zusammengeholt wurden. Diese Form der Fronarbeit für den Staat, die *Mita,* war der eigentliche Motor des inkaischen Staatssystems. Die in Stammesgruppen zusammengefaßten Arbeiter wohnten natürlich nicht im monumentalen steinernen Cuzco, sondern außerhalb; sie waren vom Zentrum durch einen Gürtel bebauten Ackerlandes getrennt. Noch weiter entfernt, im Huatanay-Tal, gab es außerdem eine große Zahl bäuerlicher Streusiedlungen zur Versorgung des urbanen Gebildes mit landwirtschaftlichen Produkten.

Die Chronistenangaben zur Einwohnerzahl und die Hochrechnungen der archäologischen Forschung schwanken beträchtlich. Neuerdings schätzt man, daß im Zentrum von Cuzco etwa 20 000 Menschen lebten, an der Peripherie 50 000 und in den Streusiedlungen weitere 50 000 bis 80 000. Cuzco war also Residenz und Zeremonialzentrum – aber eben nicht eine dichtbesiedelte Großstadt mit vielen ständig dort niedergelassenen Bürgern, im Gegensatz zu vielen anderen Großsiedlungen der andinen Kulturen.

Die monumentale Architektur des Reiches von Cuzco drückt sich unter anderem aus in einer außergewöhnlich hohen Steinmetzkunst beim Mauerbau und in sich wiederholenden Bauformen, vor allem trapezförmigen und mehrfach abgestuften Nischen und Türen, die in den Staatsbauten wie ein Leitmotiv wiederkehren. Auf die spanischen Eroberer hat die Inka-Hauptstadt einen tiefen Eindruck gemacht; der Chronist Pedro Cieza de León etwa schreibt: „Und keine Stadt des Imperiums hatte einen so vorzüglichen Stadtplan wie Cuzco, die Hauptstadt des Reiches und Sitz des Herrschers. Im Vergleich dazu sind die übrigen Provinzen Amerikas Dörfer. Sie haben keine vergleichbare Stadtplanung, Stadtgestalt noch politische Bedeutung. Cuzco hatte als Stadt großen Stil und Qualität; es war gegründet von wichtigen Herrschern."

Ich stehe auf einem Holzbalkon über dem Hauptplatz von Cuzco. Links die Steinmasse der Kathedrale mit den Doppeltürmen, genau gegenüber das filigrane Portal der Jesuitenkirche mit ihren barocken Säulen und Gesimsen. Das klare Hochgebirgslicht spielt mit den Formen und läßt die Steinarchitektur rosa aufglühen vor den stumpfen braunen Gebirgshängen.

Heute ist der erste Tag des Corpus Christi, des dreitägigen Fronleichnamfestes – wichtigstes Ereignis im Jahreslauf der Stadt. Seit dem frühen Morgen schon sind Massen von Menschen auf den Beinen: Sie begleiten die Heiligenfiguren der einzelnen Pfarrkirchen zur Kathedrale. Feierlich marschiert eine Musikkapelle voraus, die Trompeten blitzen und die Trommeln dröhnen; es folgen die Würdenträger des jeweiligen indianischen Viertels, die Dorfältesten mit ihren silberbeschlagenen Amtsstäben, und dann kommt der Namenspatron der Pfarrei selbst. Als lebensgroße geschnitzte und farbig bemalte Barockfigur, in wertvollen goldbestickten Gewändern, schwebt er hoch über einem gewaltigen Altaraufbau von vergoldeten Schnitzereien, Silberbeschlägen und Blumen. Die Träger, gefolgt von der ganzen Schar der Gläubigen mit ihren dunklen Indianergesichtern unter tiefschwarzem Haar, schwanken schwitzend unter den tonnenschweren Podesten und bewegen sich dabei ganz langsam im Rhythmus der Musik hin und her. Die Tragaltäre sind so hoch, daß der Zug immer wieder anhalten muß. Mit Stangen drücken Gehilfen die tiefhängenden Stromkabel über der Straße nach oben; eine Glocke klingelt, und die Träger fallen erneut in ihren Wiegeschritt. Der Heilige zieht weiter.

Fronleichnam um 1675. Der Indianer-Kazike trägt Inka-Krone, Sonnenscheibe und spanische Spitzenärmel

Gegen Mittag schließlich vereinigen sich auf dem Hauptplatz alle Gruppen und ziehen dann über die große Freitreppe durch das Hauptportal in das Dämmerlicht der Kathedrale ein. Die Musik der Indianerkapellen, das Krachen der Feuerwerkskörper, die Schläge der Glocken; der Weihrauchdunst und der Gestank der Garküchen, in denen entlang der Straßen Meerschweinchen, Hühner und Maiskolben als Festmahl geröstet werden, verschmelzen zu einem Delirium der Festtagsfreude: Corpus Christi in Cuzco.

Die Aufteilung der Indianerviertel mit ihren Pfarrkirchen hat eine lange Tradition und geht teilweise noch auf die Handwerker-

und Arbeitersiedlungen um das Cuzco der Inka zurück. Die koloniale Stadt der Spanier konnte ohne die Arbeitskraft der umwohnenden Indianer nicht existieren. Die Politik der kasernierten Zwangsansiedlung war im letzten Drittel des 16. Jahrhunderts wichtigstes Instrument der spanischen Kolonisierung und betraf vor allem die in ländlichen Streugehöften lebende ackerbauende Bevölkerung, die nun in dicht beieinanderliegenden Hütten um eine Pfarrkirche hausen mußte und so besser zum Frondienst gezwungen werden konnte. Ein Rechtfertigungsschreiben des peruanischen Vizekönigs Francisco de Toledo an Kaiser Karl V. sagt es offen: „... Da es nicht möglich war, die Indios im christlichen Glauben zu unterweisen und sie dazu zu bringen, eine geordnete Lebensweise anzunehmen, ohne sie aus ihren Schlupfwinkeln zu holen, wurde veranlaßt, sie in Dörfer und Gemeinden zu bringen. An den Orten, wo man sie ansiedelte, legte man wie in den Stadtgründungen der Spanier rechtwinklig sich kreuzende Straßen an; die zur Straße führenden Ausgänge waren ohne Türen, damit die Polizei und die Priester freien Einblick hatten ..."

Spaniern war es strengstens verboten, in diesen Indianervierteln zu leben. Der Grund für diese rigorose Apartheitspolitik waren anfangs Sicherheitsüberlegungen, später auch moralische Gesichtspunkte: Die Behörden wollten vermeiden, daß das lasterhafte Leben der Mestizen und Spanier auf die Indianer übergriff.

Eine solche Teilung des städtischen Lebens in zwei Bereiche, den der Ausbeuter und den der

Ungebrochene Tradition der Prozessionen: Andächtig ziehen die Träger der Heiligenfigur einer Indianerpfarrei durch Cuzco. Auf der Miniatur huldigen ihre Vorfahren einer Inka-Mumie in festlichem Umzug

Ausgebeuteten, führte während der mehr als dreihundertjährigen Kolonialgeschichte zu einem verhängnisvollen gesellschaftlichen Dualismus, der sich bis heute auswirkt. Immer noch spricht man in den Anden von *dos republicas*, den zwei Republiken – der weißen und der indianischen.

Zu den großen religiösen Festen vereinigten sich jedoch die sonst getrennten Bewohner auf dem Hauptplatz als grandioser Bühne der Selbstdarstellung. Da konnte auch der zur politischen Bedeutungslosigkeit herabgesunkene inkaische Adel sich durch prachtvolle Aufzüge in Prunkkleidern nach spanischer Mode zeigen, wie wir es in der Malerei Cuzcos aus dem 17. Jahrhundert glanzvoll wiedergegeben finden. Bei den Corpus-Christi-Festen gab es zu jener Zeit aber auch immer wieder blutige Zusammenstöße zwischen beiden Bevölkerungsgruppen. Die Ratsakten der Stadt berichten von strenger öffentlicher Bestrafung aufrührerischer Indianer.

Unter meinem Balkon wird jetzt das wertvollste Kleinod vorbeigetragen, eine Madonnenfigur aus der Kathedrale. Mehr als zwei Tonnen Silber enthält dieser gewaltige Altaraufbau – ein Symbol auch für die Ausbeutung des Andengebietes in der Kolonialzeit, vor allem der Silberminen. Cuzco wurde dabei bald zum wichtigen Umschlagplatz für Alto Perú, die Minengebiete der Mittel- und Südanden. Und so kam der Glanz der Kirchen in Cuzco, die Pracht der vergoldeten und silbernen Altäre vor allem auf dem Rücken der endlosen Maultierkarawanen, die zur Versorgung der Minen bis ins heutige Bolivien zogen und von dort das so hochbegehrte Silber brachten, zu dessen Gewinnung indianische Zwangsarbeiter zu Hunderttausenden in den Schächten des Cerro Rico, des Reichen Berges von Potosí, zugrunde gingen.

Die Anfänge des inkaischen Reiches lassen sich durch archäologische Befunde nicht genau erschließen. Die Informationen über die erste Landnahme und frühe Ausbreitung einer kleinen indianischen Stammesgruppe im Hochland als Kern des späteren Großreiches verstecken sich vielmehr im Nebel der Mythologie, die als überlieferte Geschichte natürlich auch späteren Umdeutungen ausgesetzt war. Der Staat der Inka war zur Zeit des spanischen Einfalls noch verhältnismäßig jung, kaum hundert Jahre alt, doch versuchte eine gezielte amtliche Propaganda im Reich, dessen Anfänge durch eine mythologisch verbrämte frühe Geschichte viel weiter, etwa bis 1200 n. Chr., zurückzuprojizieren. Dabei wurden die Dynastiegründer als legendäre Urväter göttlicher Abstammung dargestellt, die Ordnung und Kultur in einer ursprünglich chaotischen Welt einführten.

Zwei Versionen der Gründungssage gibt es: Nach der einen kommt der Urheros Manco Capac aus dem Gebiet des Titicaca-Sees nach Cuzco, läßt sich dort mit seiner Frau und Schwester Mama Ocllo nieder, unterwirft die Einheimischen und lehrt sie Terrassenbau sowie Bewässerung. Nach der anderen Version entsteigt das Geschwisterpaar einer legendären Höhle bei Pacaritambo südöstlich von Cuzco.

Vernebelt wird in dieser Geschichtsdarstellung vor allem, daß ein Großteil der Ordnungsinstrumente des späteren Inka-Reiches, die sein Funktionieren als zentralistisch verwalteter Flächenstaat erst ermöglichten, bereits früher da war, und zwar in der Huari-Kultur des Mittleren Horizonts und in den Leistungen des Chimú-Reiches mit seiner Hauptstadt Chanchán aus der Späten Zwischenperiode. Zu jenen übernommenen Errungenschaften gehören vor allem das System von Fernstraßen, die planvoll angelegten Verwaltungszentren, das Vorratssystem und bis zum gewissen Grad auch die ummauerten Residenzen von Herrscherfamilien. Die in das Reich integrierten Völkerschaften waren auch vorher schon alles andere als unzivilisierte Barbaren.

Geschichtlich faßbar wird das Inka-Reich erst mit Hatun Topa, der sich selbst nach dem Schöpfergott Huiracocha Inka nennt und das Herrschaftsgebiet bis ins Urubambatal südlich von Cuzco ausweitet. Mit seiner Regierungszeit, im 1. Drittel des 15. Jahrhunderts, könnte man den entscheidenden Wandel des Eroberungsystems ansetzen: Vorher waren es Raubzüge, bei denen die Besiegten Tribute leisten mußten; jetzt ist es systematische Expansion mit dauerhafter Unterwerfung des annektierten Territoriums.

Beim Übergang vom Häuptlingstum zum Staat zeigt sich dann vor allem eine andere politische Organisation bei der Besetzung von Verwaltungsposten: Der Häuptling vergibt hohe Führungspositionen an eigene Verwandte, sie sind vererbbar, und seiner Macht werden dadurch Grenzen gesetzt. Beim Staat hat der Herrscher die Macht, solche Stellen in alleiniger Entscheidung zu vergeben. Dadurch entsteht eine geradezu professionelle Bürokratie vom Amtsinhabern, verwandtschaftliche Einschränkungen treten zurück.

Der inkaische Imperialismus beginnt mit Inka Pachacutec, der im Krieg gegen die Chanca nach Norden zog und den Unterworfenen das Quechua aufzwang. So ergibt sich folgende Herrscherliste:

Inka Yupanqui = Pachacutec	(1438–1471)
Topa Inka Yupanqui	(1471–1493)
Huayna Capac	(1493–1528)
Huascar	(1528–1532)
Atahualpa	(1532–1533)

In die Beurteilung des Inka-Reiches haben sich im Verlauf der Forschung manche Einseitigkeiten eingeschlichen. Die einen Interpreten sahen es verklärend als eine Art von Sozialstaat an, als eine sozialistisch-theokratische Monarchie, in der bei einer umsichtigen, zentralen Verwaltung mit gemeinsamer Landbestellung und dem gemeinsamen Ackerlandbesitz schon Ansätze eines kommunistischen Ideals verwirklicht waren – mit dem gesellschaftlichen Ziel eines größtmöglichen Wohlbefindens der Menschen. Diese Betrachtungsweise stützt sich vor allem auf den Chronisten Garcilaso de la Vega, der als Abkömmling einer inkaischen Adelsfamilie seine eigenen Vorfahren in einem übertrieben positiven Licht darstellt.

Andere Interpreten malen das Inka-Reich dagegen einseitig negativ als ausschließlich totalitäres System, als Sklavenhalterstaat, in dem administrative Maßnahmen hauptsächlich Mittel zur Ausbeutung sind. Auch die Diskussion mit dem von Karl Marx geprägten, wenig präzisen Begriff „asiatische Produktionsweise" stülpt dem inkaischen Wirtschaftssystem fremde, kaum passende Kriterien über. In jüngster Zeit setzt sich langsam ein Wandel in der Beurtei-

„Die Könige von Peru".
Das Ölbild aus dem 18. Jahrhundert versucht die gebrochene Reihe der Herrschaft zu legitimieren: Auf den Gründerheros Manco Capac folgen die legendären und dann die historischen Inka bis Atahualpa, abgelöst von Kaiser Karl bis zu den bourbonischen Monarchen Spaniens. Die Miniatur zeigt einen Inka auf dem Ushnu, dem Thronpodest

lung des Inka-Reiches durch: Man versucht, den eurozentrischen Blickwinkel aufzugeben und das Reich auch von innen her, vom Standpunkt der Indianer selbst, zu begreifen.

Diese Monarchie mit bürokratischer Planwirtschaft war tatsächlich ein politisches Gebilde von besonderer Eigenart. Die gottähnliche Herrscherkaste stützte sich auf einen mit ihr verwandten Hochadel, der auch die Spitze der Priesterschaft stellte. In der Pyramide der Hierarchie folgte darunter die Gruppe der privilegierten Heerführer und Verwaltungsbeamten, die mit einem ausgeklügelten Administrationssystem die Masse der Bevölkerung reglementierte. Diese überwiegend ackerbauenden Bewohner des Reiches waren nach einem dezimalen System in regionale Sippenverbände – *ayllus* – gegliedert und weiter bis in kleinste Familiengruppen unterteilt. Dieses Prinzip ermöglichte eine wirksame, geradezu mechanisch funktionierende Befehlsweitergabe durch die jeweiligen Führer einer Gruppe von der Spitze der Gesellschaftspyramide bis zu ihrer untersten Ebene und eine ebenso effiziente Rückmeldung von unten nach oben. Die Volksmasse bestellte vor allem das Land, wurde aber auch zu einer Vielzahl zeitlich begrenzter Arbeitseinsätze zwangsverpflichtet.

In erstaunlich kurzer Zeit erreichten die Inka eine bemerkenswert homogene Struktur des riesig anwachsenden Reiches, das bei seinem Zusammenbruch mindestens acht Millionen Einwohner zählte und in Nordsüd-Richtung mehr als 4500 Kilometer maß, vom heutigen südlichen Kolumbien bis zum mittleren Chile. In Westost-Richtung stieß das Reich jedoch kaum ins Amazonastiefland vor, erreichte eine Breite von etwa 500 Kilometern und umfaßte auch weite Teile des nordwestlichen Argentinien.

Die Methode, neue Territorien und Völkerschaften hinzuzugewinnen, entsprach dabei zunächst dem üblichen Verfahren, nach dem Prinzip der „Reziprozität" – das heißt der Gabe und Gegengabe – Bündnisgenossen zu finden. Wertvolle Geschenke wurden an Stammeshäuptlinge verteilt, darunter vor allem die hochbegehrten kostbaren Luxustextilien, und Heiratsbande zwischen den Adelsfamilien wurden geknüpft. Im Gegensatz aber zu den bis dahin unter Häuptlingstümern üblichen locke-

In weniger als einem Jahrhundert dehnte sich das Kronland des Herrschers Pachacutec zur endgültigen Größe des Inka-Reiches von mehr als 4000 Kilometern Länge aus. Im Osten hielt das Amazonastiefland die Expansion auf

ren Bündnissen bestanden die Inka auf einer völligen Unterwerfung unter das Zentralregime, die notfalls auch mit kriegerischen Mitteln durchgesetzt wurde. Die unterworfenen Völkerschaften mußten sogar die Staatssprache Quechua und die Staatsreligion, den Sonnenkult, übernehmen. Örtliche Herrschaftsstrukturen beließ man soweit wie möglich, versicherte sich aber der Loyalität der Unterworfenen durch das Verschleppen fürstlicher Geiseln nach Cuzco. Dort wurden sie umerzogen und glichen sich an; so kam in der Oberschicht automatisch eine Verschmelzung zustande, die durch gelegentliche Einheirat in das Herrscherhaus noch gefördert wurde.

Grundlage der Integration war ein bis ins kleinste durchorganisiertes Verwaltungssystem, zentral gesteuert von einer professionellen Beamtenhierarchie. Dieses System stützte sich auf ein Verkehrsnetz gut ausgebauter Straßen mit dauerhaft unterhaltenen Brücken sowie größeren und kleineren Raststationen, *Tambos* genannt, wo ständig Vorräte lagerten und Stafettenläufer, *Chasquis*, bereitstanden, um eilige Meldungen zum nächsten Posten weiterzugeben.

Das härteste Instrument zur dauerhaften Unterwerfung war die Zwangsumsiedlung ganzer Stammesgruppen in einen entfernten, geographisch völlig andersartigen Teil des Reiches. So konnte es einer Gruppe aufsässiger Küstenbewohner, an die Wüstenhitze gewöhnt, durchaus geschehen, daß sie sich plötzlich schlotternd als *Mitmac*, als Umsiedler, auf den eisigen Höhen des Hochgebirges wiederfand. Dieses Verfahren trug natürlich weiter zur Homogenisierung des Reiches bei. Daß es als besonders hart empfunden wurde, belegt der Umstand, daß nach der Zerstörung des Inka-Reiches überall die zwangsverschleppten Indianer versuchten, in die alte Heimat zurückzukehren.

Die schnelle Expansion des Reiches führte zu einem Dauerkriegszustand an den immer weiter entfernten Grenzen. Die gut ausgerüsteten Heere konnten sich auf den gepflegten Straßen rasch fortbewegen und überall zurückgreifen auf volle Speicher mit Trockenverpflegung, Kleidung und Schuhwerk sowie Waffenlager in den *Tambos*. Wo die Nachbarn hinhaltend Widerstand boten – etwa die kriegerischen Cara-Stämme im nördlichen Ecuador –, baute man als Operationsbasis gewaltige Höhenfestungen mit steinernen Schutzwällen.

Die gefährlichste Fernwaffe der Krieger war die Steinschleuder: ein Tuch mit Seilenden, mit welchem ein ovaler Stein etwa von der Größe eines Eies durch kreisendes Schwingen in Rotation versetzt wird, bis das Geschoß mit hoher Geschwindigkeit auf sein Ziel losgelassen wird. Zum Nahkampf dienten vor allem Keulen mit Holzstiel und steinernem oder kupfernem Kopf.

Das Wirtschaftssystem des Inka-Imperiums baute auf die schon vorher bei den besiegten Stämmen vorhandene weitgehende Selbstversorgung. Durch ausgeklügelte Vorratswirtschaft in ganzen Batterien großer Nahrungsspeicher konnten auch Mißernten und Dürrejahre überbrückt werden. Vor allem in diesem Zusammenhang spielen auch die Knotenschnüre – *Quipu* – eine Rolle; sie dienten als mnemotechnische Eselsbrücke zum Festhalten von Mengen und wurden von speziellen Beamten „gelesen". Ein Schriftersatz sind diese komplizierten vielfarbigen Schnurgebilde jedoch nicht.

Alljährlich gibt es Tote durch die Steinschleuder, die zwischen Indianergemeinden des Hochlandes noch heute zu rituellen Kämpfen eingesetzt wird. Blut garantiert nach uralter Opfertradition die Fruchtbarkeit der Felder. Die Miniatur präsentiert das Arsenal des inkaischen Kriegers: Schleuder, Schild und Kampfkeule

Zum Wirtschaftssystem gehörte auch ein intensiver Feldbau in unterschiedlichen Höhenzonen durch ein und dieselbe Gruppe: Ganz oben im Hochland zum Beispiel wachsen Quinoa, etwas tiefer Kartoffeln, noch tiefer Mais und Bohnen, in den Tälern dann Baumwolle und an den feuchten östlichen Andenhängen Coca, so daß auf diese Weise ganz unterschiedliche Bedürfnisse der Gruppe in Eigenbau befriedigt werden konnten. Der eigentliche Motor der inkaischen Wirtschaft war jedoch die geschilderte Mita.

Das Inka-Reich war also beileibe kein Sozialstaat, sondern eher ein monarchischer Territorialstaat mit bürokratischer Planwirtschaft. Das Prinzip der Selbstversorgung ließ nur einen beschränkten Warenaustausch entstehen, große Märkte waren unbekannt. Geld gab es nicht; allerdings sind hauchdünne, für handwerklichen Gebrauch ungeeignete Kupferbeile in ganzen Bündeln gefunden worden – sie könnten als Geldersatz im Tauschgeschäft über größere Entfernungen gedient haben.

Das Ende des Inka-Reiches ist voller Rätsel – wie schon sein Anfang. Nach dem Scheitern seines Aufstandes gegen die Spanier in Cuzco zog sich Manco II 1537 in die Täler und Schluchten des unteren Río Urubamba in den östlichen Anden zurück. In diesem dicht bewaldeten, unzugänglichen Gebiet mit der sagenumwobenen letzten Hauptstadt Vilcabamba fristete die Herrschaft der Inka noch einige Jahrzehnte ein Schattendasein, bis 1572 der Sohn des mittlerweile getöteten Manco, der junge Inka Tupac Amaru I, letzter Regierender der direkten Linie, von einem spanischen Stoßtrupp ergriffen und auf Befehl des Vizekönigs auf dem Rathausplatz von Cuzco samt seiner Familie hingerichtet wurde.

Jene geheimnisumwitterte Fluchtburg, nach phantasievollen Erzählungen voll von verborgenen Schätzen, war seither immer wieder Gegenstand besonderen Interesses. Auch den Nordamerikaner Hiram Bingham schlug die Geschichte von Vilcabamba in ihren Bann. Er entdeckte seine Neigung zur Archäologie und unternahm 1911 eine von der Yale-Universität und der National Geographic Society gemeinsam getragene Expedition in die Region.

Das Unternehmen war in jeder Hinsicht abenteuerlich. Von der Siedlung Ollantaytambo aus verengt sich die Talaue, der reißende Fluß tost durch eine Schlucht zwischen senkrechten Granitabstürzen und dichter Urwaldvegetation. Auf einem erst kurz zuvor angelegten halsbrecherischen Maultierpfad zog die kleine Gruppe immer weiter schluchtabwärts. Unterwegs erzählte ein ortsansässiger Maultiertreiber von einer steinernen Stadt auf einem Berggipfel hoch über dem Fluß. Der Forscher nahm es gelassen. Zu viele übertriebene Berichte einheimischer Informanten hatten ihn bisher enttäuscht. So machte sich Bingham ohne große Begeisterung, nur mit dem leicht angetrunkenen Melchor Arteaga sowie einem Begleitsoldaten, am nächsten Morgen an die Bergpartie. Die anderen Teilnehmer der Expedition, Naturwissenschaftler, zogen es vor, im Tal Schmetterlinge zu fangen.

Gejagt, gefangen, hingerichtet: „Don Felipe" Tupac Amaru war der letzte indianische Herrscher

Zuerst galt es, auf einem wackligen, aus zwei Baumstämmen zusammengeflickten Steg den reißenden Fluß zu überqueren; dann begann bei brütender schwüler Hitze der Steilanstieg durch das dichte Unterholz. Auf allen vieren mußten sich die drei emporarbeiten, bis sie gegen Mittag auf einer Lichtung Indianerhütten und eine Maispflanzung erreichten. Die Lichtung war umgeben von steinernen Terrassen, und die Bauern bedeuteten den Männern, weiter oben, auf dem Bergsattel, gebe es noch größere Terrassen mit steinernen Häusern.

Bingham kletterte weiter und erreichte schließlich die eigentliche Ruinenstätte. Den Augenblick der Entdeckung beschreibt er so: „Hinter einem kleinen Felsvorsprung wurden die steingefaßten Terrassen immer besser, und plötzlich befanden wir uns in einem vom Dschungel bedeckten Gewirr aus kleinen und großen Mauern, den Ruinen von Gebäuden, aus Blöcken von hellem Granit errichtet, mit größter Sorgfalt behauen und ohne Mörtel wunderbar aneinandergefügt. Eine Über-

Zwischen Himmel und Abgrund: Inkaweg nach Machu Picchu. Der Zugang konnte vollends gesperrt werden, indem man die hölzernen Brücken wegnahm. Die schwindelnden Steige bedurften ständiger Aufsicht und Pflege. Die Miniatur stellt einen für das Brückenwesen zuständigen Beamten dar

raschung folgte der anderen, bis uns klar wurde, daß wir uns inmitten von Ruinen befanden, wie sie großartiger in Peru kaum je gefunden worden waren.“

Bingham taufte den Platz nach dem benachbarten Berggipfel Machu Picchu. In die USA zurückgekehrt, organisierte er ein großangelegtes Forschungsprogramm für ein multidisziplinäres Team von Wissenschaftlern, mit denen er zwischen 1912 und 1915 Machu Picchu von der tropischen Vegetation freilegte, ausgrub und gründlich erforschte. Seine Ergebnisse veröffentlichte Bingham in einer für die damalige Zeit mustergültigen Publikation, einschließlich der Planaufnahmen, der archäologischen Funde, Keramikgefäße, Stein- und Knochenartefakte, Metallobjekte und menschlichen Skelette.

Längst ist die Ruine von Machu Picchu der Hauptanziehungspunkt des internationalen Tourismus in Südamerika geworden. Von Cuzco aus fahren täglich Sonderzüge über die Hochebene und auf langen Zickzackstrecken hinab ins Urubambatal. Von der kleinen Bahnstation am Fuße der Ruinen geht es über den Fluß und dann in Bussen in halsbrecherischer Serpentinenfahrt steil auf den Berg bis vor die Ruinenstadt. Zu Hunderten fallen die weitgereisten Knipser täglich über die Ruinen her; der Platz ist zum archäologischen Rummel geworden, wie man ihn sonst nur beim sommerlichen Auftrieb auf

die Akropolis von Athen erleben kann.

Und doch hat Machu Picchu seinen Zauber behalten. Wer das Glück hat, mehrere Tage dort bleiben zu können, wird nach Abzug der Eintagstouristen am Nachmittag die einzigartige Verbindung zwischen wilder Tropenlandschaft und menschlicher Siedlung stimmungsvoll erleben können. Tief unten in der Schlucht rauscht der Fluß, über die Hochgebirgsgipfel ziehen dichte Wolken, ein einsamer Geier kreist neben einem senkrechten Felshang, darunter leuchten die in sattem Grün eingebetteten Ruinen. An kaum einem anderen Platz wird in so landschaftsbezogenem, ja geradezu theatralischem Rahmen dem Betrachter verdeutlicht, welche ungeheure Leistung die vorspanischen Kulturen vollbrachten, als sie sich die Anden nutzbar machten und zum Lebensraum umgestalteten.

Machu Picchu liegt mehr als 2300 Meter hoch über einer U-förmigen Flußschleife auf einem langgezogenen Bergsattel, überragt von einem auf drei Seiten senkrecht abfallenden Granitkegel, dem Huayna Picchu. Es gehört zu den wohl erst gegen Ende des 15. Jahrhunderts besiedelten Bergnestern, die sich vom fruchtbaren oberen Urubambatal bis in entlegene Urwaldregionen aneinanderreihten, miteinander verbunden über einen Höhenweg, der als schwindelnder Treppensteig über Bergrücken und Pässe angelegt war. Von einer be-

Kontrolle ist alles: links der einzige inkaische Weg zum Stadttor von Machu Picchu. Der hochragende Felsklotz des Huayna Picchu trug auf dem Gipfel einen Ausguckposten. Allseits sicherten Steilhänge die Siedlung, die sich autark vom Mais der umgebenden Terrassen ernährte. Auf der Miniatur schaffen Indianer Baumaterial herbei

wehrten Paßstation, die an einer höchsten Engstelle den Zugang kontrollierte, führt der gepflasterte Pfad in weitem Bogen zur Siedlung, die an dieser Seite durch eine Außenmauer geschützt ist. Ein Tor lenkt ins Innere. Die übrigen Flanken sind durch Steilhänge gesichert, begrenzt von schmalen Ackerbauterrassen mit sorgfältig angelegten Stützmauern.

Die einzige horizontale Stelle im Stadtgebiet ist ein langer geebneter Platz in der Mitte. Um ihn gruppieren sich terrassierte Siedlungsbereiche, deren Häuser und Hausgruppen um Innenhöfe zu größeren ummauerten Gevierten zusammengefaßt sind. Steile Treppenstraßen und lange gepflasterte Gassen parallel zum Hang gliedern die Siedlung in Viertel. Von den Berghängen wird in Steinkanälen ein Bach hergeleitet, er begleitet in einer gestuften Rinne mit Schöpfbecken eine der Haupttreppen. Zu deren beiden Seiten stehen durch besonders sorgfältige Bauart hervorgehobene Gebäudegruppen. Ein winkelförmiger zweigeschossiger Bau endet in einem bastionsartigen halbrunden Anbau unmittelbar auf einer riesigen Granitklippe; er wird, mit Fensteröffnungen und einem bearbeiteten Felsen im Inneren, gelegentlich als astronomischer Beobachtungsplatz interpretiert.

Ich steige über steile, glitschige Felstreppen hinunter und finde unter der Klippe ein höhlenartiges Gemach mit stufenförmig abgearbeiteten Felsen, Podesten und gemauerten Nischen. Diese Grotte könnte ein Heiligtum gewesen sein. Gegenüber der Brunnentreppe, nur über einen geknickten Korridor und ein trapezförmiges Tor zu-

In Ehrfurcht vor Naturmonumenten und gewachsenen Strukturen verbanden die inkaischen Bauleute ihre Architektur mit dem Urgestein: Felspfeiler des Intihuatana; skulptierte Grotte unter dem Rundbau; Tempelmauer mit Felsaltar

gänglich, liegen mehrere Rechteckbauten um einen Innenhof gruppiert. Über Türen zum Hof erreiche ich zwei gegenüberliegende Hauptgemächer: Ein großer Raum war wohl Wohn- und Empfangsbereich, ein kleiner mit einer niedrigen Plattform zum Schlafen steht in Verbindung mit einem schmalen Baderaum, der Kanalanschluß hat. Der hohe Rang des Bewohners zeigt sich in außerordentlich gutgefügtem, fein geglättetem Granitmauerwerk.

Neben diesem Luxusquartier liegt an dem zentralen Platz eine Gebäudegruppe an drei Seiten eines Hofes. Die Mauern sind aus besonders großen Blöcken errichtet. Von dort führt eine Treppe auf den höchsten Punkt einer geglätteten Klippe; in ihrer Mitte steht, mit dem gewachsenen Felsen verbunden, ein prismatisch behauener, abgestufter Steinpfeiler, der *Intihuatana*, der als Gnomon – Schattenwerfer für Sonnenbeobachtungen – gedeutet wird. Aber stichhaltige Beweise dafür gibt es nicht. Es kann auch eines der vielen heiligen Natur-Male gewesen sein.

Auf der anderen Platzseite liegen einfachere Quartiere. Die profane Nutzung dieses Bereichs wird durch runde Mörservertiefungen in dem gewachsenen Felsen unterstrichen. Mit Ausnahme der steilen Dächer, die aus Holzbalken und einer Grasdeckung bestanden, sind die Bauten ganz erhalten. Wie in einem Architekturlehrbuch lassen sich hier die Details der inkaischen Baukunst studieren: die außen an den Giebelwänden vorkragenden Steinzapfen, an denen mit Faserstricken die Balken festgebunden waren; die durchbohrten Steine an den Türoffnungen für die Seile der

Über beschwerliche Wege zwischen den Maisterrassen schleppten die Bewohner von Machu Picchu ihre Vorräte in die Lager hinter dem Stadttor. Auf der Miniatur läßt sich der Inka vor den Speichern von einem Verwaltungsbeamten anhand von Knotenschnüren die Bestände darlegen

Türverschlüsse und die tiefen Löcher in der Leibung des Haupttores zur Aufnahme eines Sperrbalkens.

Eine besondere Eigenart dieser Bauweise von höchster handwerklicher Präzision ist die nahtlose Verbindung von Mauerwerk und Felsen, die kunstvoll geglättet an die Quader anschließen. Stellenweise sind Hauswände nicht gemauert, sondern aus dem gewachsenen Felsen herausmodelliert. Auf Plätzen blieben Felsgruppen als hochragende Heiligtümer stehen, durch gemauerte Podeste eingefaßt. Das von Menschenhand Geschaffene bezieht die Natur mit ein, behandelt sie einfühlsam, mit einer Art von Ehrfurcht.

Auf dem senkrechten Granitklotz des Huayna Picchu führt wie eine Himmelsleiter eine steile Steintreppe über handtuchschmale Terrassen bis zu einer Gruppe von kleinen Gebäuden, wohl Wachstation und Ausguckposten; die ganze Siedlung und der Zugang lassen sich von hier aus überblicken.

Machu Picchu in seiner einzigartigen Lage ist eine Mischung aus befestigtem Außenposten und Agrarsiedlung, die sich durch Anbauterrassen am Hang selbst versorgen konnte. Bis heute werden immer von neuem Beispiele dieser extrem unzugänglichen Siedlungen an den Osthängen der Anden entdeckt.

★

Dumpf dröhnen die Muschelhörner, ein tiefer dunkler Klang wie das Nebelhorn eines Dampfers; der Ton geht unter die Haut und sträubt mir das Haar. Ein Urklang.

Es sind Indianer, die im Vorbeimarschieren auf kohlkopfgroßen gerillten Meeresschnecken blasen. In den Bilderchroniken des Guamán Poma de Ayala werden die gleichen Muschelhornbläser in inkaischer Zeit dargestellt. Ihre Instrumente haben eine jahrtausendealte Tradition im Andenhochland.

Das dumpfe archaische Tönen begleitet heute den feierlichen Einzug der Dorfältesten mit ihren buntgewebten Ponchos und den

Mit Amtsstab und in Festtagstracht formieren sich die indianischen Dorfältesten von Pisac zum sonntäglichen Einzug in die Kirche

Markt in Pisac – sozialer Treffpunkt der weit aus der Umgebung herbeimarschierten indianischen Bauern und zugleich Touristenattraktion. Auf der Miniatur verkündet ein Chasqui – ein inkaischer Stafettenläufer für eilige Staatsnachrichten – mit dem Muschelhorn seine Ankunft

schweren silberbeschlagenen Amtsstäben in die Dorfkirche zur Frühmesse. Sonntag in Pisac im fruchtbaren mittleren Urubamba-Tal. Auf dem Platz vor der Kirche sitzen die Indianerfrauen in langen Reihen und halten ihre Waren feil: Kartoffeln, Mais, gestrickte Pullover, wollene Zipfelmützen und farbige Bänder. Sie warten auf die Touristenbusse aus Cuzco, die jeden Augenblick auf der schmalen Brücke über den Fluß kommen müssen. Der bunte Markt mit den malerischen Indianertrachten ist inzwischen einer der überlaufenen Höhepunkte von Gruppenreisen geworden, und doch hat die Zeremonie der indianischen Würdenträger nichts von ihrem Zauber verloren.

Ich steige an den letzten Lehmhäusern des Dorfes vorbei hinauf zum inkaischen Pisac, das wie ein Adlernest hoch oben auf dem Berggrat aufsitzt. Der ganze Hang ist von alten Terrassen bedeckt. In sanften Kurven auf gleicher Höhe umziehen sie den riesigen Steilhang und gliedern ihn so in drei bis sechs Meter breite Flächen für den Anbau von Mais. In die Mauern sind vorkragende Steinzapfen eingelassen. In Reihen schräg übereinander bilden sie eine Art Leiter von einer Ebene zur nächsten.

Ich steige weiter bergauf. Tief unter mir breitet sich das fruchtbare Tal des Urubamba, das inkaisches Kernland war. Ich erreiche einen ersten Siedlungsbereich: in Reihen geordnet etwa dreißig gleiche Häuser, regelmäßig wie von der Bausparkasse, in gekurvter Anordnung am Hang.

Etwas höher, auf einem Sporn des hier bis zu 3300 Meter hohen Massivs, liegt der heilige Bezirk der Siedlung mit perfekt geglätteten, rötlich schimmernden Quadermauern. Durch ein trapezförmiges Tor betrete ich das Heiligtum: eine ebenmäßige gekurvte Quadermauer mit Trapeznischen umschließt einen geglätteten, abgestuften Felsen. Wie an vielen inka-

Auf einem Bergsporn, bis zu 3300 Meter hoch, liegt das Zentrum des inkaischen Pisac mit den exakt gefügten Mauern seiner Tempel

Ökologie perfekt: Im Einklang mit der Natur paßten die Indianer ihre handtuchbreiten Anbauterrassen unterhalb von Pisac der schwierigen Topographie an. Auf der Miniatur benutzen inkaische Bauern den typischen Grabstock mit Griff und Fußraste

ischen Ruinenplätzen, ist der natürliche Fels zu einem heiligen Mal umgestaltet. Der Platz wird nach der Sonne *Intihuatana* genannt: der Ort, an dem man die Sonne anbindet. Aber ob hier auch Sonnenbeobachtungen stattfanden, wie behauptet, ist zweifelhaft. Ein Naturheiligtum braucht keine exakte Astronomie.

*

Flußabwärts im Urubamba-Tal, dort, wo es sich zur Schlucht verengt und am Steilhang nur noch Platz ist für die Eisenbahntrasse, liegt Ollantaytambo. Oberhalb des Ortes sperrt eine inkaische Festung mit gewaltigen Terrassen das Tal ab. In ihren Mauern sind riesige Blöcke verarbeitet worden, deren reliefartig abgestufte Oberflächen an die Steinmetzkunst von Tiahuanaco erinnern. Man nimmt deshalb an, daß vom südlichen Titicaca-See hergeholte Aymara-Bauleute diese Trutzburg für die inkaischen Herren errichteten.

Die Inka-Siedlung Ollantaytambo liegt am Fuß des Festungsberges in einem flachgeneigten Seitental. Ich durchschreite enge gepflasterte Gassen mit geschlossenen Mauern auf beiden Seiten. Sie bestehen unten aus Poligonalmauerwerk, darüber folgt Lehm. In steingemauerten Rinnen am Rande der Gassen fließt Wasser; eine breite Steinplatte führt darüber hinweg zum Eingang eines der Häuserblöcke.

Im Inneren finde ich rechteckige Lehmbauten mit steilen Grasdächern. Eine Türöffnung verjüngt sich trapezförmig nach oben; der Sturz ist eine Steinplatte, auf beiden Seiten in die Lehmwand eingelassen. Durch die Dächer dringt Rauch; Hühner scharren im Hof,

Seit fünfhundert Jahren werden die Häuser der Siedlung Ollantaytambo im Urubamba-Tal kontinuierlich genutzt. Hoch über ihnen erstrecken sich die Terrassen der Inka-Festung

ein Hund kratzt sich. Ich stehe inmitten von Lehmhäusern einer Inka-Siedlung, die bis zum heutigen Tag, also über ein halbes Jahrtausend hinweg, ohne Veränderungen kontinuierlich bewohnt wird.

⋆

Eine ganz ausgefallene Anlage der Inkazeit steht in Raqchi, 120 Kilometer südlich von Cuzco. Am Talrand erhebt sich vor rötlich dunklen vulkanischen Klippen eine Mauer, rund 90 Meter lang, zwölf Meter hoch und am Fuß etwa zwei Meter dick. Diese gewaltige Wand besteht auf den unteren drei Metern aus fein poliertem, rötlichem Polygonalmauerwerk, darüber folgen Lehmziegelwände. Regelmäßig ist die Mauer durch türartige Öffnungen und Nischen gegliedert. Innen stehen parallel zur Wand beidseits Reihen steingemauerter Rundsäulen. Zwei äußere parallele Mauern, nur noch fußhoch, zeichnen sich im Gelände ab. Das Gebäude trug einst ein Giebeldach mit hölzernen Sparren und Grasdeckung.

Das Innere dieses Riesenhauses war durch die Mittelwand und die beiden Säulenreihen in insgesamt vier lange Schiffe aufgeteilt. Die Besonderheit: Hier begegnet uns, im Gegensatz zu der sonstigen Anden Architektur mit ihrer großen Betonung von massiven Baukörpern und der Vorliebe für einen landschaftsbezogenen Außenraum, erstmals eine ganz monumentale Gestaltung eines Innenraumes. Ob der Bau von Raqchi, wie die Überlieferung sagt, ein Tempel des Schöpfergottes Viracocha war, bleibt offen. Wohngebäude an Höfen und eine endlose Batterie von dichtgedrängten steinernen Rundbauten, die als Vor-

Altbau mit Wasseranschluß. Die Lehmwände der regelmäßigen Baublöcke von Ollantaytambo stehen auf geneigten Sockeln aus Steinmauerwerk. Nur Haustüren öffnen sich zur Straße. Die Gebäude um den Innenhof mit den Speichern dahinter stellt die Miniatur offener dar

ratslager dienten, lassen zumindest auf zeitweise große Menschenansammlungen schließen.

★

Unweit von Cuzco, im hochgelegenen Seitental von Tipón, hat sich eine Besonderheit inkaischer Agrartechnik noch recht gut erhalten: ein kompliziertes System von steingemauerten Kanälen, zum Teil unterirdisch, zum Teil offen geführt, mit Verzweigungen und Schleusen, welches die ganze terrassierte Talaue zu einer fruchtbaren, landwirtschaftlich intensiv genutzten Gegend verwandelte.

Viele der alten Kanäle waren verschüttet, einige an Hangstrecken ganz abgestürzt, das Kanalsystem in Vergessenheit geraten, als 1980 mit deutscher Entwicklungshilfe ein Kooperationsprojekt begonnen wurde, dessen Ziel die Wiederherstellung, verbesserte Nutzung und Erweiterung ländlicher Bewässerungssysteme im Einzugsgebiet des Río Urubamba war. Seither wird dort von deutschen Experten, Wasserbautechnikern und Agraringenieuren, in Zusammenarbeit mit den traditionellen Kleinbauerngruppen, den *Comunidades*, versucht, die Kanäle aus alter Zeit zu reinigen. Trassen aus der Inkazeit werden wiederausgebaut und den Erfordernissen neuzeitlicher Landwirtschaft angepaßt. Hervorzuheben ist dabei, daß das alte System der dörflichen Gemeinschaftsarbeit, der *Faena*, zum Wohle aller wiederbelebt wird. Auch die Beratungen über die Nutzung und Verteilung des Wassers haben zum Ziel, die Selbstverwaltung der indianischen Bauern wieder zu stärken – ein sozialer Nebeneffekt der Entwicklungshilfe. Hilfe zur Selbsthilfe also.

★

Tambo Colorado liegt im Pisco-Tal auf halber Höhe genau an der Stelle, wo es sich zu einer Schlucht verengt: bereits in der Inkazeit ein idealer Ort für eine Kontrollstation an der Fernstraße von der Küste ins Hochland. Hier kann man die umliegenden, weithin verteilten Äcker bewirtschaften und ihre Produkte einlagern. Hier läßt sich Rast machen auf einer langen Reise, hier muß man eine Garnison unterhalten, wenn man die Region beherrschen will.

Der Ruinenplatz auf einer Schotterterrasse hoch über dem Flußbett ist ein typisches Beispiel für die inkaische Architektur an der Küste. Alle Bauten bestehen hier aus Lehmziegeln; sie gruppieren sich um einen großen trapezförmigen Platz. An seinem Rand steht noch der *Ushnu*, ein gemauertes massives Podest, das wie der Sockel eines Throns bei Zeremonien von hohen Würdenträgern benutzt wurde.

Durch ein schmales Portal betreten wir den wichtigsten Teil der Anlage, ein in Terrassen gestuftes, von hohen Mauern eingeschlossenes großes Geviert, das wiederum in kleinere Plätze aufgeteilt ist. Es wird umgeben von Einzelräumen und Raumgruppen. Rampen und schmale Zugänge, meist im Winkel geführt, verbinden die Teile dieses auf strikte Kontrolle ausgerichteten Gebäudekomplexes. Viele dieser Bauten waren zweistöckig, manche der Deckenbalken haben sich im Wüstenklima zwischen den Lehmwänden noch erhalten.

Die Innenräume sind luftig, Mauerluken und kleine Fenster sorgen für Kühle. Zudem sind obere Wandbereiche als durchbrochenes Spitzenwerk kunstvoll auf Lücke gemauerter Lehmziegel gestaltet – Ventilation war schon bei den Inka Trumpf. Die Räume sind durch

Nur selten planten die Inka so große Innenräume: Die hohe Mittelwand des vierschiffigen Säulenbaus von Raqchi trug einst den First eines weiten Giebeldaches

Wasser, lebensspendend und zerstörend: Bereits im 1. Jahrtausend v. Chr. versorgte der Kanal von Cumbemayo über die kontinentale Wasserscheide hinweg das Hochtal von Cajamarca. Mit deutscher Hilfe werden alte Kanalsysteme bei Cuzco wieder benutzbar gemacht. Das Modell in der Landschaft von Tambo Colorado zeigt ein klassisches Verwaltungszentrum der Inka an der Küste; jährlich holt sich der Fluß ein Stück dieser Ruine. Die Miniatur stellt die Bewässerung in alter Zeit dar

mehrfach abgestufte Trapeznischen in den bemalten Wänden gegliedert; dieses Motiv der inkaischen Reichsarchitektur kommt also nicht nur im Steinbau des Hochlandes, sondern auch in der Lehmbauweise der Küste wie ein Leitsatz vor.

Es wird Nacht, und Don Celestino Espinoza, der als Wächter der Ruine seit 1951 um deren Erhaltung kämpft, hat uns erlaubt, zwischen dem großen Platz und dem Absturz zum Fluß unsere Zelte aufzuschlagen. Eine Vollmondnacht. Das Gewirr von Räumen und Mauern liegt in geheimnisvollem Schatten, allein die Kronen der Lehmwände und die großen freien Plätze leuchten hell im bleichen Licht. Das Tosen des Flusses tief unter uns ist das einzige Geräusch. Lautlos huschen Fledermäuse.

Später setzt sich Don Celestino noch zu uns. Er hat sich zum Schutz gegen die Nachtkühle in seinen Poncho gewickelt, zieht an seiner Zigarette und berichtet, daß alljährlich in der Hochwasserzeit ein bis zu zwei Meter breiter Streifen des Ruinenareals, in dem wir gerade lagern, unterspült wird und auf einer Länge von mehr als hundert Metern in den Fluß stürzt. Jedes Jahr geht also ein Stück dieser großartigen Anlage unwiederbringlich verloren. Es ist kein Geld da, die dringend notwendige Barriere aus großen Felsblöcken im Flußbett mit dem Einsatz einer Planierraupe zu bauen. Alle Eingaben, Hilferufe und Schreiben an die Behörden im fernen Lima blieben ohne Erfolg. So holt sich der Fluß immer von neuem seinen Tribut von dem, was einst der Inka für die Ewigkeit errichten ließ.

Grundloser Schlamm und sengende Hitze, giftige Schlangen und tropische Gewitter harrten der wenigen Forscher, die in die amphibischen Weiten des amazonischen Tiefland-regenwaldes zwischen den Ostabhängen der Anden und der Küste des fernen Atlantik vorstießen, um die Spuren früher Völkerschaften freizulegen. Mit wenig Hoffnung: In diesem Klima bleibt fast nichts erhalten, was Menschenhand geschaffen hat. Und doch gelang es, Vermächtnisse alter Kultur zu entdecken. Dazu gehört auch die makabre Kunst, Schrumpfköpfe herzustellen; sie wird bis heute geübt

Uneinnehmbare Torgassen führen durch die gewaltige Mauer der Gipfelzitadelle Cuelap im Hochwald der östlichen Anden – urbaner Häuptlingssitz vorinkaischer Stämme. Die Siedlung auf dem Plateau dahinter umfaßte 420 kreisrunde Wohnbauten

Jäger und Sammler gibt es immer noch auf kurzlebigen Lichtungen im Regenwald. Auf Brandrodungen betreiben sie auch einen begrenzten Pflanzenbau. Hier eine Siedlung der Auca-Indianer im Amazonasgebiet des ecuadorianischen Oriente

Eine südamerikanische Leidenschaft gilt der Beschäftigung mit dem Tod und der Fürsorge für die Toten. Mehr als tausend Jahre läßt sich die Tradition der magischen Kopftrophäen zurückverfolgen. Hier ein Schrumpfkopf der Jībaro-Indianer Ecuadors. Die Holzfigur, aufgehängt an einem vorinkaischen Begräbnisturm bei Pajatén, diente als Totenwächter dem Ahnenkult

Flüsse sind die Verkehrsadern Amazoniens schon seit der Frühzeit seiner Besiedlung durch den Menschen. Ihr dichtes Netz ermöglicht die rasche Verbreitung von Produkten und Errungenschaften und förderte somit den Kulturaustausch über weite Räume. Die gewaltigen Schwankungen der Wasserspiegel, oft um mehr als zehn Meter, verhinderten aber auch längerfristige Ansiedlung. Der Fluß stieg, und man zog weiter

Mit einer zweimotorigen Transportmaschine der peruanischen Luftwaffe sind wir von Trujillo an der Pazifikküste quer über die Anden bis nach Juanjuí im amazonischen Tiefland geflogen. Von hier aus soll die Expedition – Archäologen, Architekten und Vermessungsingenieure – im Auftrag der Regierung auf dem Wasserweg weiterreisen. Unser Ziel ist die vor kurzem entdeckte Ruinengruppe von Gran Pajatén im unwegsamen Regenwald am Ostrand der Kordillere.

Nach dem Flug über die eisigen Höhen trifft uns jetzt die feuchte Hitze des Urwald-Tieflands wie ein Keulenschlag. Mein Hemd klebt am Körper, unter dem Hutband hervor laufen mir salzige Schweißtropfen in die Augen, das Halstuch ist im Handumdrehen klitschnaß. Ächzend verladen wir unsere Kisten und Seesäcke auf einen offenen Lastwagen, der dann im Zickzack und gefährlich schwankend durch die tiefen Lehmpfützen der Dorfstraße bis zum Fluß fährt.

Rote ausgelaugte Erde, schwarze Schweine, die im Schlamm wühlen, Bretterhäuser und Bambushütten, alle mit rostigem Wellblech gedeckt: Wie eine Goldgräbersiedlung präsentiert sich die ärmliche Niederlassung. Am Fuß des glitschigen Steilhangs warten schon die Einbäume auf uns. Wir sind am Río Huallaga, einem Nebenfluß des Marañón; beide fließen hier parallel zum Ostrand der Kordillere von Süden nach Norden; erst nach der Vereinigung mit Hunderten von Zuflüssen erreicht der wasserreichste Strom der Erde dann als Amazonas im Osten den Atlantik.

Es dauert eine Weile, bis die ganze Ausrüstung in den Kanus verstaut ist. Die Kisten mit den empfindlichen Vermessungsgeräten müssen noch mit einer Plane abgedeckt werden; dann heulen die Außenbordmotoren auf und ein Boot nach dem anderen legt ab. Bis zu zehn Mann faßt so ein langes, aus einem einzigen Baumstamm ausgehöhltes Kanu. Man muß tief in die Hocke gehen, wenn man in dem schmalen, ständig schwankenden Holztrog mit dem dünnen Rand nicht das Gleichgewicht verlieren will. Bei der kleinsten Kursänderung schwappt mir das lehmige Flußwasser über die Jeans, und bald bin ich bis auf die Haut durchnäßt.

Der Río Huallaga führt zur Zeit viel Wasser; als breites gelbes Band wälzt er sich zwischen den grünen Rändern der Ufer hin. Die Boote kämpfen sich durch eine Serie von kleinen Stromschnellen, die gerodeten Weideflächen am linken Ufer bleiben zurück und gehen über in dichten Hochwald. Ein sperriger Baum treibt vor uns, wir müssen vorsichtig am Ufer entlangmanövrieren und biegen nun in einen schmäleren Nebenfluß, den Río Abiseo, ein.

Eine Flußkehre kommt nach der anderen, stundenlang folgen wir

den Mäandern, und nur gelegentlich wird am Ufer in einer Lichtung ein Haus sichtbar. Einziger Verkehrsweg ist hier die Wasserstraße.

Immer weiter flußauf tuckern wir, bis schließlich am späten Nachmittag ein lehmiger Landeplatz am Steilufer erreicht ist. Auf einer Lichtung mitten im Urwald liegen die Bambushütten des kleinen Dorfes Pachiza, Startplatz für die Weiterreise im Hubschrauber.

Bis das Fluggerät der peruanischen Luftwaffe einsatzbereit ist, das uns zu den Ruinen in knapp 3000 Metern Höhe bringen soll, vergehen etliche Tage. Inzwischen hat eine Vorausabteilung von Arbeitern von der Hochlandstadt Pataz aus in einem wochenlangen Fußmarsch durch das Hochgebirge und die Urwälder den Ruinenplatz erreicht und mit der Freilegung begonnen. Wir packen unsere Ausrüstung immer wieder neu; alles Entbehrliche muß zur Gewichtsersparnis im Basislager zurückbleiben. Täglich bringen Kanus auf dem Wasserweg weitere Benzinfässer als Vorrat zum Betanken des Hubschraubers.

Schließlich setzt frühmorgens die Maschine auf der Lichtung auf. Wir wuchten die Segeltuchsäcke an Bord, ein Wasserfaß wird am Gestänge festgelascht, wir schnallen uns an, und die Schiebetüren fliegen zu. Aufheulend rast der Apparat über die Wiese, setzt ganz niedrig über den gelben Fluß und beginnt zu steigen. Unter uns das Meer der Baumwipfel, eine blinkende Flußschleife, wir schweben ein über ein enges Seitental.

Die flachen Hügel bleiben zurück; zwischen steilen Felsgraten gewinnen wir Höhe. Der Fluß ist nur noch ein schmaler weißer Gischtstreifen zwischen senkrechten Felswänden. Rote Erdrutsche im Urwalddickicht und weiße Wolkenfetzen. Den beiden Piloten ist anzumerken, daß sie nun um jeden Meter Höhe kämpfen müssen. In der engen Schlucht herrschen extreme Windverhältnisse; eine kleine Böe nicht auszusteuern,

Der Aufstieg per Hubschrauber durch tiefe Schluchten mit tückischer Thermik verlangt akrobatische Flugkünste. Auf einem Bergsporn mitten im Urwald liegt die Ruine Pajatén

würde bedeuten, daß wir an einer Felswand zerschellen.

Unter uns liegt jetzt weithin gebirgiger Urwald, unbewohnt und unerforscht. In der Ferne türmen sich die Gipfel der östlichen Anden. Vor dem schwarzen Hintergrund eines tiefen Felsabsturzes ein kleiner heller Fleck.

Der helle Fleck wird größer, eine gerodete Stelle im Dickicht. Steilabfall nach allen Seiten. Rauch steigt auf von der Rodung. Wir sehen Feuer, bunte Zelte, winzig klein die Menschen. Der Hubschrauber schwenkt ein, geht tiefer. Ganz nahe hängen wir jetzt vor der schwarzen Felswand, im Vorbeisausen ein Blick auf Mauern und Terrassen zwischen Rauchschwaden hindurch.

Im Sturm der Flügelschrauben stiebt Kleinholz über die Rodung, die Luken fliegen auf. Fieberhaftes Ausladen. Die Piloten haben es eilig, sie wollen zurück, die Luft ist bereits viel zu warm für Steigflüge in solcher Höhe. Und schon hebt der Riesenvogel sich wieder, steht einen Augenblick bewegungslos über der Lichtung, kippt dann über den Rand des Steilhangs und stürzt sich talwärts, dem Tiefland entgegen.

Über frisch gefällte Bäume klettern wir mit unserer Ausrüstung zu einem halbfertigen Blockhaus am Rande des Platzes. Das hier ist ein ganz anderer, wilderer Urwald als im Tiefland. *Ceja de Selva*, Augenbraue des Urwalds, nennen die Peruaner dieses Gebiet. Die feuchten Luftmassen aus dem Amazonastiefland ziehen hier in gewaltigen Regenstürmen gegen die Kordillere. Der Niederschlag ist so groß, daß dichter Regenwald bis in Höhen von mehr als 3500 Metern die zerklüfteten Bergzüge bedeckt und eine undurchdringliche Wildnis bildet.

Jedes Fleckchen Haut ist hier sofort von dicken, schwarzen Moskitos bedeckt, selbst in die Ohren kriechen die blutgierigen Biester. Abschütteln oder Einreibemittel helfen nur kurz. Die beste Abwehr: Ich rette mich in den beißenden Qualm des verbrennenden Unterholzes, das zu Haufen aufgeschichtet ist.

Die Ruinen von Pajatén liegen hoch über einem namenlosen Fluß zwischen dem Río Abiseo und dem Río Pajatén. Entdeckt wurden sie durch einen Zufall im Jahr 1963 von einer kleinen Gruppe von Bergarbeitern aus dem abgelegenen Hochlandort Pataz. Dessen Goldminen warfen nichts mehr ab, und so wagten sich die Männer unter Führung des besonders urwaldkundigen Manuel Villalobos auf der Suche nach landwirtschaftlichen Anbauflächen – böse Zungen behaupten: für die Anlage von versteckten Cocafeldern – viele Tagesmärsche weit in die Urwaldhänge vor. Dabei entdeckten sie ausgedehnte Terrassenanlagen am Fuß eines Steilhanges. Während einer zweiten Exkursion zusammen mit ihrem Bürgermeister Carlos Torrealba kämpften sie sich bis zum Gipfel vor, wo sie ganz von Urwaldriesen überwucherte Rundbauten und eigentümlich verzierte Mauern fanden.

Die Kunde von der Entdeckung kam bis Lima, aber erst mehr als zwei Jahre später stieß eine offizielle Expedition zusammen mit den Männern aus Pataz in strapaziösen Fußmärschen dorthin vor, unternahm erste Vermessungen und rodete einen Hubschrauberlandeplatz als logistische Grundlage für weitere Untersuchungen. Die zweite Regierungsexpedition, ebenfalls unter der Leitung des Architekten und Denkmalspflegers Victor Pimentel, ist jetzt gerade dabei, das Areal der Ruinen vom Urwald zu säubern und weiter zu vermessen.

Wieder sind die knorrigen Bergleute aus Pataz als Grabungsarbeiter dabei, zähe urwalderfahrene Gestalten, die voll Stolz noch ihre abenteuerlichen Grubenhelme aus der Goldgräberzeit tragen. Mit Macheten und großen Handsägen werden die gewaltigen Bäume gefällt. Dabei ist es wichtig, daß sie beim Sturz keinen Schaden anrichten an den empfindlichen, ausgelaugten Mauern. Verzweigte Wurzeln müssen oft stehenbleiben, um den von der aggressiven Vegetation auseinandergesprengten Bauteilen weiterhin Halt zu geben.

Der Regenwald ist abscheulich. Im dichten Unterholz sinken wir immer wieder fast bis zur Brust in Moder und Moos ein. Bei jedem Schritt in den grünen Morast gilt es, auf Giftschlangen zu achten. Alle helfen mit, auch die Vermesser und Archäologen legen Hand an bei der mühsamen Freilegung der einzelnen Bauten. Es ist Knochenarbeit, bei sengender Hitze und den ganz unvermutet hereinbrechenden tropischen Gewitterregen, immer umschwirrt von einer Wolke von Stechmücken.

Unter einem primitiven Schutzdach aus Plastikfolie kampieren wir in dem halbfertigen Blockhaus. Die Nächte sind bitterkalt im Hochgebirge – wir wissen es –, und wir drängen uns in unseren Schlafsäcken eng zusammen. Ein Feuer wird die ganze Nacht lang unterhalten, um uns zu wärmen und vor Raubtieren zu schützen, denn in dieser menschenleeren Einöde gibt es tatsächlich noch Pumas. Zu essen bekommen wir hauptsächlich Bohnen und wäßrige Suppe aus getrocknetem Lamafleisch – *Charqui* nannten es die Inka, und es schmeckt so, als ob es noch aus ihrer Zeit stamme.

Nach dem Roden der großen Bäume und des Unterholzes werden die fragilen Mauern vorsichtig von Wurzeln und Moder befreit, Spachtel und Besen sind hier die Werkzeuge bei der langwierigen Arbeit. Etwa alle halbe Stunde hält jeder Hilfsarbeiter einmal inne, wischt sich den Schweiß ab, nimmt ein paar trockene Cocablätter aus einem wasserdichten Beutel, stopft sie sich in den Mund und kaut sie durch. Dann holt er mit einem langen Metallgerät, dünn wie eine Stricknadel, aus einem flaschenförmigen Gefäß eine Prise Löschkalk und fügt sie der angekauten Masse hinzu, die dann als dicke Kugel in eine der Backentaschen wandert. Erst in Verbindung mit Kalk kann sich die berauschende Wirkung des Alkaloids entfalten, das hier vor der gefürchteten Höhenkrankheit schützt, die Anstrengungen besser ertragen läßt und das Hungergefühl unterdrückt. Eine Erfahrung, Jahrtausende alt.

Erst nach dem Fällen der Urwaldriesen tauchen Ruinen aus dem Moder des Unterholzes auf. Die eigentliche Freilegung steht noch bevor

Bereits nach einer Woche wird der Lohn der Strapazen in den Ruinen sichtbar. Nach Jahrhunderten des Dornröschenschlafs präsentieren sie sich wieder wie unberührt, nur Dächer und Balkenkonstruktionen – wie überhaupt alles organische Material – sind im Tropenklima verrottet.

Pajatén überwältigt den kundigen Betrachter durch die eigenartige Verbindung von ungewöhnlicher Landschaft und kunstvollen Bauten. Vom höchsten Punkt eines L-förmigen Bergsporns, überragt von einer 400 Meter hohen senkrechten Felswand, schmiegen sich steingemauerte Terrassen jeder Kurve des steilen Geländes an, so daß die ganze Urwaldschlucht zu einem kunstvollen Architekturgebilde umgestaltet ist. Verbindungstreppen schwingen sich fächerförmig von einem Niveau zum anderen; alles ist dem natürlichen Gelände angepaßt.

Auf den Terrassen des oberen Hanges, mal breiter, mal enger, erheben sich Gebäude, ausnahmslos rund und in unterschiedlicher Größe, von fast zwei bis mehr als

14 Metern Durchmesser. Wie niedrige Türme sehen sie aus. Ihre Mauern bestehen aus schiefrig flachen Steinen, mit Lehmmörtel verbunden. Sie sind nicht lotrecht aufgeschichtet, sondern faßförmig nach außen gebaucht. Ein weit vorspringendes Gesims gliedert das Gebäude auf halber Höhe wie ein dünner Rettungsring. So entsteht der Eindruck von zwei Geschossen. Die untere Hälfte ist jedoch, wie wir bei den Grabungen im Inneren rasch feststellen, als massiver Sockel mit Geröll und Erde ausgefüllt; darüber folgt ein Fußboden aus Platten.

In diese Gebäude gelange ich über breite steingemauerte Freitreppen; das Gesims ist zugleich oberste Stufe und Schwelle zum Eingang. Mitten vor den größeren Rundbauten ragt ein kantiger Steinbalken wie ein phallischer Mini-Obelisk auf und verstärkt den Eindruck der Axialität.

Am eindrucksvollsten in Pajatén ist die Ornamentik der Außenmauern: Flache Schieferplatten sind zu einem komplizierten Relief angeordnet. Steinleisten werfen kräftige Schatten und lassen die Dekoration sehr plastisch hervortreten. Ganz oben weisen diese Friese Mäander und Zickzacklinien auf; darunter hingegen zeigen sie stilisierte Menschen und Tiere. Das häufigste Motiv sind tanzende Menschen mit rautenförmigen Körpern, hochgezogenen Knien, erhobenen Händen und einem riesigen Kopfschmuck, der federartig nach beiden Seiten herabhängt. Die Köpfe sind vollplastisch modelliert und mit Zapfen in der Mauer verankert. Als Besonderheit wechseln an einem der Rundbauten im Sockel stilisierte Kon-

Tänzer mit Kopfputz, kantiger Zierat und Kondore schmücken die Außenwände von Pajatén – durch die flachen schiefrigen Platten in geometrische Abstraktion erhoben.

Das Besondere daran: Die Friese sind keine vorgeblendete Dekoration, sondern fest eingebundene Bestandteile der Wand. In einer Mauerritze fand sich ein inkaisches Tumi, ein Opfermesser aus Kupfer mit Lamagriff

dore, Tänzer und geometrische Zeichen ab.

Die Wirkung dieser Friese ist überwältigend. Im gleißenden Tropenlicht scheinen die steinernen Figuren tatsächlich zu tanzen. Der Farbwechsel zwischen rosa Sandstein und grauem Schiefer bildet rhythmische Akzente in diesem Reigen. Farbig abgesetzt sind aber auch die Ränder der einzelnen Terrassen durch Reihen heller Kalksteinplatten.

Im Verlauf der Grabungen auch im Inneren einzelner Rundbauten können wir viele konstruktive Einzelheiten beobachten und daraus Rückschlüsse auf die Dachform ziehen. Es müssen steile Kegeldächer gewesen sein, die mit einer Palmblattdeckung über einem hölzernen Gerüst und mit großem Überstand den Regenstürmen dieser Bergzone trotzten. In einem der Gebäude finde ich genau im Zentrum des Pflasters eingelassen einen pilzförmigen Stein mit Durchbohrung. Auf ihm muß man sich eine hölzerne Mittelstütze, mit Faserstricken befestigt, vorstellen. Sie trug das riesige Kegeldach.

Die Arbeit ist hier für uns Archäologen besonders schwierig. Die modrige Feuchtigkeit hat selbst hartgebrannte Keramik zu verquollenen schmierigen Klumpen verdorben. Mein Kollege Duccio Bonavia hat allergrößte Mühe, die Fragmente zu reinigen und zu trocknen, bis er ihnen eine Aussage entlocken kann.

Aus diesen Fundstücken und den nur sehr schwer ablesbaren stratigraphischen Schichten schließt Bonavia auf zwei Besiedlungsphasen dieses Platzes: einer älteren eigenständigen, die dann von einer stark inkaisch geprägten überlagert wurde. Sie wäre also in die Expansion des Inka-Reiches zum Amazonas-Urwald hin einzuordnen, die nur wenige Jahrzehnte vor Ankunft der Spanier und dem Ende des Reiches in diesem extrem schwierigen Lebensraum sicherlich nicht nur einem reinen Eroberungsdrang entsprang, sondern auch die Reaktion auf einen Bevölkerungsdruck im Hochland war, der dazu zwang, neue Anbauzonen zu erschließen. Der inkaische Vorstoß hat dabei eine ganze Kette solcher Siedlungen hinterlassen; unsere Arbeiter berichten von weiteren im Urwald verstreuten überwachsenen Steinhaufen und Mauerresten, deren Anbindung an das Hochland durch guterhaltene, über längere Strecken gepflasterte Pfade nachgewiesen ist.

Die zeitliche Eingrenzung der älteren, ursprünglichen Besiedlung ist wesentlich schwieriger. Sie wird vorerst vom Ende des Mittleren Horizonts bis zur Späten Zwischenperiode angesetzt. Neuerdings tauchen hier auch Hinweise auf ein wesentlich höheres Alter auf. Die eigenwillige Dekoration dieser Bauten entsprang sicherlich regionalen Impulsen.

Höchst eindrucksvoll ist auch die kolonisatorische Intention dieser Siedlungen. Sie waren auf eine geniale Weise der extrem feindlichen Umwelt angepaßt. Die Rundbauten mit ihren Steildächern blieben selbst in den sintflutartigen Regenfällen des Hochurwaldes noch bewohnbare Behausungen, und das System der gepflasterten, geneigten Wohnterrassen sowie tieferliegenden Ackerbauterrassen war so kunstvoll über Rinnen und große vorkragende Wasserspeier entwässert, daß der wertvolle Humus als Grundlage für den Pflanzenbau nicht zerstört wurde.

Die Hoffnung der Behörden auf einen archäologischen Tourismus in diesem unerschlossenen Gebiet zum Wohle der Bevölkerung hat sich nicht erfüllt. Zu unwegsam ist das Gebirge, zu rauh das Regenklima, zu dicht der Hochurwald mit seinem ganzen Geziefer. Aber immer neue archäologische Expeditionen bringen weitere Kenntnisse von vorspanischen Siedlungen in dieser Region.

Einen halben Tagesmarsch von Pajatén fanden sich im Schutz einer überhängenden Felswand Rundbauten, deren Steinmauerwerk die typischen Friese im Zickzack- oder Mäandermuster aufwies. Es sind offensichtlich Grabtürme, einige tragen ein Flachdach aus Schieferplatten. An einem der Türme haben sich noch hölzerne Figuren als Dekoration erhalten – eine Sensation für diese feuchte Gegend. Unter einem Dachgesims hängen an vorspringenden Balken in regelmäßigen Abständen geschnitzte Skulpturen, Männer mit hohem tiaraähnlichen Kopfputz, grotesk abstehenden Ohren, auf der Brust verschränkten Händen und überdimensionalem Phallus. *Los Pinchudos*, „die mit dem großen Penis", haben die Entdecker den Begräbnisplatz getauft.

Über eine höchst seltsame Totenstadt unter einem anderen Felsüberhang berichtete das französische Forscherpaar Henry und Paule Reichlen. Sie haben 1948 im Einzugsgebiet des Río Utcubamba im Departement Amazonas eine Fülle alter Siedlungen registriert. An einem Nebenfluß, dem Río Santo Tomás, zwei anstrengende Wegstunden vom gleichnamigen Dorf, entdeckten sie einen besonderen Begräbnisplatz in Form einer Siedlung hoch über dem Tal in 2600 Metern Höhe. Revash heißt der Felsabsturz, und so nannten sie auch die Nekropole. Die Gräber sind richtige Häuser, aus Feldsteinen und Lehm gebaut und fein ver-

Die Totentürme von Los Pinchudos: Im Schutz eines Felsüberhangs zeigen sie Mosaikfassaden wie im nahen Pajatén. Trotz des Urwaldklimas besonders gut erhalten sind Holzfiguren unter einem Kraggesims

putzt, die da in schwindelnder Höhe auf ganz schmalen Felsterrassen an die Steilwand geklebt sind, bemalt in einem hellen Cremeton und in dunklen Rotschattierungen. Sie weisen Tür- und Fensteröffnungen auf, einige davon in einer merkwürdigen T-Form, und tragen dick mit Lehm bedeckte Giebeldächer mit großem Dachüberstand. Die einfarbigen Wände sind bedeckt von dunklen Zeichen und Mustern. Stellenweise sind diese Totenhäuser mehrstöckig und wie eine richtige Siedlung aneinandergereiht – nur daß die Raumhöhe kaum mehr als einen Meter ausmacht. Genug für Tote.

Allein an solchen vor Regen geschützten Stellen konnten auch organische Materialien, selbst Textilien, erhalten bleiben. Die zahlreichen Mumien in diesen Miniaturhäusern hatten als Beigaben Tongefäße, Baumwolltücher, Federornamente, Kämme, Holzgeräte und Musikinstrumente. Während einer Expedition von Federico Kaufmann Doig wurde Anfang der achtziger Jahre ein mehr als vier Meter langes dekoriertes Leichentuch aus Baumwolle geborgen – für das moderfeuchte Amazonasgebiet eine Sensation!

Aus der Welt der Toten haben die beiden Reichlens noch einige Merkwürdigkeiten mehr zu berichten. Im Tal des Río Luya, ebenfalls ein Nebenfluß des Río Utcubamba, entdeckten sie in der Nähe eines Platzes namens Chipurik in einem unzugänglichen Steilabsturz mehr als zwei Meter hohe Grabmonumente aus Lehm. Diese hohlen Statuen in Menschenform stehen in Gruppen von zwei, drei oder mehr frei auf schmalen Felsbändern in schwindelnder Höhe,

Die Lehmbauten der bunt bemalten Totenstadt Revash sind in der Steilwand für Frevler fast unzugänglich. Und unbeschadet überstanden sie unter den vorspringenden Klippen die Regenzeiten von Jahrhunderten

im Inneren bergen sie das Mumienbündel. Die zu diesem schwebenden Friedhof gehörende Siedlung lag oberhalb auf einem Plateau; es waren wiederum runde Steinbauten.

Die Lehmsarkophage von Chipurik – ähnliche, aber stark zerstört, fand man auch anderswo in der Region – wurden schließlich 1984 von der Kaufmann Doig-Expedition wieder aufgesucht. Mit Hilfe professioneller Bergsteiger gelang es den Forschern, über ein im Grund der Schlucht aufgebautes Gerüst und dann im freien Klettern durch die brüchige senkrechte Felswand bis in die Stadt der Toten vorzustoßen. Von einer freischwebenden, mit Seilen im Fels verankerten wackligen Arbeitsbühne – fast 200 Meter über dem Abgrund! – konnten die Statuen nun in allen Einzelheiten fotografiert, vermessen und untersucht werden.

Die genauere Untersuchung offenbarte das Geheimnis der Konstruktion: Um die Mumie, die in ein Rehfell gewickelt war, hatte man samt ihren Beigaben, vor allem Keramikgefäßen und Tüchern, eine 10 bis 40 Zentimeter dicke Umhüllung aus Lehm, Häcksel und kleinen Steinchen angelegt, die von einem Geflecht aus Zweigen gestützt wurde. Außen war das mit Lehm geglättete Gebilde von weißer Farbe grundiert und darüber dunkelrot bemalt. Der Kopf dieser menschenförmigen Begräbniskapseln war, abgesetzt vom Körper, als große flache Maske modelliert mit starkem Kinn und betonter Hakennase, darüber ein helmartiger Kopfputz, der bei einigen Figuren wie eine Pickelhaube spitz endet, auf der ein Totenschädel als Trophäe aufgespießt ist.

Tote im Schlafrock: Jede dieser Lehmfiguren am Ruinenplatz Tingorbamba enthält ein Mumienbündel; die flachgesichtigen Köpfe sind aufgesetzt

Die große Bedeutung von Kopftrophäen in jenen alten Kulturen zeigt sich ja schon in der Ikonographie des Frühen und des Mittleren Horizonts; sie ist wohl auch hier als besonderes Rangabzeichen des Bestatteten zu werten. Vorläufig werden diese vorinkaischen Figuren etwa um 1400 n. Chr. datiert. Sie zeigen die Vielfalt der Begräbnissitten auch in der Urwaldregion der Ostanden.

Die höhlenartigen Nischen, in denen jene Grabskulpturen aufgestellt sind, wurden teilweise höchst aufwendig aus dem Felsen herausgearbeitet. Ein Zugang, wohl vom oberen Rand des Felsabsturzes, wurde später entfernt. Die Leichenbestatter von einst – das ist heute noch anschaulich nachzuvollziehen – nahmen jedenfalls eine halsbrecherische Kletterpartie in Kauf, um ihre Toten ungestört für alle Zeiten in der Felswand beizusetzen.

Jahre später begegne ich bei einer Ausstellung peruanischer Kunst in den Königlichen Museen von Brüssel einem solchen großen maskenhaften Kopf mit der aufgespießten Schädeltrophäe. Man hat ihn von der Mumienstatue abgetrennt, aus seiner Felswand geholt und läßt ihn nun vom erschauernden Publikum bestaunen. Welch ein Sakrileg!

⋆

Ich bin unterwegs am Río Utcubamba nach Cuelap, der wichtigsten Ansiedlung in diesem Urwaldbereich. Von der Provinzstadt Chachapoyas fahre ich in einem der täglich verkehrenden offenen Lastwagen flußauf bis zum Dorf Tingo in 1800 Metern Höhe. Von dort sind es nur noch vier Stunden Fußmarsch bis nach Cuelap, mehr als 3000 Meter hoch. Die Siedlung liegt wie ein langes Schiff auf einem Felsrücken von 600 mal 100 Metern. Eine gewaltige Mauer, bis zu 18 Meter hoch aus großen flachen Quadern, umzieht den Platz. Zugang gewähren nur drei schmale Einschnitte. Das Haupttor ist unten lediglich etwas mehr als zwei Meter breit, es verjüngt sich nach oben immer mehr, bis die Öffnung in 17 Metern Höhe nur noch etwa einen Meter beträgt: ein gigantisches Trapez als Stadttor! Die immer enger werdende Torgasse dahinter, von Mauern begrenzt, führt steil nach oben. Weitere Engstellen folgen, und am Ende, als ich die Höhe der Stadt erreicht habe, muß ich noch durch ein Nadelöhr – so schmal, daß nur ein einziger Mensch hindurchpaßt: eine Zugangskontrolle, wie es sie so perfekt in anderen andinen Festungen nicht gibt.

Im Inneren ist die Siedlung wiederum durch eine hohe Stützmauer unterteilt. Insgesamt 420 Gebäude drängen sich hier, nur fünf davon sind rechteckig, alle anderen Rundbauten. Die einzelnen Bereiche hatten offensichtlich unterschiedliche Funktionen; auf Terrassen gestuft ist das höchste Areal, daneben liegen offene Plätze wohl von zeremonieller Bedeutung.

Ein hochragender Turm am „Bug“ dieser Stadt in Schiffsform diente der Verteidigung. Gegenüber, am „Heck“, steht ein ganz besonderer Rundbau: Er sieht aus wie ein altmodisches Tintenfaß und wird deshalb *Tintero* genannt.

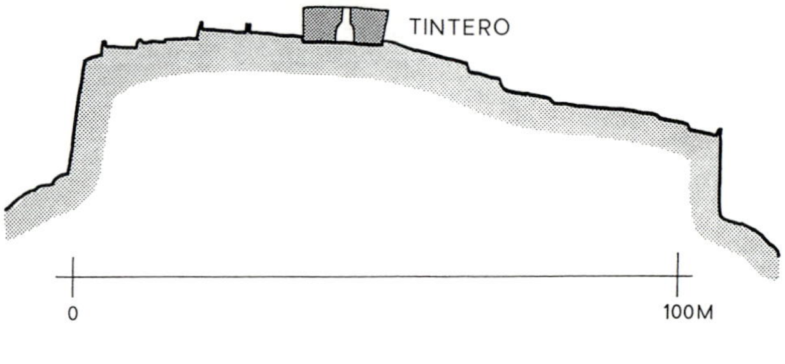

Ein langer steiler Torgang mit Engpässen führt zum Stadtplateau von Cuelap. Am höchsten Platz erhebt sich der Tintero, Grab- und Sakralturm zugleich. Die Toten wurden in Nischen seiner Wände bestattet, in großer Zahl auch in der steinernen Hinterfüllung der Stadtmauer

Seine hohen Steinwände sind nach außen geneigt, das Gebäude besteht fast ganz aus massiver Auffüllung und hat keine Tür. Von seiner Oberfläche kann man durch einen winzigen Einstieg in einen hohen, nach unten sich erweiternden flaschenförmigen Innenraum sehen. Natürlich war das keine Zisterne, wie frühere Forscher vermuteten; jüngste Grabungen haben aus dem Füllgut menschliche Gebeine und eine Menge von Opfergaben, vor allem Rehgeweihe, zutage gefördert. Der seltsame Bau diente also einem Kult. Die meisten Gräber fanden sich jedoch in der Hinterfüllung der Stadtmauer. Insgesamt müssen in dieser so stark befestigten Siedlung der Späteren Zwischenperiode etwa 3000 Menschen gelebt haben. Ihre Nahrung stammte von den überall im Umkreis angelegten kunstvollen Ackerbauterrassen. Der Ort war in seiner Blütezeit zentraler Platz des Stammes der Chillaos, bevor die expandierenden Inka auch ihn ihrem Reich einverleibten.

★

Der Urwald der östlichen Kordillere steckt noch voll von Ruinen, begraben unter der tropischen Vegetation. Sie ziehen immer wieder Entdecker und auch dubiose Abenteurer an und geben Anlaß zu immer neuen, teilweise phantastischen Theorien über die frühen Kulturen. Auf jeden Fall zeigen jüngste Forschungen, daß die Inka nicht erst in ihrer Spätzeit vom Hochland nach Osten vorgestoßen sind, sondern vorher schon wesentlich ältere Kontakte bestanden. Aber eine regelrechte Einverleibung des amazonischen Tieflands ist ihnen auch in ihrer Blüte nicht gelungen. Das hat wohl zwei Gründe: Die Zeit war zu kurz und wurde durch die spanischen Eroberer beendet; ferner war das feuchttropische Tiefland, aus dem das Inka-Reich seine Luxusgüter bezog – farbige Vogelfedern, Felle seltener Tiere und die Droge Coca –, zum Leben doch zu fremd für die am Hochland erprobte Kriegs- und Besiedlungsmaschinerie.

Dennoch: In diesen amphibischen Weiten zwischen den Ostabhängen der Anden und der Atlantikküste haben Völkerschaften gelebt, die es schon früh, angepaßt an die Bedingungen ihrer besonderen Umwelt, zu einiger kultureller Entwicklung brachten. Nun bin ich ihnen auf der Spur, um mich mit ihrem Habitat und den besonderen Umständen der Archäologie im Tiefland vertraut zu machen.

Ich stehe in einem langsam hin und her schwankenden hölzernen Käfig, klammere mich an den morschen Bambuslatten fest und konzentriere mich darauf, nicht seekrank zu werden. Der seltsame Schwebelift über den Fluß ist eigentlich für Pferde und Rinder gedacht. Über mir ein dickes rostiges Drahtseil, auf ihm eine quietschende Laufrolle, an der der Kasten aufgehängt ist, und ein dünneres Zugseil, das den Käfig ruckartig weiterbewegt, solange der Mulatte am anderen Ufer die Kurbel dreht und das Seil einholt.

Was, wenn die Laufrolle abspringt? Unter mir gurgelt gelbbraun der Oberlauf des Río Napo. Ich bin im amazonischen Bereich von Ecuador, dem Oriente. Die Straße endet am Ufer gegenüber

Zitterpartie: Ein schwankender Schwebelift ist oft das einzige Vehikel zum Überqueren von Schluchten reißender Flüsse

dem Dorf Puerto Napo. Selten ist mir ein Fluß so breit vorgekommen wie jetzt, wo die alte Schaukel auf dem durchhängenden Tragseil noch langsamer wird und nur zentimeterweise den Anstieg zur Böschung hochkriecht. Mit einem Seufzer der Erleichterung hake ich schließlich die Sperrkette auf und springe hinaus auf das schlammige rote Hochufer.

Von hier ist es noch ein kurzer Fußmarsch durch dichtes Unterholz bis zur Anlegestelle, wo bereits das wöchentliche Postboot wartet, ein langes Aluminiumkanu mit einem starken Außenbordmotor, das uns in zwei Tagen bis zur Urwaldsiedlung Coca an der Einmündung des gleichnamigen Flusses bringen soll.

Auf der Flußreise gibt es nur dann eine Abwechslung, wenn unser Bootsmann mit gedrosseltem Motor eine Sandbank umrundet oder vorsichtig durch Stromschnellen manövriert. Endlos ziehen die dicht bewaldeten Ufer an uns vorbei, nur gelegentlich unterbrochen von kleinen Rodungen am linken Ufer, wo die Hütten der Siedler auf hochwassersicherer Anhöhe stehen. Das rechte Ufer zeigt nur unberührten Urwald. Wir übernachten dicht zusammengedrängt in unseren Hängematten unter einem Regenschutzdach. Die Moskitos lassen uns keine Ruhe, und der Lärm des Regenwaldes mit seinen summenden und zirpenden Hintergrundgeräuschen und gelegentlichen schrillen Schreien, die immer wieder ein allgemeines Gekreische entfesseln, bildet eine unheimliche Nachtkulisse.

Auf der gesamten Strecke meidet der Bootsmann das rechte Ufer; er nimmt bei Krümmungen des immer breiter werdenden Stromes sogar schwierige Sandbankpassagen in Kauf, nur um nach rechts Abstand zu halten – denn dort hausen die Auca, ein streitbarer, noch halbnomadischer Indianerstamm. Ganz unvermutet unternehmen sie, mit höchst wirksamen Wurfspeeren und gefiederten Pfeilen bewaffnet, gelegentlich Ausfälle aus ihrem Waldgebiet auf die Rodungen der Siedler am anderen Ufer.

Das Dörflein Coca enttäuscht mich. Palmblattgedeckte Bambushütten, eine kleine Missionsstation mit Schule und Wellblechkirche, ein Militärposten. Auf dem roten Hochufer ein Regendach auf Stützen wie ein kleiner Pavillon. Dort sitzt Tag und Nacht ein Soldat in verschwitzter Khaki-Uniform, den Karabiner gegen eine Sandsackbarriere gelehnt, und beobachtet das Ufer gegenüber. Sind dort Auca zu sehen?

Auch die archäologische Ausbeute ist nicht erhebend: Ein paar bemalte Keramikgefäße in der Missionsstation kann ich fotografieren; einige Steinbeile sind bei Probebohrungen einer Ölgesellschaft zufällig zutage gekommen. Bei meinen Exkursionen auf dem Fluß zu umliegenden archäologischen Siedlungsplätzen gibt es nur manchmal eine geritzte Tonscherbe zu sehen, sonst nichts.

Erst langsam wird mir dann der krasse Gegensatz der amazonischen Tieflandarchäologie zu meinem vertrauten Handwerk an der Küste mit ihren unglaublich guten Erhaltungsbedingungen durch das trockene Wüstenklima und zur Archäologie des Andenhochlands mit seinen riesigen, weithin sichtbaren Steinruinen in seiner ganzen Tragweite bewußt. Hier im Urwald ist wirklich alles anders: Extreme Feuchtigkeit und Wärme des tropischen Klimas reduzieren die archäologischen Funde ausschließlich auf anorganische Materialien, also vor allem auf Steingeräte und Keramik. Gestein für die Werkzeugherstellung gibt es im Schwemmland der Flüsse aber nicht; es mußte weither transportiert werden und wurde dann, weil es so kostbar war, selbst in kleinsten Resten immer weiterverwendet. Also beschränkt sich unsere Archäologenzunft im Amazonasgebiet weitgehend auf die Auswertung von Keramikfunden.

Auch für unsere Arbeitsweise gelten im Urwald völlig andere Regeln als anderswo: Eine Grabung innerhalb eines Siedlungsplatzes etwa, die schließlich Schicht für Schicht die zeitliche Nutzung ablesen läßt, ist im Urwald so gut wie unmöglich. Schon wenige Jahre nach der Aufgabe einer Siedlung haben die heftigen Niederschläge die Schichten ausgelaugt und untrennbar miteinander verwaschen. Scharf geschnittene Seiten einer Grabung lassen sich nicht freilegen wegen des alles durchdringenden Wurzelwerks. Große Grabungsflächen, das Hauptziel eines jeden Archäologen, können im Urwald naturgemäß nicht abgehoben werden; nur einzelne kleine Sondagenlöcher sind möglich. Selbst eines der wichtigsten „Lesezeichen" geschulter Ausgräber, das durch Bodenverfärbungen sichtbar werdende – normalerweise unverwischbare – Pfostenloch, löst sich im Regenwald buchstäblich spurlos in Schlamm und Moder auf, ebenso wie alles andere organische

Material einschließlich der menschlichen Knochen. So bleibt dem Forscher auf den Spuren der Vergangenheit also wirklich nur die Keramik, ihre Gliederung nach Dekorationsformen, im Amazonasgebiet vor allem Ritzverzierungen, aufgesetzter plastischer Schmuck und farbige Bemalung. Aus all dem ergibt sich letztlich auch die Schwierigkeit einer verläßlichen Zeitangabe für die kulturelle Entwicklung im Urwaldbereich.

Fest steht wenigstens jedoch, daß etwa um die Zeitenwende, im Jahre Null, als bei uns in Nordeuropa gerade die ersten Bauern dabei waren, ihre Ansiedlungen gegen die Sturmfluten des Meeres mit Wurten zu befestigen, die Bewohner des amazonischen Tieflandes längst darauf gekommen waren, sich in wohlorganisierten Großsiedlungen auf den überschwemmungssicheren Hochufern niederzulassen und einen intensiven Güteraustausch auf den weitverzweigten Wasserwegen zu betreiben. Handel über riesige Entfernungen und ausgedehnte Wanderungen ganzer Bevölkerungsgruppen lassen sich aus der Keramikausbeute dann doch ablesen.

Zum erstenmal besuchte ich Coca 1965. Seither hat sich die Region am Oberlauf des Amazonas gründlich verändert. Wo ich damals noch in einem hölzernen Käfig den Fluß kreuzte, gibt es längst eine Straßenbrücke. Das Dörfchen ist vom verschlafenen Außenposten zu einer häßlichen, boomenden Erdölsiedlung mit Straßenanschluß erblüht. Die gründlichste Veränderung erfuhren jedoch die hier seit alters her siedelnden Indianer; durch die Begegnung mit den unaufhörlich vordringenden weißen Siedlern und durch großflächige Rodungen des Regenwaldes verlieren sie immer mehr ihre kulturelle Eigenheit und die Unberührtheit ihrer zurückgezogenen Siedlungs- und Jagdgründe. Bestenfalls – man könnte auch sagen schlimmstenfalls – bleiben Indianersiedlungen noch erhalten als Fotografierobjekte für die aus Europa einfliegenden Abenteuertouristen. Voyeurismus gegen harte Dollars.

Dieser rapide Kulturverfall alter Indianergemeinschaften betrifft auch den letzten Kopfjägerstamm, die Jíbaro im Amazonasgebiet Ecuadors. Noch vor einer Generation war das Töten eines Feindes und die rituelle Aufbereitung seines Kopfes zu einer eingeschrumpften Trophäe – *tsantsa* genannt – wichtigster kultureller Brauch dieses Stammes, der sich durch intensive Kriegsführung auszeichnete und in Siedlungen mit gut befestigten ovalen Großhäusern lebte. Der Besitz einer solchen Kopftrophäe verlieh allzeit magische Kräfte, übertrug die Macht des Getöteten auf seinen Bezwinger, trug zur Fruchtbarkeit der Felder des Besitzers bei, war Gegenstand ausgedehnter Bewirtungsrituale.

Unter den Jíbaro ist es üblich, sich das Gesicht auf diese Weise zu bemalen

Die Kopfjagd aus magischen Gründen hat in der Welt weithin eine mehrtausendjährige Tradition. Die kultischen Vorstellungen, die ihr zugrunde liegen, sind uns aus den Andenkulturen schon seit dem Frühen Horizont vertraut. Trophäenköpfe kommen bereits in den Gräbern der Paracas-Kultur vor; es gibt sie dort auch in der Ikonographie, ebenso bei den Mochica, und selbst der Fürst von Sipán wurde in seinen Grabbeigaben durch die Darstellung von Kopftrophäen geehrt.

Es ist bei den Jíbaro-Indianern ein langwieriger, komplizierter Vorgang, bis so ein nur faustgroßer Schrumpfkopf fertig ist. Zuerst wird die gesamte Gesichts- und Kopfhaut vorsichtig abgezogen. Der Balg wird dann behutsam in Wasser gekocht, um einzuschrumpfen. Eine Zugabe besonderer Kräuter verhindert, daß dabei die Haare ausfallen. Durch die Halsöffnung eingeführte heiße Steine und Sand lassen die Hülle weiter schrumpfen und beseitigen letzte Fleischreste im Inneren. Schließlich wird der Kopf über kleinem Feuer geräuchert – das macht ihn schwarzbraun und haltbar. Zum Schluß präsentiert sich ein dunkles, plastisch durch eine Füllung modelliertes Köpfchen mit langem Haar, geschlossenen Augen mit zugenähten Lidern und mit groben Fäden verschlossenen

Lippen. Alles ist zur Miniatur geworden, nur die langen Haare nicht.

Echte Schrumpfköpfe sind inzwischen extrem selten und die *tsantsas*, die Touristen angeboten werden, sind gewöhnlich aus rasiertem Affen- oder Ziegenfell gefälscht. Einmal, vor Jahren, wurde mir ein ganz besonderes Stück angeboten: der fein modellierte Schrumpfkopf eines Europäers mit mittellangem Blondhaar und schütterem Schnurrbart. Ein Fachkollege vielleicht? Ich habe ihn damals nicht erworben.

Coca liegt auf einer Höhe von nur etwa 350 Metern über dem Meeresspiegel. Kaum zu glauben, daß die Wasser des Flusses sich von hier, mit denen aus anderen Flußläufen zusammenströmend, noch mehrere tausend Kilometer zielstrebig nach Osten durch das riesige Amazonasschwemmland zum Atlantik wälzen. Ein Wunder, daß dieses Flußsystem überhaupt funktioniert, bei einem Gefälle von höchstens zehn Zentimetern pro Kilometer. Dies ist für uns Archäologen immer noch eine neue, mit ihren schnellen Veränderungen fremde Welt.

Die frühesten historischen Berichte aus dieser Schwemmlandzone stammen von Mitgliedern des ersten spanischen Expeditionskommandos unter dem Hauptmann Francisco de Orellana. Er war mit einem Stoßtrupp unter der Leitung des Pizarro-Bruders Gonzalo Ende Februar 1541 von Quito aus über die Höhe der Anden bis hierher vorgedrungen. Eine gewaltige Heerschar: 220 Spanier, viertausend Mann indianischer Hilfstruppen und weit mehr als tausend zur Menschenjagd dressierte Kampfhunde auf der Suche nach dem legendären Zimtland und dem „See des Vergoldeten", der *Laguna del Dorado.*

Der Zug wurde zum Fiasko. Um eine Hungerkatastrophe abzuwenden – denn paradoxerweise bietet der tropische Regenwald von Natur aus nicht genügend menschliche Nahrung –, wurde Orellana als Unterführer Ende 1541 mit einer Abordnung auf einer selbstgebastelten Brigantine flußabwärts geschickt, um Lebensmittel zu besorgen. Die Männer kehrten nie zurück.

Unter unsäglichen Strapazen und zahlreichen Kämpfen mit Indianerstämmen erreichte schließlich ein kleiner Rest der Truppe nach achtmonatiger Reise die Flußmündung in den Atlantik und schlug sich nach Norden zur Insel Margarita durch. Die wenigen Überlebenden der steckengebliebenen Hauptexpedition kletterten derweil über das Gebirge nach Quito zurück. Beim Horrortrip des Hauptmanns Orellana flußabwärts begegneten die Spanier auch weiblichen indianischen Kriegern, die mit Pfeil und Bogen besonders tapfer kämpften. Nach dem berittenen kriegerischen Frauenvolk aus der griechischen Sage, den Amazonen, erhielt der wasserreichste Strom der Erde deshalb seinen Namen.

⋆

Voraussetzung für ein dauerhaftes Leben im Amazonasgebiet und damit für die Entstehung früher Kulturen war die Zucht von Nutzpflanzen zur Ernährung einer größeren Zahl ortsansässiger Menschen. Wann dieser Ursprung jeder Kultur in Südamerika begann, liegt im Dunkel der Vergangenheit. Genaue Datierungen – wie ausgeführt – sind naturgemäß nicht möglich. Fest steht jedoch: Wichtigste Agrarprodukte waren Wurzelpflanzen, vor allem der ungemein kohlenhydratreiche Maniok, in Lateinamerika *Yucca* genannt, und die Süßkartoffel Camote. Außerdem wurde schon früh Baumwolle angebaut.

Amazonen kämpfen gegen männliche Angreifer – Stich von 1599

Die Maniokwurzel ist wegen ihres hohen Gehalts an Blausäure im rohen Zustand giftig. Zum Verzehr muß sie erst durch ein kompliziertes Verfahren zubereitet werden: Die geschälten Wurzeln werden mit einer Art Raspel gerieben, die Masse dann gewässert und ausgepreßt. Wann dieses Aufbereitungsverfahren je erdacht wurde, steht in den Sternen der Vergangenheit. Das Endprodukt ist entweder eine Art Mehl, *Kassava,* oder ein kuchenartiger Fladen. Beides ist nahezu unbegrenzt haltbar und bildet so die Basis für eine kulturell entwickelte Gesellschaft, die stets auf Vorratshaltung angewiesen ist. Die Wurzel kann aber auch zu *Masato* verarbeitet werden, einem vergorenen, berauschenden Getränk wie Bier; dazu werden bei den heutigen Urwaldstämmen die Knollen vorgekaut – eine Aufgabe für die alten Frauen – und dann in große Bottiche wiederausgespuckt. Der beigemischte Speichel läßt die Masse langsam fermentieren.

Landwirtschaft im Regenwald war stets ein System der Brandrodung, bei dem wenigen Jahren der Nutzung längere Brachzeiten folgten. Dadurch ist es möglich, kurzzeitig einen guten Ertrag zu erzielen, ohne die dünne Humusschicht der Urwaldböden ganz auszulaugen.

Dieses ökologische System setzt aber die Unterhaltung vieler kleiner Parzellen in unterschiedlichen Stadien des Anbaus voraus, um das ursprüngliche Habitat zu erhalten. Der tropische Regenwald selbst nutzt ja ökologisch den Bodenhumus so gut wie nicht, sondern ernährt sich unmittelbar von der vergehenden Vegetation so wie in einem kurzgeschlossenen Kreislauf aus sich selbst.

Zweite Hauptstütze der Ernährung jener frühen Urwaldsiedler war der Fischfang, nahezu einziger Ausgleich an Eiweiß zu den stärkehaltigen Wurzelpflanzen. Selbst heute sind die Indianervölker am Amazonas in großem Maße auf den Fischreichtum der Flüsse angewiesen; die Jagd auf das seltene Wild des Urwaldes ist dagegen nur nachrangig.

Leider ist von dem kostbaren bunten Federschmuck, von den verzierten Flechtarbeiten, den feingewebten Tüchern, den geschnitzten Holzgeräten, die jene Tropenwaldsiedler fertigten, nichts erhalten geblieben. Bei dem raschen Zerfall allen organischen Materials im Urwaldklima geben auch die Gerätschaften der Indianer von heute nur einen schwachen Abglanz des Verlorenen. Als Waffen dienten ihnen einst – so berichten die spanischen Eroberer – neben Pfeil und Bogen sowie Speeren aus Hartholz auch hölzerne Kampfkeulen, flachgeschnitzt, schmal wie ein spanisches Langschwert, die Schneide gelegentlich mit dünnen Obsidianstücken verschärft: eine formidable Nahkampfwaffe. Für die Jagd dienten Blasrohre, mit denen kleine Kurzpfeile, bestrichen mit dem ungeheuer wirksamen Pflanzengift Curare, verschossen wurden.

Gemessen an der gewaltigen Ausdehnung des amazonischen Kulturraumes, steht die Erforschung seiner Frühzeit noch in den Anfängen. Die archäologische Karte zeigt immer noch riesige weiße Flächen. Bisher wurden vor allem die Randzonen erkundet, und nur wenige Fachleute haben sich den Strapazen der Forschung im tropischen Regenwald unterzogen, insbesondere die US-Amerikaner Meggers und Evans. Sie gruben bereits 1949 auch am atlantischen Ende des riesigen Niemandslandes, auf der Insel Marajó im Mündungsdelta des Amazonas, wo in dunkelgefärbten Abfallschichten, der humusreichen *terra preta*, zahlreiche Keramikfunde gemacht wurden und eine Sied-

Feldbau und Fischfang sind die wichtigsten Nahrungsquellen im Urwald. Die Wurzel der Maniokpflanze ist erst genießbar, nachdem sie in einem komplizierten Verfahren entgiftet wurde. Gekaut, ausgespuckt und durch den Speichel fermentiert, ergibt sie ein berauschendes Getränk ähnlich wie Bier

lungsform nachweisbar ist, die in Langhäusern von beträchtlichem Ausmaß die Mitglieder einer Großfamilie versammelte. Die beiden forschten anschließend auch im Urwaldbereich von Guayana und Venezuela, schließlich am Río Napo in Ecuador. Aus dem unterschiedlichen Dekor ihrer Funde folgern sie vier Keramik-„Horizonte“, die sich durch große Wanderungen über das ganze Amazonastiefland verbreiteten, der älteste um etwa 1000 v. Chr.

Die großen Urnen aus den Begräbnishügeln von Marajó haben immer wieder das Aufsehen der Fachwelt erregt; neben vielfarbig bemalten Gefäßen gibt es auch solche in Menschenform oder mit eingeschnittenen Mustern und mit Ritzdekor aus verschiedenen Zeiten. Die Knochen der Toten waren darin zusammen mit Beigaben beigesetzt worden. Rätselhafte dreieckige, gewölbte Tonobjekte mit Bohrungen konnten dabei als „Tangas“ gedeutet werden, individuell nach Maß gearbeitete, reich verzierte Schalen zur Bedeckung der weiblichen Scham; sie wurden mit Schnüren angelegt, die an den Bohrlöchern des Tondreiecks befestigt waren.

⋆

Zwei Deutsche müssen vor allem bei der Forschungsgeschichte des Amazonasbeckens erwähnt werden. Der eine, Kurt Unkel, Optiker aus Jena, kam zu Beginn dieses Jahrhunderts nach Brasilien. Als Autodidakt entwickelte er ein besonderes Interesse für Indianerkulturen und ging vierzig Jahre lang seinen Forschungen nach, vor allem auch im Auftrag des Museums von Göteborg. Nimuendajú – so sein indianischer Name – entdeckte dabei an den Prallhängen der Tapajós-Mündung, also dort, wo der ständig wechselnde Flußlauf immer wieder die Uferböschungen ausschwemmt, zahlreiche Spuren menschlichen Lebens in alter Zeit. Auch mehr als sechzig Siedlungsplätze auf plateauähnlichen Erhebungen im periodisch überschwemmten Hinterland konnte er lokalisieren.

Der zweite Deutsche, Peter Paul Hilbert aus Remscheid, untersuchte seit 1947 als Mitarbeiter des Museums Goeldi in Belém do Pará archäologische Fundplätze am unteren Amazonas. In dreizehnjähriger anstrengender und gefährlicher Feldarbeit mit unzähligen Reisen im Kanu durch die

Sümpfe und Niederungen des unteren und mittleren Amazonas unternahm er die erste archäologische Bestandsaufnahme.

Mit welch unglaublichen Schwierigkeiten Hilbert bei seinen einsamen Forschungen konfrontiert war, ist kaum vorstellbar: Nicht nur, daß es tägliche Schwerstarbeit bedeutete, im zähen Schlamm der Flußniederungen, umschwärmt von Myriaden von Moskitos, verklebte Keramikscherben zu bergen. Allein schon die Fortbewegung in diesem riesigen, extrem dünn besiedelten Urwaldgebiet bereitete Probleme. Oft waren hölzerne Einbäume oder die gebrechlichen Flußboote von Händlern das einzige Transportmittel.

Noch einen anderen Engpaß galt es zu überwinden: helfende Hände zu finden. Die Region des Tieflandwaldes hatte immer wieder Zeiten starker Zuwanderung durchlebt; nach dem Rush auf Gold, später auf Zimt, Kakao und Nelken, folgte um die Jahrhundertwende der Gummi-Boom. Auch jetzt noch will dort jeder schnell reich werden – aber es ist so gut wie unmöglich, beständige Arbeitskräfte für eine Ausgrabung zu finden. Oft halfen dem Forscher nur die halbwüchsigen Kinder der *Caboclos*, der gelbhäutigen, neobrasilianischen Mischlingsbewohner der inneren Waldgebiete.

Selbst der Versand der schweren Scherbensäcke zum Museum von Belém do Pará für die dort fällige Auswertung war eine Odyssee. Während der wochenlangen Fahrt im Einbaum und auf kleinen Flußdampfern verrotteten die Säcke leicht, dann blieb nur ein hoffnungsloses Durcheinander ohne archäologischen Aussagewert zurück. Der Einzelgänger stand mit bewundernswerter Hartnäckigkeit bei höchst bescheidenem Etat alle diese Herausforderungen durch.

Hilberts bahnbrechende Untersuchungen, 1968 veröffentlicht, tilgen einen weiteren weißen Flekken auf der archäologischen Karte Amazoniens. Der Forscher starb 1989, aber seine Studien werden von seinem Sohn Klaus in Zusammenarbeit mit dem Museum und zeitweise mit Unterstützung des Deutschen Archäologischen Instituts weitergeführt.

Mehr als in allen anderen Bereichen der südamerikanischen Archäologie gilt für die Amazonasregion, daß keine der bisherigen Erkenntnisse endgültig sind, daß ständig neue Funde unser Bild ergänzen und verändern. Jenes unermeßliche Gebiet mit seinem gewaltigen Völkerreservoir und seiner bis heute chronologisch nicht geklärten Entwicklung der Kulturpflanzen bietet vor allem für die Entstehung der amerikanischen Hochkulturen noch zahlreiche Rätsel. Eines vor allem: Ging die Ausbreitung und Vermischung der Völkerschaften wirklich von Westen nach Osten – oder gab es in den ganz frühen Anfängen nicht auch eine gegenläufige Bewegung? Hier ist die Forschung unter anderem auch durch linguistische Untersuchungen der verschiedenen indianischen Sprachfamilien noch in vollem Gang.

Im Mündungsdelta des Amazonas auf der Insel Marajó, die zur Regenzeit meist völlig überschwemmt ist, wurden auf großen Friedhöfen meterhohe Urnen gefunden. Zu den Totenbeigaben gehörten Dreiecke aus Ton, die von Frauen als Tangas an Schnüren getragen wurden

Goldländer unter dem Äquator

Am Anfang steht ein unscheinbarer Erdklumpen, vor wohl 6000 Jahren mit Fingereindrücken versehen und damit das früheste Artefakt aus gebranntem Lehm in der Neuen Welt. Später, auf dem Höhepunkt ihres Schaffens, formten die indianischen Künstler in einzigartiger Technik Gebilde von unvergleichlicher Schönheit aus edlen Metallen. Vieles davon, so will es die Legende von Eldorado, ruht als Opfergabe an die Götter auf dem Grund des Sees von Guatavita. Immerhin: Mehr als 30 000 Ausstellungsstücke, den Schmelztiegeln der Schatzsucher entgangen, blenden den Besucher des Goldmuseums der Staatsbank in Bogotá

Fruchtbarkeit aus Feuerschlünden: Vulkane, abgeflacht zu Tafelbergen, düngten einst mit ihrer Asche das Hochland von Ecuador und ließen es weithin ergrünen

Markttag in Otavalo: Eine Indianerfamilie wartet auf Käufer für die Textilien, die sie während der Woche in Heimarbeit aus Wolle gesponnen und gewebt hat. Typisch ist für Frau und Tochter der Goldschmuck, für den Mann der lange Haarzopf

Noch aktiv ist der Cotopaxi, dessen ebenmäßiger Vulkankegel mit seinen schneebedeckten Hängen das Hochland von Ecuador 5900 Meter über dem Meer beherrscht. Alexander von Humboldt versuchte vergebens, ihn zu bezwingen

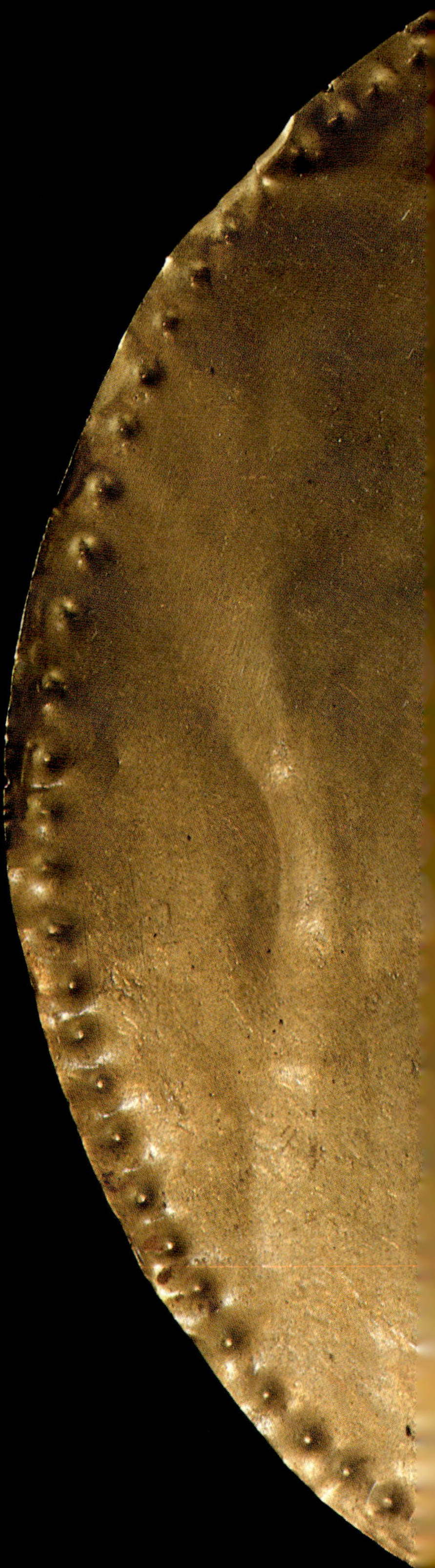

Geschmiedet, gegossen, gelötet: Nirgendwo sonst in Südamerika haben die Künstler der vorspanischen Kulturen so reiche Preziosen aus Gold geschaffen und dabei so vielfältige metallurgische Techniken entwickelt wie in den nördlichen Anden Kolumbiens

Amphibische Welt: Auf Pfählen stehen die Häuser in der Ciénaga Grande de Santa Marta, dem wasserumspülten Sumpfland der karibischen Küste ganz im Norden Kolumbiens

Totempfähle und Hünengräber sind die archäologischen Besonderheiten im Hügelland des südlichen Kolumbien. Die rätselhaften Steinfiguren der Kultur von San Agustín am oberen Magdalenenstrom stammen aus dem 1. Jahrtausend n. Chr.

Es ist noch dunkel, wenn ich nach einem schnellen Frühstück mit Haferflocken und heißem Tee aus der Thermosflasche die paar Stufen zum großen Innenhof der Hacienda hinabsteige und das Pferd sattle. Am frühen Morgen ist es hier im ecuadorianischen Hochland in mehr als 3000 Metern Höhe so kalt, daß ich trotz pelzgefütterter Lederjacke, Schal und dicken Handschuhen friere. Weiß steht der Atem meines Pferdes in der Luft.

Zwei Jahre sind wir schon hier, 70 Kilometer nördlich der Hauptstadt Quito, mit einem deutsch-ecuadorianischen Archäologenteam unter der Leitung von Udo Oberem von der Bonner Universität damit beschäftigt, eine Gruppe großer Rampenpyramiden und Grabhügel in allen Einzelheiten auszugraben und zu untersuchen. Auf dem Ritt zur Arbeit und zurück kreuze ich zweimal täglich den Äquator. Etwa zwei Kilometer hügelaufwärts erreiche ich schließlich den Grabungsplatz an den Ausläufern eines alten Vulkans. Unsere vierzig Arbeiter, quechuasprechende Indianer und Mestizen, warten bereits mit Hacken und Schaufeln.

Jetzt ist auch schon die Sonne aufgegangen und steigt – so ist es unter dem Äquator – ohne große Morgenröte über dem grandiosen Gebirgspanorama schnurstracks nach oben. Jenseits der braungelben Ebene im Schatten des Mojanda-Massivs zeichnen sich im Tageslicht weiß leuchtend die schneebedeckten Kegel der großen Vulkane ab, die das weite Hochland im Westen und Osten in einer langen Kette begrenzen, darunter unser Hausberg, der 5800 Meter hohe Cayambe.

Agavenzäune sind typisch für die Felder am Fuß des Vulkans Cayambe

Anders als in den Hochsavannen der mittleren Anden regnet es hier im Norden, im Hochland Ecuadors und Kolumbiens, auf Höhen zwischen 2500 und 3500 Metern häufig. Die vorspanischen Kulturen konnten in dieser Gegend keine Großviehzucht entwickeln; es war zu feucht für die Haltung riesiger Lamaherden, Wirtschaftsgrundlage für die übergreifenden Reiche im übrigen Andenraum. Hier im Norden war man vor allem auf den Regenfeldbau mit Mais und Kartoffeln angewiesen.

Die Menschen, die hier in alter Zeit siedelten, schlossen sich nicht in Großreichen zusammen, sondern lebten als Stammesgruppen in einzelnen Häuptlingstümern, die untereinander ganz unterschiedliche Gesellschaftsformen, Siedlungsanlagen und künstlerische Gestaltungsweisen hervorbrachten. Zwar gerieten auch diese Landstriche in der Endphase der Expansion des Inka-Reiches unter dessen Kontrolle; im übrigen aber gilt das geläufige Schema der kulturgeschichtlichen Einteilung in übergreifende Horizonte sowie Zwischenperioden mit regionalen Kulturen hier nicht. Stattdessen gibt es eine eigene Chronologie, die von einer frühen Phase um 3000 v. Chr. bis zum Ende der Inka-Zeit reicht.

Entsprechend dem Klima und der Topographie sind auch die Erhaltungsbedingungen für archäologische Zeugnisse in den nördlichen Anden ganz anders: Organisches Material, zum Beispiel Textilien oder Holz, hat sich hier kaum erhalten. Überdauert haben vor allem Bauten sowie Gegenstände aus Stein und gebranntem Ton.

In der Architektur kommen überwiegend massive Erdbauten vor; sie sind als grasbewachsene Hügel im Gelände oft schwer zu erkennen oder müssen erst von dichtem Bewuchs befreit werden. Eine solche Anlage habe ich nun in Cochasquí vor mir: Über einem rechteckigen Grundriß erhebt sich ein Hügel in Form eines Pyramidenstumpfes mit gleichmäßig geneigten Böschungen und einer Rechteckplattform obendrauf. Fünfzehn solcher Pyramiden zähle ich auf dem ganzen Hang. Neun von ihnen weisen eine Besonderheit auf: lange schräge Rampen, die jeweils in der Mitte nach ganz oben führen. Die Ausdehnung dieser Hügel ist beträchtlich: Die größte Pyramide hat eine obere Plattform von 80 mal 90 Metern, eine Höhe von gut 20 und eine Rampenlänge von mehr als 200 Metern. Mindestens 200 000 Kubikmeter Füllmaterial mußte allein für diesen einen Bau herantransportiert werden – eine erstaunliche Leistung, ohne technische Hilfsmittel, nur mit Menschenkraft ausgeführt. Der Bau erforderte also die Organisation großer Volksmassen über längere Zeit und setzte ein Gesellschaftssystem mit Arbeitsteilung unter einer straffen Führung voraus.

In einer der großen Pyramiden, die ich erkunde, hatten schon Schatzsucher gehaust. Ein früherer Haciendabesitzer aus der Gegend hat in den dreißiger Jahren einen kleinen Bach über einen Damm mitten durch den Pyramidenkörper geleitet und dabei eine mehr als 20 Meter tiefe, 60 Meter lange Bresche herausgespült. Große Schätze waren bei dieser barbarischen Aktion nicht zutage gekommen, aber eine Reihe innerer Einbauten und Mauern. Daraufhin untersuchte Max Uhle die Ruinenstätte 1932. Es war die letzte Feldstudie des damals schon 76jährigen Altmeisters, die er mit einer präzisen Bestandsaufnahme und einer Einteilung in mehrere Bauphasen, die letzte davon inkaisch, beschrieb. Uhle berichtet von vierhundert menschlichen Schädeln, die er in den Fundamentschüttungen vorfand, und interpretiert diesen makabren Fund als eines jener Bauopfer, durch das das Gebäude auf magische Weise dauerhaft standfest gemacht werden sollte.

Während unserer Grabungen seit 1964 können wir durch tiefe Schnitte das Bauprinzip dieser Pyramiden in allen Einzelheiten klären. Sie bestehen im Inneren aus abwechselnden Füllschichten von Lehm und Sand. Dazwischen kommen auch festgestampfte Lehmböden vor – ein Hinweis darauf, daß die riesigen Bauten nicht in einem Zug, sondern durch immer wieder folgende Vergrößerungen, gewissermaßen im Zwiebelschalenprinzip, entstanden sind.

An den steilen Pyramidenböschungen erwies sich während unserer Arbeit, daß die Oberflächen durch gestufte, sorgfältig in Lehm verlegte Blöcke aus verhärtetem Löß befestigt worden waren. Mit dieser Konstruktionsweise war es möglich, den Pyramidenhang wesentlich steiler anzulegen, als es der natürliche Schüttwinkel zuläßt. Die Absicht, ein massives Erdbauwerk möglichst steil zu böschen, ist dabei das Grundmotiv für alle Pyramiden in Amerika; durch steile Böschungen wird der Bau buchstäblich „überhöht", aus der Ebene der profanen Erscheinung herausgehoben in die Sphäre des Kultisch-Religiösen. Den Pyramidenbauern von Cochasquí gelang dieses Kunststück mit einem eigent-

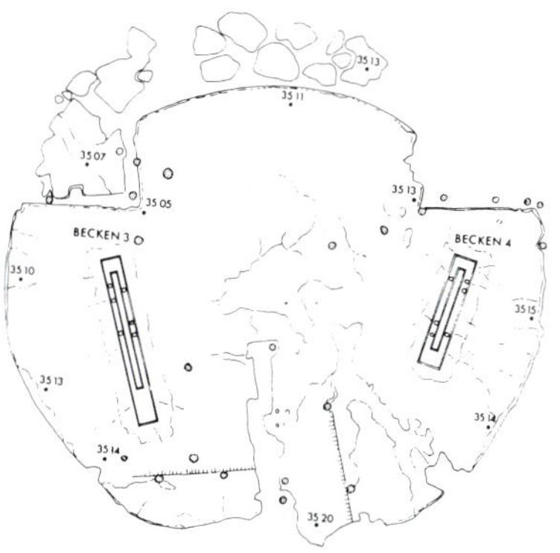

Auf den Pyramiden von Cochasquí wurden Hausgrundrisse freigelegt. Holzpfosten begrenzten den Lehmboden einer Rundhütte; die Wände bestanden aus Flechtwerk mit Lehmverputz und trugen ein Kegeldach. Innen fanden sich merkwürdige Feuerbecken. Die Kochtöpfe waren dreibeinig

lich ganz ungeeigneten Baumaterial: Die Quaderreihen aus Löß waren extrem witterungsanfällig; sie mußten vor dem Hochlandregen durch eine Erd- und Grasschicht geschützt werden.

Ich steige über die steile Böschung auf eine der kleineren Rampenpyramiden, deren Oberfläche wir in monatelanger Feinarbeit im Ganzen freigelegt haben. Als riesige Platte von etwa 16 Metern Durchmesser präsentiert sich nun der Fußboden eines früheren Rundbaues. Hier zeigt sich eine ganz ungewöhnliche Einzelheit: zwei in den Lehm eingetiefte, gestufte flache Becken, sechs Meter lang und einen halben breit, die mehr als den halben Durchmesser der Grundplatte einnehmen. Aus diesen Rinnen ragen Gruppen von jeweils drei konischen Steinzapfen nach oben.

Die Frage beschäftigt uns intensiv: Wozu könnten diese seltsamen Becken gedient haben? Daß in ihnen große Feuer gelodert haben, geht aus Holzkohlenfunden ebenso hervor wie aus der Tatsache, daß die aus feinerem Lehm modellierten Becken wesentlich stärker durch Hitze versiegelt sind als der umliegende Fußboden.

Der Zweck der Becken ist und bleibt rätselhaft. Dienten sie zur Aufnahme von Flüssigkeiten? Das erklärt jedoch nicht die Steinzapfen in Dreiecksformation. Aus ihrer Anordnung schließe ich, daß auf ihnen Tongefäße als Kochtöpfe aufgestellt waren, unter denen Feuer unterhalten wurden.

Doch was war die Bestimmung der Rundhäuser auf ihrem monumentalen Unterbau? Waren es Tempel? Waren es Häuptlingsquartiere? Da kann uns die Aussage eines spanischen Chronisten weiterhelfen; Sancho Paz Ponce de León beschreibt 1582 die Behausungen der Caranqui-Stämme um Otavalo: „Die Hausformen ... sind runde strohgedeckte Hütten; ihre Wände bestehen aus dicken Pfosten, die untereinander verflochten und innen und außen mit Lehm beworfen sind. Die Häuser der Häuptlinge sind gleichartig, außer daß sie größer sind und in der Mitte einen dicken Stützbalken haben ..."

Diese Quelle und unsere Funde lassen auf eine Wohnnutzung der Rundbauten schließen – auch wenn der erhöhte Unterbau und der lange Rampenaufgang doch so schön zu einer Interpretation als Tempel und zu einer rituellen Nutzung der großen Becken gepaßt hätten. Aber das eine muß das andere nicht ausschließen. Wenn wir in den großen Rundbauten den Wohnsitz eines Stammesfürsten sehen, herausgehoben aus den Niederungen des einfachen Volkes, könnte man sich an den Feuerbecken rituelle Festgelage des Hausherrn und seiner Gäste vorstellen.

Besonders monumental war so ein Innenraum trotz der Hausgröße jedoch nicht. Von vielerlei Stützen und Einbauten verstellt, nur dürftig durch den Eingang erhellt und vom beißenden Qualm

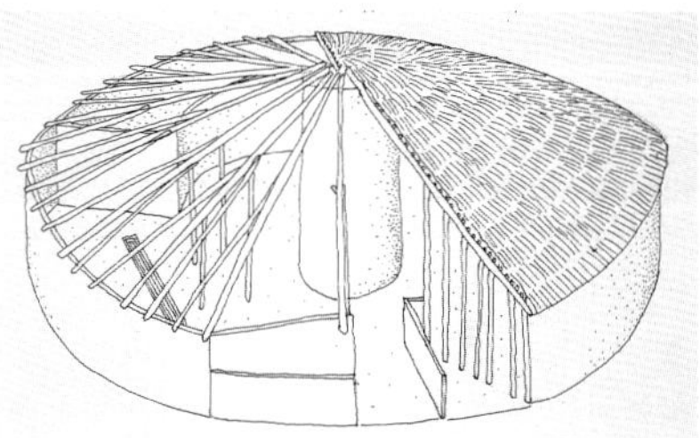

Tempel oder Häuptlingssitz? Rekonstruktion des großen Rundhauses mit der Mittelsäule

der Feuer in den langen Becken durchzogen, wirkte so ein Rundbau nicht gerade wie ein fürstlicher Bankettsaal. Aber das ist ja gerade der charakteristische Unterschied zwischen europäischer und südamerikanischer Auffassung von Architektur: Für die Caranqui-Häuptlinge war die finstere Hütte selbst unwichtig im Vergleich zur Außenarchitektur und deren Beziehung zur Umwelt. In der enormen Baumasse der Pyramidenhügel mit ihren endlosen schrägen Rampen manifestierte sich der vom Menschen gestaltete Außenraum, im perfekten Einklang mit der umgebenden Hochgebirgslandschaft.

Inzwischen ist es Mittag geworden. Die Sonne steht genau im Zenit und brennt vom wolkenlosen Himmel. Die Gehilfen haben längst ihre Ponchos ausgezogen, ich arbeite ohne Felljacke und Handschuhe in Hemdsärmeln und schwitze dabei gewaltig. So durchleben wir direkt unter dem Äquator jeweils im Verlauf eines Tages alle Jahreszeiten vom Winter bis zum Hochsommer.

In der Mittagspause reite ich hinüber zu unserem zweiten Grabungsplatz am Fuß des Bergrükkens. Dort arbeitet Jürgen, der Ausgrabungstechniker aus Bonn, mit seiner Mannschaft an einem der großen Grabhügel. Er gräbt ihn nach der Quadrantenmethode aus – das heißt: Von zwei sich gegenüberliegenden Teilen wird je ein Viertel des Gesamtkreises schichtweise abgetragen; bei den übrigen beiden Vierteln bleiben jeweils die Wände als vertikale Schichten stehen. Auf diese Weise läßt sich zum Schluß in zwei Richtungen ein vollständiger Querschnitt durch das aufgeworfene Bauwerk zeichnen. Die Grabkammer selbst ist in den natürlichen Boden eingetieft und wird jetzt gerade vollends freigelegt. An dunklen Verfärbungen, die nur durch ganz sorgfältiges Pinseln noch erkennbar sind, läßt sich ablesen, daß das Grab mit Holzbohlen ausgekleidet war. In einzelnen Nischen liegen Beigaben, kostbare, kugelförmige Keramikgefäße und eine Vielzahl von Menschenschädeln, wohl die geopferten Begleiter für den vornehmen Toten auf seiner Reise ins Jenseits.

Im Verlauf unserer Ausgrabung in Cochasquí kommen auf dem ganzen Gelände tonnenweise Keramikscherben zutage. Sie alle müssen registriert, gewaschen, getrocknet, klassifiziert, gezeichnet und fotografiert werden. Abend für Abend hockt Jürgen bei einer flackernden Petroleumfunzel in der alten Hacienda und bearbeitet seinen Scherbenberg. Aus der Analyse dieser Keramik und aus Radiocarbonproben vom spärlichen organischen Fundmaterial – überwiegend Holzkohle – ergibt sich, daß dieser Platz von 950 n. Chr. etwa sechshundert Jahre lang kontinuierlich besiedelt war. Bis die Spanier kamen.

*

Hier im nördlichen Hochland von Ecuador hatten die Invasionsheere der Inka besonders hart gegen die einheimischen Stämme zu kämpfen; die kriegerischen Nordländer leisteten heftigen Widerstand. Als Rückzugsplätze für ihre Heere legten die Inka um das Massiv des Vulkans Cayambe einen ganzen Gürtel von Höhenfestungen an – mit Steinwällen und Gräben gesicherte Bergrücken samt Außentoren sowie kleinen Steinbauten im Inneren. Mehrere dieser Festungen vermessen wir. Die höchste, Pambamarca, liegt zwischen 3900 und 4000 Metern. Da kommt man ganz schön ins Schnaufen, wenn man in der dünnen schneidenden Höhenluft einen Theodoliten durch das Schneegestöber schleppt, und die vier Meter lange Meßlatte zum Nivellieren wiegt, als wäre sie aus Blei. Der Gehilfe, der mit ihr die Wälle und Gräben einer solchen Bergfestung auf- und absteigen muß, keucht unter der Last.

Etwa zehn Jahre dauerte der Krieg des Inka Huayna Capac gegen die Caranqui, bis sie in einer letzten Schlacht nördlich der heutigen Provinzstadt Ibarra endgültig geschlagen wurden. *Yahuarcocha*, Blutsee, heißt das kleine Gewässer in der Nähe des Schlachtfeldes bis heute. Eine grausame Bestrafung der widerspenstigen Stämme folgte, bei der fast alle Erwachsenen getötet wurden. Dem Rebellen-Häuptling Pintac wurde schließlich die Haut abgezogen und mit ihr eine Trommel bespannt, die in Cuzco am inkaischen Hof bei feierlichen Anlässen geschlagen wurde. So befriedeten die Inka den Norden.

Im südlichen Hochland von Ecuador hat sich die kurze Zeit der Inka-Herrschaft in steinernen Bauwerken von ungewöhnlicher Qualität manifestiert. Tomebamba – die heutige Stadt Cuenca, ganz im spanischen Stil – wurde in der Spätphase des Inka-Reiches neben Cuzco zweite Residenz für dessen Nordregion. Unter dem Sockel eines Klosters am Stadtrand hat schon Max Uhle inkaisches Steinmauerwerk entdeckt, und in den achtziger Jahren sind bei erneuten Ausgrabungen unangetastete inkaische Gräber mit reichen Goldfunden sowie steinerne Grundmauern freigelegt worden. Daß

Blutsee wird das Gewässer genannt – indianisch: Yahuarcocha –, wo der Inka Huayna Capac die benachbarten Stämme in heftigen Kämpfen unterwarf und seinem Reich einverleibte. Das spätere Phantasieporträt zeigt ihn als „Befrieder des Nordens"

diese Residenz der Inka systematisch geplant war, wird deutlich in einer aufwendigen Verbauung des Flusses unterhalb der Stadt und in den Resten gewaltiger, aus Steinmauerwerk angelegter Entwässerungskanäle. Aus alten Chroniken wissen wir, daß in der Staatsarchitektur von Tomebamba aus Cuzco herbeitransportierte Steinquader symbolisch mit verbaut worden waren. Es gibt auch Berichte von Räumen, deren Wände mit Goldblech und Muschelmosaiken geschmückt waren. Nichts von alledem ist jedoch bis heute überkommen.

Vom Grabungsplatz Cochasquí aus im nördlichen Hochland auf der anderen Seite des Mojanda-Berges liegt das Dorf Otavalo. Ein alter Inka-Pfad führt über das Massiv, vorbei an dem dunkelblauen See im Krater des Vulkangipfels. Die Otavalo-Indianer leben auf ihren Maisparzellen in Streugehöften verteilt im Bergland; sie halten auch Schafe, deren Wolle sie in Heimarbeit von Hand verspinnen und weben. Einmal in der Woche, am Samstag, ist Markt in Otavalo. Schon bei Sonnenaufgang sind die langen Reihen des Textilmarktes wohlgeordnet ausgerichtet: Alles ist streng nach Farben getrennt, rote Ponchos in einer Reihe, blaue in der anderen. Die Indianer haben die Produktion der letzten Wochen, meist zwei oder drei Ponchos, lose Tuchballen oder einige *Fajas*, bunte gewebte Bänder, vor sich liegen und warten gelassen auf Käufer.

Alle sind sie gleich gekleidet: Unter dem dicken warmen Wollumhang, dem Poncho mit einem Schlitz in der Mitte zum Kopfdurchstecken, tragen sie ein weißes Leinenhemd mit Stickereien am Kragen und dazu weite, weiße Hosen, die nur zwei Handbreit unters Knie reichen. Die langen, blauschwarzen Haare sind – auch bei den Männern – zu einem dicken Zopf geflochten, der unter einem rohen, runden Filzhut in den Nakken hängt. Die Frauen tragen dazu eine über und über bestickte Leinenbluse und bis an die Fußknöchel reichende Faltenröcke in mehreren Lagen übereinander. Die Hände schmücken sie sich mit zahlreichen Messingringen, in deren Fassungen farbige Glassteine und Korallen eingesetzt sind. Um den Hals winden sich goldene Bijouterie-Ketten mit großen Kugeln. Die Ketten sehen aus, als kämen sie geradewegs aus Pforzheim, und wahrscheinlich ist das auch so.

Sie spinnen, färben und weben ihre Wolle selbst, die tüchtigen Otavalo-Indianer, und als Wanderhändler ziehen sie weit übers Land. Zur Frauentracht gehören Halsketten und eine bunt bestickte Bluse

Die Otavalo-Indianer sind tüchtige Tuchweber und ganz besonders zähe Händler. Die Marktbesucher haben alle keine Eile. Warum auch? Wochenlang webte ein Indianer in der Bergeinsamkeit vor seiner Hütte, da ist dies jetzt für ihn ein Ausflug in die große Welt. Ab zehn Uhr beginnen dann die Touristenbusse einzutreffen, das Markttreiben konzentriert sich immer mehr auf Souvenirs; selbst Antiquitätenhändler schlagen ihre Stände auf. Wer von den Textilverkäufern seine Ware losgeschlagen hat, setzt meist einen guten Teil des Erlöses in Zuckerrohrschnaps um. Gegen Mittag, wenn sich das Gewühl des Tuchmarktes lichtet, sieht man wankende Gestalten den Weg nach Hause nehmen. Ein Markttag ohne Besäufnis ist kein Markttag.

★

Die am besten erhaltene Inka-Ruine des nördlichen Andenhochlandes hat schon Alexander von Humboldt während seiner Forschungsreise 1802 aufgesucht und in seinem Reisewerk abgebildet. Es ist der Stützpunkt Ingapirca in der wilden Berglandschaft der Provinz Cañar zwischen den heutigen Städten Cuenca und Riobamba.

Auf einem schmalen Feldweg vom Dorf El Tambo aus erreiche ich die Ruine, die am Rande eines tiefen Tales auf einem langen Felsgrat reitet. Ihre Mauern aus geglätteten Steinquadern mit präzisem dichtem Fugenschluß stehen der Perfektion der Steinmetzkunst der klassischen Bauten von Cuzco nicht nach. Bei jüngeren Grabungen stellte sich heraus, daß Teile der inkaischen Anlage über älteren Bauten der einheimischen Cañari-Stämme errichtet wurden. Die Cañari waren besonders gefürchtete Krieger; sie versahen als *Mitmac*, umgesiedelte Zwangsverpflichtete, wichtige Aufgaben im Dienste des Adels von Cuzco und gingen schließlich als Hilfstruppen zu den spanischen Eroberern über.

Ingapirca, „Mauer des Inka“, war sicherlich keine Festung, wie die frühen Reisenden wegen der wehrhaften Bauten und der uneinnehmbaren Lage vermuteten, sondern vielmehr eine Kombination aus Kultzentrum, Tempelbereich, Verwaltungsstelle und Vorratsstation. Der Kern ist ein massiver, im Grundriß ellipsenförmiger, von feinen Quadermauern eingefaßter Bau am Rande eines terrassierten Steilhanges. Von der anderen Seite gelange ich über eine steinerne Freitreppe zu einem großen Tor und weiter über einen Treppengang auf die obere Plattform des

Als perfektes Oval zeigt sich der Stützpunkt Ingapirca hoch über dem Tal

In der Nähe von Ingapirca liegt Riobamba, das typisch spanische Städtchen aus der Kolonialzeit mit seinem bunten Marktgeschehen

Baues, wo ein rechteckiges Steingebäude steht. Eine Mittelwand trennt es in zwei Gemächer, die sich nach Osten und Westen hin öffnen. Dieses zentrale höchste Gebäude wird als Tempel interpretiert und von mehreren Archäologen – bisher ohne eindeutige Beweise – mit der Ausrichtung auf Auf- und Untergangspunkte der Sonne zu bestimmten, für den Pflanzenanbau wichtigen Kalenderdaten in Verbindung gebracht. Der Tempel trug ein Giebeldach mit dem First über der Mittelwand. Vor der Treppe zu diesem Kernbau sind ummauerte Höfe, schmale Korridore und einzelne regelmäßige Rechteckgebäude, alles aus feinstem Quaderwerk, zu einer allseitig ummauerten Anlage geordnet.

Auch an anderen Stellen im ecuadorianischen Hochland finden sich Reste inkaischer Steinbauten. Ich besuche die alte Hacienda San Agustín de Callo am Fuß des schneebedeckten Cotopaxi, dem mit seiner perfekten Kegelform schönsten Vulkan der Region.

Es ist gar nicht leicht, in den Innenhof der Hacienda vorzudringen. An den Pferdekoppeln und Viehweiden vorbei gelange ich bis zum äußeren Tor, aber dann verstellen drei große Hunde fletschend den Weg. Es dauert eine Weile, bis der Verwalter im roten Poncho sich zeigt; gestiefelt und gespornt hört er sich unsere Bitte um Besichtigungserlaubnis an, fragt nach und bringt schließlich die hechelnden Hunde in ihren Zwinger.

Knarrend öffnet sich ein letztes Tor, und wir treten in den gepflasterten Haupthof der Anlage. Der Trakt in der Mitte ist das Herrenhaus, daneben die Vorrats- und Wirtschaftsflügel, dann die Kapelle und dahinter ein Durchgang zum Nebenhof, wo die Pferde gesattelt werden. Es ist, in der Art eines Klosterkreuzganges, das typische Bauschema einer Hacienda aus der spanischen Kolonialzeit. Aber die kleine Kapelle sticht ab; sie hat nicht die dicken, hell getünchten Wände aus massivem Stampflehm wie die anderen Trakte, sondern Mauern aus Steinquaderwerk. Fein polierte, absolut dicht aneinandergefügte Andesitblöcke sind es, Inka-Mauerwerk bester Qualität. Im Inneren lassen sich im Halbdunkel die trapezförmigen Nischen erkennen, Leitmotiv inkaischer Architektur. Diese Mauer hat bereits Alexander von Humboldt bewundert und in allen Einzelheiten vermessen. Die ganze Hacienda ist über ein inkaisches *Tambo,* eine staatliche Raststation, gebaut. Von hier aus wurde in vorspanischer Zeit die umliegende Region verwaltet, hier lagerten Lebensmittelvorräte und Ausrüstung für die in Eilmärschen nach Norden ziehenden Heere. Auch sonst noch auf dem Anwesen finden sich die feinpolierten dunklen Quadermauern, und der Gutsbesitzer trinkt seinen Tee im Wohnzimmer des Herrenhauses vor einer Wand aus Inka-Quadern.

*

Mit viel Phantasie hat eine archäologische Sammlung zu tun, die von dem selber schon legendären Pater Crespi in Cuenca in der Schule der Salesianermönche zusammengetragen wurde. Ich mache mich eines Tages auf, um ihn zu besuchen.

Aus der Nähe sieht der Pater mit seinem langen Bart in einer abgetragenen, braunschwarzen Kutte aus wie eine Mischung aus Rasputin und Savonarola. Aber besonders eindrucksvoll ist der Blick aus den ruhigen Augen mit den vielen Fältchen. Aus ihnen strahlt die ganze Güte des Gottesmannes, der von den Armen fast wie ein Heiliger verehrt wird, weil er mittellose Schüler fördert und mit unglaublichem Organisationstalent eine Art von Schulspeisung für Armenkinder unterhält.

Padre Crespi und sein Schatz

Padre Crespi freut sich, daß ich seine Sammlung kennenlernen möchte und öffnet das Vorhängeschloß einer Seitentür. Wir treten in einen großen fensterlosen Raum voller Regale. Im Schein einer Glühbirne tut sich vor meinen Augen ein fabulöses Durcheinander von Ramsch und seltenen antiken Stücken auf. Bauchige bemalte Inka-Gefäße drängen sich dort, wunderschöne Steinäxte sind in einer Vitrine aufgehäuft; Tonfiguren der Küstenkulturen verstauben in einer Ecke.

Seine Lieblingshypothese, die der Padre mir jetzt in fanatischer Beredsamkeit auseinandersetzt, handelt von einer uralten Verbindung der europäischen Kulturen mit dem südamerikanischen Kontinent. Immer wieder zieht er aus einer der altersschwachen Vitrinen Ausrisse von Zeitschriften hervor und „beweist" mir anhand der vergilbten Fotos irgendwelcher europäischer Fundstücke die verblüffende Ähnlichkeit mit den Prunkstücken seiner Sammlung. Doch es handelt sich – ich erkenne es gleich – um Nachbildungen, die ein geschickter Fälscher hier in Cuenca angefertigt und dann dem gutgläubigen Padre als echten archäologischen Fund untergeschoben haben muß.

Gipsfiguren, Blechzierate, gravierte Steine, bemalter Plunder vom Sperrmüll, alles als archäologische Kostbarkeit aufgetakelt.

Welch ein Raritätenkabinett! Als ich wieder im harten Sonnenlicht des Schulhofes stehe, dreht sich alles um mich. So viele Schätze und so viel Plunder! Nach einem herzlichen Abschied, bei dem er meine Hand zwischen seinen Pranken drückt, entschwindet Padre Crespi mit fliegender Soutane, umringt von lärmenden Schulbuben.

Seither sind viele Jahre vergangen, und Padre Crespis Theorie, daß die Phönizier übers Meer und über den Amazonas hinauf Cuenca erreicht haben, hat sich in der internationalen Wissenschaft nicht durchsetzen können. Im Juni 1982 ist der Padre hochbetagt gestorben, und die authentischen Bestandteile seiner Sammlung können heute im schönen archäologischen Museum der Zentralbank von Cuenca besichtigt werden.

*

Am 2. November ist nach dem katholischen Kalender der Feiertag Allerseelen. Die Indianer, die um das Dorf Calderón im ecuadorianischen Hochland nördlich von Quito wohnen, kommen an diesem Tag alle zum Friedhof, um ihre Toten zu ehren.

Der Indianerfriedhof liegt hinterm Dorf in einer trockenen Ebene, umstanden von Eukalyptusbäumen. In der hellen Morgensonne ziehen ganze Völkerscharen den staubigen Weg hinaus. In ihren roten oder orangenen Umschlagtüchern schleppen die Frauen riesige Bündel auf den Rücken, die Kinder tragen verzierte Brotpuppen. Die vielen Rottöne der Indianerponchos lassen die Papierkränze mit ihrem Blau und Violett noch bunter erscheinen. Ein Meer von Farben in der grauen Ebene.

Das ummauerte Rechteck des kleinen Friedhofs ist ganz gefüllt mit Menschen. Über die unbepflanzten, kaum erkennbaren Grabhügel trampeln sie suchend umher. Wenn sie den letzten Ort ihrer Lieben gefunden haben, setzen sich alle im Halbkreis darauf und beginnen auszupacken. Ungeheure Mengen von Lebensmitteln kommen da zum Vorschein: hölzerne Mulden mit gebratenen Bananen und geröstetem Mais, Näpfe mit Reis und Fleisch, Humpen mit gegorener *Chicha,* Mus aus Früchten und als Spezialität des Tages eine besondere Suppe, eine dunkelgrau in den Schüsseln schwappende Brühe, deren seltsame Farbe von Brombeeren stammt. Die Gräber quellen über von der Menge der Lebensmittel. Einmal

Bunte Puppen aus Brotteig und berauschende Chicha, das Maisbier, gehören überall auf den indianischen Friedhöfen in den Anden zum Ritual des Totensonntags

im Jahr soll der Verstorbene richtig satt werden an all den Köstlichkeiten, wenn auch nur symbolisch.

Und nun beginnen mit halblauter Stimme die indianischen Totenklagen. Ab und zu wird der eintönige Singsang durch ein kurzes Klagegeheul unterbrochen, zwischendurch wird gegessen. So geht es stundenlang im Wechsel: Litanei und Picknick. Mit den Nachbarn werden Speisen ausgetauscht.

Bis zum Nachmittag geht das Totengelage weiter. Das Gemurmel und die Klagegesänge vermischen sich zu einem Brausen über dem ganzen Friedhof. Trotzdem machen die Kleinkinder auf den Gräbern zwischendurch ein Nickerchen, während die Alten weiterschmausen. Schließlich ziehen alle im Abendschein wieder ins Dorf zurück. Sie haben ihre Toten nach alter Sitte besucht und bewirtet.

⋆

Auf der Suche nach den verschiedenen Lebensformen der Menschen in diesen so prägenden Landschaften reise ich an die Küste der nördlichen Andenregion. Sie unterscheidet sich als Naturraum beträchtlich von den Wüstenzonen entlang des Pazifik mit ihren Flußoasen weiter südlich. Hier oben, im heutigen Ecuador und in Kolumbien, wirkt sich der kalte Humboldtstrom nicht mehr auf das Klima aus, weil er durch eine warme Gegenströmung von der Küste abgelenkt wird. Die Folge sind tropische Niederschläge und damit eine dichte Vegetation fast ausnahmslos bis an den Strand. In den feuchten Niederungen und weiten Flußmündungen bestimmen undurchdringliche Mangrovensümpfe das Landschaftsbild. Mit ihren weitverzweigten Wurzeln stehen diese amphibischen Bäume wie auf Stelzen, täglich wechselnd umspült von den Gezeiten des Meeres. Hier bilden Mollusken und vor allem eine Vielzahl von Krebsen eine maritime Nahrungsgrundlage für die Menschen.

In alter Zeit entstand in dieser Küstenzone eine verblüffende Vielfalt regionaler Kulturen; sie dokumentieren sich vor allem in einer reichhaltigen Töpferei, deren künstlerische Ausdruckskraft überwältigend ist. Hier auch war ein planmäßiger Ackerbau möglich durch die systematische Anlage von Entwässerungsgräben, zwischen denen höhergelegene Pflanzbeete stehenblieben. Eine ökologisch höchst sinnvolle Methode. *Camellones* wird dieses Anbausystem genannt, und noch vom Flugzeug aus läßt sich im sumpfi-

Kunstvoller Kanalbau: Zur Bewässerung der fruchtbaren Erde dienen die mäandernden Gräben im Hochland von Ecuador. An der Küste legten bereits die Mochica Systeme zur Entwässerung an

gen Schwemmland das dichtverzweigte Labyrinth der vorspanischen Drainagegräben erkennen, zwischen denen Mais, Maniok und Erdnüsse angebaut wurden. Die nördliche Küstenzone war schon sehr früh Ausgang und Ziel eines weitreichenden Handels mit Mesoamerika und der südlichen Pazifikküste.

Manta ist eine Hafenstadt an der mittleren Küste Ecuadors. Hier, bei den ärmlichen Bambushütten der kleinen Vorort-Siedlung Los Esteros, auf Pfählen gegründet, gelang den Archäologen eine überraschende Entdeckung, als 1966 eine ungewöhnlich große Springflut einen Teil des vorgelagerten Sandhügels wegriß und so seine inneren Schichten bloßlegte. Damit kam das Heiligtum einer etwa 2000 Jahre alten Kultur zum Vorschein, deren ungewöhnlich reiche Keramik nun von den Dorfbewohnern mit Schaufeln, Löffeln und bloßen Händen aus dem Sand gewühlt wurde. Innerhalb weniger Tage hatten die Schatzsucher den architektonischen Befund dieser regionalen Kultur namens Bahía völlig zerstört; nur ein Teil der Keramiken, vorwiegend in Menschengestalt, blieb den Museen des Landes erhalten: mehr als 50 Zentimeter hohe farbig bemalte Figuren von Würdenträgern, Männern und Frauen, reich mit Körperschmuck ausgestattet.

Die Bahía-Kultur erblühte in einem jener regionalen Häuptlingstümer, in denen planvoll angelegte Siedlungen städtischen Charakters sowie Tempelbauten aus vergänglichem Material über großen künstlichen Plattformen vorkamen. Sie bestand aus einer Gesellschaft mit ausgeprägter sozialer Schichtung, in der Handwerker, Fischer, Händler und Bauern von einer Gruppe von Priesterhäuptlingen und Zauberern regiert wurden. Die Keramiken geben ein Bild dieser Herren: Sie hatten eine breite Stirn, eine durch Schmuck deformierte Nase und ein vorspringendes Kinn. Die Männer statteten sich mit prächtigen schulterlangen Kopfbedeckungen, Lippenpflöcken, Ohrzieraten und schweren Halsketten aus. Bekleidet waren sie mit einer Schambinde oder kurzem Röckchen. Der nackte Oberkörper und das Gesicht waren mit verschlungenen Mustern bemalt. Von ihren Leder-, Textil- und Federarbeiten sind jedoch im feuchten Tropenklima keine Reste mehr erhalten, die Aufschluß geben könnten über die Machart.

Aus der gleichen Zeit, um 500 v. Chr., gibt es weiter im Norden Ecuadors auf der Insel La Tolita eine regionale Kultur, die ganz besondere Techniken zur Bearbeitung von Edelmetallen entwikkelte. So war es hier bereits vor mehr als zweitausend Jahren möglich, Platin zu bearbeiten, und zwar durch ein Sinterungsverfahren, bei dem Platinkügelchen mit Goldstaub gemischt und erhitzt wurden. Zudem brachten die Künstler auf der Insel eine geradezu abenteuerlich vielfältige Keramik mit phantastischen Menschen-Monstern und Tierfiguren hervor – so exotisch in ihrem überbordenden, plastisch applizierten Dekor, daß sie wie aus einer fremden Traumwelt auf uns gekommen scheint, in der sich eine außerordentlich komplizierte Mythologie widerspiegelt. Von La Tolita bestanden Querverbindungen zur Metallkunst von Vicús in Nordperu, aber auch allgemein kulturell weit nach Norden bis ins heutige Kolumbien.

Die Gegend von Manta wurde schließlich in der Periode der Integration seit 500 n. Chr. Kern einer überregionalen Kulturentwicklung, die alle Anzeichen eines großräumigen Königreiches trug. Die Oberschicht dieser strengen Klassengesellschaft lebte in einem unerhörten Luxus bis zur Deka-

Echten Schmuck trägt die bemalte Tonfigur einer Priesterin aus der Bahía-Kultur an Nase und Ohren. Bietet sie eine Opfergabe dar? Die Goldmaske mit Platin-Augen stammt von der Küste Ecuadors

denz, während die untere Schicht in großem Stil Sklavenarbeit vor allem bei der Anlage von Großbauten verrichtete.

Neben einer einfarbigen Keramik sind in dieser Manteño-Kultur besonders verzierte steinerne Thronsessel typisch. Und an der Küste gab es stadtartige Großsiedlungen mit bis zu 30 000 Einwohnern, die in fast 50 Meter langen Holzhäusern als Großfamilien lebten. Die spanischen Chronisten berichten von Hauptgottheiten – der Sonne sowie einem in einer Frau verkörperten Fruchtbarkeitssymbol. Sie erwähnen Menschenopfer an Kriegsgefangenen und auch die Sitte, Schrumpfköpfe als magische Trophäen herzustellen.

Pracht und Luxus dieser Epoche stützten sich neben der intensiven Landwirtschaft in drainiertem Feuchtland mit Hochbeeten vor allem auf einen regen Fernhandel entlang der Küste. Die Wasserfahrzeuge der Manteño waren so seetüchtig, daß sie bis zu den Galapagosinseln im Pazifik vorstießen, wie dort Keramikfunde beweisen. Pizarros Steuermann, Bartolomé Ruiz, brachte ein solches mit Segeln und Kielschwertern ausgestattetes Manteño-Floß 1526 in seine Gewalt und hinterließ uns eine minutiöse Beschreibung des Gefährts, seiner Besatzung und seiner Ladung.

Danach hatte das Floß – aus Balsaholz gefügt und mit Dreieckssegel aus Baumwolltuch, Masten und Rahen sowie einem kajütartigen Decksaufbau versehen – eine Besatzung von 20 Köpfen: Männer, Frauen und Kinder. „Es trug an Bord Gegenstände aus Gold und Silber, Kronen, Diademe, Gürtel, Armreifen und Rüstungen, Brustharnische, Zangen, Schellen und Bündel von Ketten, weiße und rote, und mit Silber verzierte Spiegel... Tücher aus Wolle und Baumwolle, das meiste davon gemustert oder in leuchtenden Farben – kochenillefarben, scharlachrot, blau und gelb und alle anderen Farben, in verschiedenen Musterungen mit Figuren von Vögeln, Tieren, Fischen und Bäumen. Auch gab es da winzige Waagen, um Gold abzuwiegen...“

Der Schritt zur Hochkultur, die Anlage großer planmäßiger Siedlungen und der Beginn der Keramikherstellung sind jedoch im nordandinen Küstengebiet wesentlich älter. In dieser Zone des permanenten kulturellen Austausches, zwischen den Mangrovensümpfen und Dornbuschsavannen des nördlichen Andenraumes, müssen wir uns sogar die Wiege der Keramik in Mittel- und Südamerika überhaupt vorstellen. Dabei ist noch umstritten, ob der älteste Fundplatz im Bereich von Cartagena, Kolumbien, bei den Siedlungen von Puerto Hormiga und Monsú liegt – hier reichen die Radiocarbondaten über die Anfänge des 3. Jahrtausends v. Chr. hinaus –, oder ob der älteste Fundort im Bereich der Valdivia-Kultur an der

Zeugnisse hoher Kultur: Kamm und Kette bestehen aus Spondylus-Muscheln; die Bahía-Keramiken stellen Schamanen dar, wohl unter dem Einfluß von Drogen; die Skizze für das Bild des Handelsfloßes in alter Tradition fertigte Alexander von Humboldt

ecuadorianischen Küste lokalisiert werden kann.

In jüngster Zeit ist in Ecuador ein neuer Fundort aufgetan worden, Altomayo, etwa vier Kilometer vom Meer landeinwärts. Der Platz birgt die etwa um 3500 v. Chr. einsetzende Valdivia-Keramik. In einem noch älteren Komplex hat der kanadische Archäologe Jonathan Damp kleine gebrannte Lehmklumpen mit Fingereindrücken gefunden: Wenn das angegebene Alter von 6000 Jahren wirklich zutrifft, dann handelte es sich hier sogar um die bisher frühesten Artefakte aus gebranntem Lehm in der Neuen Welt.

★

Die Irrungen und Wirrungen, die selbst seriösen Forschern in der Archäologie unterlaufen, wenn sie allzu kühne Thesen in ihre Arbeit einbeziehen, werden beispielhaft deutlich aus der Entdeckungsgeschichte der Valdivia-Keramik im Bereich der Halbinsel Santa Elena westlich der Hafenstadt Guayaquil. Und abermals taucht hier der phantastische Gedanke auf, der befruchtende Anstoß für die Kulturen Südamerikas sei von weither aus Übersee gekommen.

Die Keramik der Valdivia-Kultur besteht aus braunem Ton mit feiner roter Engobe. Die Dekoration der Gefäße mit Linien und Punkten ist meist noch vor dem Brennen in den lederhart vorgetrockneten Ton eingeritzt worden. Erstmals wurden solche Stücke von dem Deutschen Hans Dietrich Disselhoff und dem Nordamerikaner Geoffrey Bushnell 1936/38 untersucht, aber erst Emilio Estrada, Sammler und Patriarch der ecuadorianischen Küstenarchäologie, wurde sich 1956 darüber klar, daß er es wahrscheinlich mit den ältesten Keramikvorkommen in Amerika zu tun hatte. Er grub an mehreren Stellen der Küste, parallel dazu untersuchten die Nordamerikaner Betty Meggers und Clifford Evans ähnlich frühe Fundplätze. 1961 arbeiteten die drei schließlich gemeinsam. Reste von Bebauung fanden sie zwar nicht, aber eine ungeheure Fülle von Keramikmaterial, das neben ritzverzierten Schalen und Töpfen auch kleine massive Figürchen enthielt: nackte Frauengestalten. Auch Stein- und Knochengeräte wurden registriert.

Nach dem damaligen Wissensstand war vor allem die Meeresfauna die Nahrungsgrundlage der Valdivia-Menschen, wie aus Angelhaken und Muschelresten in den Abfallschichten hervorgeht.

Aus formellen Übereinstimmungen ihrer Funde entwickelten die drei Forscher damals die These, Frühformen der Valdivia-Keramik seien von der Jomon-Kultur in Japan abgeleitet. Von der Meeresströmung über den Pazifik abgetriebene japanische Fischer hätten von ihrem Inselreich die Kenntnisse der Töpferkunst mitgebracht und eingeführt. Dieser Gedanke, in der Öffentlichkeit gern propagiert, hat sich inzwischen als Irrtum er-

Indianermarkt mit Tauschhandel – Kupferstich von Theodor de Bry um 1600

Die älteste Keramik Amerikas? Der gebrannte Lehmbatzen mit Fingerabdrücken stammt vom Fundplatz Altomayo

wiesen. Die Ausgräber Henning Bischof sowie Julio Viteri Gamboa – ein alter Mitarbeiter Estradas bei den Valdivia-Grabungen – konnten durch eine präzise, nach natürlichen Schichten geordnete Grabung nahe Valdivia selbst mitten im heutigen Fischerdorf eine ganz andere Keramikgattung nachweisen. Diese sogenannte San-Pedro-Phase ging der Valdivia-Keramik eindeutig voraus und bestand teilweise neben ihr weiter. Damit war die Theorie des japanischen Ursprungs widerlegt.

Aber auch die These von der überwiegend maritimen Nahrungsgrundlage der Valdivia-Siedler mußte modifiziert werden. Der ecuadorianische Forscher Carlos Zevallos sprach schon vor Jahren von einer überwiegend agrarischen Versorgung durch Maisanbau im hügeligen Binnenland der Küstenregion. Durch Grabungen, die zylindrische Mahlsteine und figürliche Darstellungen von Mais in der Keramik zutage förderten, wurde er mittlerweile bestätigt. Die Siedlungsform jener frühen Keramiker der Valdivia-Kultur blieb jedoch ungeklärt – bis zu den Ausgrabungen von Real Alto.

Um nach Real Alto zu kommen, bin ich von Guayaquil aus durch die dichte tropische Vegetation der Küste nach Westen gefahren, vorbei an Mangrovensümpfen und Bananenplantagen. Allmählich wird die Landschaft lichter; einzelne Flaschenbäume mit ihrem seltsam ausgewölbten Stamm und giftgrüner Färbung stehen in der Dornbuschsavanne. Kein besonders einladender Platz für einen dauerhaften Verbleib. Kahl, öde, farblos, die nackte Erde ein seltsames Gemisch aus Grau mit weißen Einsprengseln. Und dennoch: Hier lag die frühe Siedlung von Real Alto.

Während mein Kollege Jorge Marcos aus Guayaquil mich im Gelände herumführt, merke ich, daß die weißen Einsprengsel in der grauen Erde, die da unter meinen Stiefeln knacken, Fragmente von Muscheln sind. Die ganze riesige topfebene Fläche besteht aus diesen Abfallschichten mit Muschelschalen. 1971 bereits hat Marcos hier Valdivia-Keramik und Steinwerkzeuge entdeckt.

Nach einer gründlichen Vermessung des gesamten Areals und dem Absammeln von Oberflächenfunden wurde hier seit 1974 großflächig ausgegraben – in einem Gemeinschaftsunternehmen ecuadorianischer und nordamerikanischer Archäologen. Es entstanden sehr arbeitsaufwendig ein mehrere hundert Meter langer Suchgraben und dazu zwei große Schnitte im rechten Winkel. Leichte Erhebungen wurden dabei als Standorte regelmäßig angeordneter Häuser identifiziert. Im sandigen Boden zeigten lediglich leichte Verfärbungen frühere Wandgräben und Holzpfosten an, deren organisches Material selbst längst zerfallen war. Mit den subtilen Methoden einer an nordamerikanischen Hügelgrabungen geschulten Technik konnten architektonische Befunde aufgezeigt werden, die bei früheren Valdivia-Grabungen unbeachtet geblieben waren. Wohnschichten, Feuerstellen und Bestattungsgruben wurden sorgfältig freigelegt. Fazit der Analyse nach der Radiocarbonmethode: Die einzelnen Siedlungen waren einander seit 3400 v. Chr. über mehr als fünfzehnhundert Jahre gefolgt. Damit gilt Real Alto als die älteste bisher bekannte, geplante urbane Siedlung mit Zeremonialzentrum in Amerika.

Jorge Marcos, der Ausgräber mit dem eisengrauen kurzen Kinnbart und dem zerquetschten Leinenhut, zeigt mir im Gelände die Umrisse

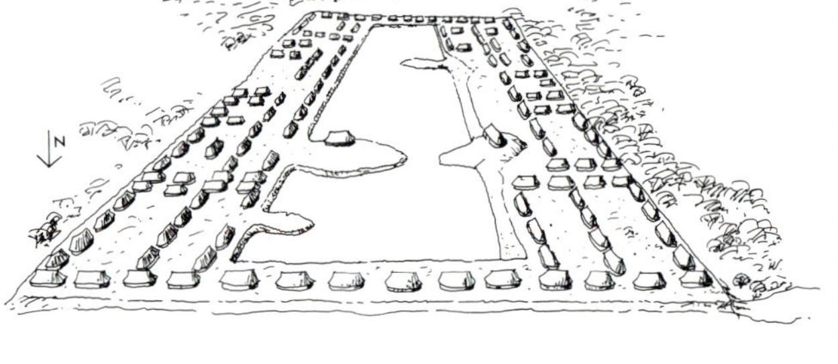

Modellierte Schönheit: Fein eingeritzt ist die Frisur der Figurine aus der Valdivia-Kultur. Zu jener Zeit entstand an der Küste Ecuadors die älteste planvoll angelegte Siedlung Südamerikas mit Hütten, Gemeinschaftsbauten und Heiligtum: Real Alto – vor mehr als 5000 Jahren

Coca-Strauch: Von alters her kultiviert, heute das „Blattgold" der Anden

Löffel für den Kalk zum Coca-Genuß

der dritten, am dichtesten bebauten Siedlung als riesige, mit Schutt und Abfall aufgefüllte Ebene von etwa 400 mal 300 Metern Ausdehnung. In der Mitte dieser Terrasse ist ein ebenfalls rechteckiger, bis zu zwei Meter tieferer innerer Platz ausgespart. Um ihn herum standen in regelmäßiger Reihung etwa hundert bis hundertfünfzig Wohnhäuser. Aus der Nähe erkenne ich die jetzt nach Ende der Ausgrabung schon wieder leicht vom Sand verwehten äußeren Fundamentgräben, Ellipsen von zwölf mal acht Metern. Ihre Wände bestanden aus Holzpfosten dicht nebeneinander, verflochten und mit Lehm verputzt. Im Inneren trugen weitere Pfosten ein steiles Walmdach mit Palmblatt- oder Grasdeckung. Mindestens zehn Mitglieder einer Familiengruppe hausten jeweils in einer solchen Ovalhütte.

In der Mitte des Platzes zwischen den Wohnhäusern sprangen die Terrassen nach innen vor; sie trugen je ein Zeremonialgebäude. Das größere wird von den Ausgräbern „Banketthaus" genannt: Aus besonders zahlreichen Keramikscherben, Panzern von Meerestieren und Rehknochen läßt sich schließen, daß dort rituelle Gelage stattgefunden haben.

Das kleinere Gebäude gegenüber, „Beinhaus" genannt, enthielt die zu Bündeln verschnürten Knochen von Würdenträgern samt ihren Totenbeigaben. Unter der Türschwelle, dem Platz zugewandt, fand sich ein mit Mahlsteinen ausgekleidetes Grab, darin das Skelett einer Frau, und daneben in einer weiteren Grube die Reste eines Mannes, den man offensichtlich als Opfer zerstückelt hatte. Im Umkreis waren weitere sieben ebenfalls geopferte Männer bestattet.

Auf diesen beiden in die Senke des Platzes vorspringenden Hügeln müssen sich also die wichtigsten Rituale in der Gemeinschaft der Siedlung abgespielt haben: Festmahl, Opfer, Totenverehrung. Die Ausgräber glauben, daß dieses Heiligtum in der Siedlungsmitte auch als zentraler Kultplatz der ackerbauenden Bevölkerung aus der Umgebung diente. Aus den Mangrovensümpfen bezogen die Bewohner von Real Alto Krebse, Muscheln und Schildkröten, näher noch lagen die Maisanbaugebiete der Niederungen am Río Verde.

In dem Grabungsmuseum nebenan und später im Depot in Guayaquil zeigt Jorge Marcos mir seine Kleinfunde, Schachtel um Schachtel sorgsam in Baumwollpolstern verpackte Tonfigurinen: winzige, nur fingerlange Frauenkörper mit stark betonten Brüsten und sehr fein modelliertem Gesicht, meist von lang herabhängendem, mit Ritzlinien verziertem Haar umrahmt. Spontan fällt mir die frühe Bardot dabei ein. Die ungefähr 5000 Jahre alten Miniatur-Schönheiten dürften, ebenso wie das besonders gestaltete Frauengrab am „Beinhaus", auf einen weiblichen Fruchtbarkeitskult hindeuten.

Marcos kramt weiter in seinen Schachteln und Kisten, zieht überaus fein verzierte Knochengeräte heraus, Schaber, dünne Kämme sowie lange Spatel; sie sind ein Hinweis auf den Gebrauch von Drogen, vor allem Coca. Zwar haben sich am Grabungsplatz keine Reste der berauschenden Pflanze erhalten, aber eben diese langen feinen Spatel und kleinen Flaschenkürbisse für die Aufbewahrung des zum Coca-Genuß notwendigen Kalks, der das Alkaloid beim Kauen erst freisetzt. Die Küstensiedler bezogen die Droge aus den Urwaldregionen der östlichen Andenhänge; vom Gebirge kam auch der glasartige vulkanische Obsidian für die Herstellung scharfer Werkzeuge. Nach Norden und Süden wurden von Real Alto aus die begehrten Spondylus-Muscheln exportiert, und dieses weitreichende Handelsnetz gab auch die formalen und kultischen Anregungen weiter, die bis Peru und Mesoamerika ausstrahlten.

Die Erkenntnis, daß bereits in einer sehr frühen Kulturphase in Ecuador Baumwolle angebaut wurde – denn Textilherstellung in Leinwandbindung ist hier lange vor deren Vorkommen an der Küste Perus nachweisbar –, vermittelte der Einsatz besonderer Analysemethoden, die die Nordamerikanerin Karen Stotherk entwickelte. Durch eine raffinierte Abgußtechnik mit allerfeinstem Silikonmaterial, aus der Technologie der Dentisten übernommen, gelingt es heute, textile Abdrücke von Keramikscherben zu kopieren und zu verstärken, die mit dem bloßen Auge nicht zu erkennen sind. Auf diese Weise wird eine neue, in dieser Region bisher nicht zugängliche Quelle der archäologischen Aussage nutzbar.

Die Kneipe in einem der alten Holzhäuser des Städtchens San Agustín im südlichen Hochland von Kolumbien ist ziemlich eng und dient zugleich als Kramladen. Im Regal an der Wand türmen sich Büchsen, Päckchen und Flaschen. In kleinen Gläsern, doch ziemlich schnell hintereinander, serviert Doña Inés, die beleibte Besitzerin in grell geblümtem Kleid, den Zuckerrohrschnaps.

Mir gegenüber an einem wackligen Tisch sitzt Don Emilio im braungestreiften, ausgefransten Poncho, gestiefelt und gespornt. Man hat mir gesagt, daß er die besten Pferde hat im Dorf. Nach etlichen weiteren Gläschen sind wir handelseinig. Don Emilio wird mit mir morgen zu einigen Ruinenplätzen auf der anderen Seite des Flusses reiten. Nicht ganz verstehen kann ich, warum er unbedingt noch ein drittes Pferd mitnehmen will, aber ich bin einverstanden.

Am anderen Morgen ganz früher Aufbruch. Don Emilio hat ein recht seltsames Kleidungsstück für mich mitgebracht – einen langen, gelbbraunen Schurz aus Leder; er wird um die Hüften gebunden und hängt in zwei Bahnen über die Beine herab bis zu den Stiefelspitzen. Wie verkleidet komme ich mir damit vor, während unsere Pferdchen im schnellen Trippelschritt einen schmalen steinigen Pfad einschlagen. Es sind Paßpferde, leicht und ausdauernd und mit einer unglaublichen Sicherheit in unwegsamem Gelände.

Die rollenden Hügel leuchten hellgrün in der Morgensonne, saftiges Gras, Maisfelder, dann wieder Wald in einem dunklen Grün,

Eines der Rätsel des reichsten Bestandes vorspanischer Großplastiken ist, warum sie ausgerechnet in der wilden Landschaft Südkolumbiens geschaffen wurden. Oft sind ihre Standorte zwischen dem Río Cauca und dem Magdalenenstrom noch heute nur zu Pferde erreichbar

eine stark modellierte Berglandschaft. Hier regnet es fast täglich und in Strömen.

Endlich, ich habe mich an die besondere Gangart des Pferdes gewöhnt, erreichen wir den Rand der Schlucht. Tief unter uns braust der Río Magdalena. Die Stromschnellen blitzen blendend weiß. Bis hier herauf hört man das Wasser des gewaltigen Stromes toben, der in immer tieferem Graben nach Norden verläuft, um schließlich in die Karibik zu münden. Durch zwei solcher Stromsysteme, das des Río Cauca und das des Río Magdalena, ist das kolumbianische Bergland in mehrere Becken gegliedert, die von hohen Bergmassiven begrenzt werden.

Wie sollen wir da bloß heil hinunterkommen, denke ich mir, während mein Führer schon wieder anreitet und das Begleitpferd am Halfter kürzer nimmt. Zwischen Felsblöcken und tiefen Schlammpfützen windet sich ein nur handbreiter Zickzackpfad; links von mir dichte Vegetation, immer wieder muß ich mich unter bemoosten Ästen ducken, auf denen gelbbraune Orchideenblüten leuchten, und rechts der schwindelerregende Absturz bis zum Talgrund. Wenn die Pferdchen ihre Hufe aus dem tiefen Schlamm ziehen, gibt es ein schmatzendes Geräusch wie beim Entkorken einer Flasche.

Schließlich ist der Talgrund erreicht, aufatmend wische ich mir die Lehmspritzer aus dem Gesicht. Die Hufeisen klingen, während wir über die wacklige Brücke reiten. Der Fluß ist hier so laut, daß er jedes Gespräch übertönt. Und nun geht es im Zickzack einen ebenso schmalen Pfad am Steilhang hinauf.

Auf der anderen Anhöhe im welligen Gelände hinter der Schlucht erreichen wir dann nach mehrstündigem Ritt unser erstes Ziel: eine Gruppe riesiger Figuren aus rötlich dunklem Stein, mitten auf einer Wiese am Rand eines grasbewachsenen Hügels. Es sind blockhafte Skulpturen, die eine fremdartige Welt von Göttern und Dämonen plastisch darstellen. Wesen aus Mensch und Tier vermischen sich. Die totemartigen Monolithe zeigen große fratzenhafte Gesichter, gefletschte Raubtierzähne, gewaltigen Kopfputz. Hier, am Fundplatz Alto de los Idolos, hat bereits zu Beginn dieses Jahrhunderts der Deutsche Konrad Theodor Preuss gegraben und danach die Fachwelt auf diese Statuen aufmerksam gemacht. Die jüngsten Ausgrabungen der kolumbianischen Forscher Luis Duque Gómez und Julio César Cubillos brachten in den Hügeln unterirdische Grabkammern zutage; ihre Wände bestehen aus Steinplatten und sind von einem gewaltigen Monolithen überdeckt. Wie ein europäisches Hünengrab wirken diese Kammern auch mit ihrem Zugangskorridor; sie enthielten Steinfiguren sowie große, aus einem Block gearbeitete Sarkophage, auch Wächterfiguren gab es am Eingang.

Es gibt eine ganze Reihe solcher Fundorte mit Erdhügeln und großen Steinskulpturen, auch skulptierte Felsen hat man im Umkreis der Siedlung San Agustín gefunden, und mehr als dreihundert jener rätselhaften großen Statuen sind bisher registriert. Sie erschließen in erstaunlicher Vielfalt von realistischem bis extrem abstrahiertem Stil ein weites Repertoire mythologischer Vorstellungen, in denen der Totenkult und die Verehrung überirdischer Wesen eine ganz eigenartige Verbindung eingehen. Frisch ausgegrabene Großplastiken zeigten manchmal noch Spuren farbiger Bemalung, auch die Grabkammern waren innen bemalt. Krokodile, Jaguare, Vögel, Schlangen, Frösche, auch eine gigantische Maus bevölkern diesen mythischen Zoo.

In einem Park des kleinen Museums bei San Agustín ist die

Mehrzahl der einst weit verstreuten Stelen zusammengetragen. Doppelfiguren begegnen uns dort: In einer Statue taucht fratzenhaft über einer ersten eine zweite auf – als Tier mit Menschengesicht, ein „alter ego“, zweites Ich. Auch ein Gott mit zwei senkrecht gehaltenen Stäben findet sich dort, ein Motiv, das im peruanischen und bolivianischen Hochland ebenfalls vorkommt. Zudem wurde eine Art von Wasserheiligtum entdeckt, *Lavapatas* – Fußwäsche – genannt: In einer Felsklippe sind Reptilien und Menschen skulptiert, über die das Wasser eines reißenden Baches sprudelt und sich in einzelne Becken und Kanäle ergießt.

Es gibt keine schlüssige Erklärung dafür, warum gerade in diesem Hügelland in Höhen um 2000 Metern jene südamerikanische Kultur aufblühte, die den bei weitem zahlreichsten Bestand an steinerner Großplastik schuf. Mit der Datierung der Kultur von San Agustín tun sich die Ausgräber schwer: Anfänge gehen sicherlich bis ins 1. Jahrtausend v. Chr. zurück, während der Schwerpunkt gegen 700 n. Chr. anzusetzen ist. Duque Gómez und Cubillos konnten trotz des extrem feuchten Geländes auch Spuren der Wohnform jener meisterhaften Bildhauer nachweisen: Sie hausten in Rundhütten aus leichten Bambus- und Pfostenkonstruktionen mit wohl palmblattgedeckten Kegeldächern.

Während wir am Spätnachmittag im strömenden Regen vom Ort der rätselhaften Großplastiken zurückreiten, ist zwischen den ziehenden Nebelfetzen kaum mehr der Grund der Schlucht zu erkennen. Der steile Pfad hat sich zu einem tückischen Sumpf verwandelt. Bis zum Knie versinkt mein braves Pferd in dem zähen, grauen Schlamm, und immer langsamer kommt unsere kleine Karawane voran.

Schließlich, ausgerechnet in einer der gefährlichen Spitzkehren, streikt mein Gaul ganz. Ich springe ab, lande in einer Pfütze und merke nach einer kurzen Untersuchung, daß das Tier beide vordere Hufeisen verloren hat; sie sind einfach im saugenden Lehm hängengeblieben. Ein mühsames Umsatteln, denn das aufgequollene Riemenzeug ist kaum zu lösen, und schließlich ziehen wir – ich auf dem Ersatzpferd – weiter die Serpentinen talabwärts. Jetzt begreife ich, warum wir am Morgen mit drei Tieren loszogen. Und als wir schließlich völlig durchnäßt, trotz Filzhut und dickem Poncho, im Dunkeln ins Dorf einreiten, um bei

Tiermonster und Doppelwesen, ein Quell-Heiligtum mit Reliefs und ein steinerner Thron: Die phantastische Welt der Kultur von San Agustín sperrt sich der Deutung von Archäologen, Historikern und Religionswissenschaftlern

Doña Inés noch schnell einen Schnaps gegen den drohenden Schnupfen einzunehmen, verstehe ich auch den Sinn des großen Lederschurzes: Nachdem ich ihn mit klammen Fingern abgeschnallt habe, bleibt er steif wie ein Brett gegen die Wand gelehnt stehen, von einer dicken, verkrusteten Lehmschicht aufrechterhalten.

*

Mit einem Bus ohne Fensterscheiben, dessen Oberbau ganz aus Holz gezimmert und bunt bemalt ist, reise ich auf Nebenstraßen von San Agustín weiter nach Westen in Richtung Popayán. Unterwegs will ich noch den Ruinenplatz Tierradentro mit seinen unterirdischen Gräbern besuchen.

Wir kommen nur langsam voran auf der engen Bergstraße. Immer wieder zwingt uns eine der vielen Militärpatrouillen zum Halten. Mit Maschinenpistole im Anschlag lungern die jungen Soldaten im Tarnanzug am Straßenrand, dunkle Indianergesichter unter dem großen Stahlhelm. Jedesmal müssen alle Passagiere aussteigen, das Gepäck wird abgeladen und nach Waffen durchsucht. Hier ist Rebellengebiet, und im Hinterland führt die auch in schwierigem Gelände bewegliche Guerilla gegen das überlegen ausgerüstete Militär einen auf beiden Seiten gnadenlosen Kampf.

Es dämmert schon, als ich schließlich mit meinem kleinen Bündel an einer Weggabelung aussteige, um den letzten Kilometer zur Hütte von Don Rodrigo zu marschieren, den mir Freunde aus der Hauptstadt als Führer zu den Gräbern empfohlen haben. In der anbrechenden Dunkelheit zeichnet sich jetzt Grau in Grau das Steildach einer Holzhütte ab. Aus der Tür schimmert das matte Licht einer Petroleumlampe. Ein Hund schlägt an. Etwa fünfzig Schritt vor dem Haus setze ich mein Bündel ab und rufe laut mehrmals den Namen meines Ansprechpartners. Ein Mann im Poncho mit einem länglichen Gegenstand unterm Arm tritt vors Haus und winkt mich näher.

Wir begrüßen uns, und ich übergebe meinen Empfehlungsbrief der Freunde aus Bogotá. „Du hast gut daran getan, meinen Namen zu rufen“, meint er schmunzelnd, während er seinen schweren Karabiner sichert und zurück an den Haken neben der Tür hängt. „Ich habe dich von weitem kommen sehen. Hättest du nicht gerufen, hätte ich wohl geschossen. Wir hatten drei Überfälle hier in der Nachbarschaft in den letzten Tagen. Man muß vorsichtig sein. Im Dunkeln darf man keine Fremden ans Haus kommen lassen.“ Während mir Don Rodrigo in einer Nebenhütte ein Nachtlager bereitmacht, fällt mir – mit einiger Verzögerung – ein Stein vom Herzen. Ein Glück, daß ich zuerst sein Anwesen und kein anderes angesteuert habe.

Als wir am nächsten Morgen zu den Gräbern reiten – ich auf einem vom Nachbarn geliehenen alten Maulesel, der recht störrisch ist –, durchqueren wir ausgedehnte Kaffeepflanzungen.

Kontrolle: Überall im Guerilla-Gebiet müssen sich die Reisenden der Prozedur des Militärs unterwerfen

Die unterirdischen Gräber, mein Ziel, sind rings auf den Hügeln in unregelmäßigen Gruppen dicht beieinander angeordnet. Aber sie sind schwer zu finden. Ohne Führer hätte ich den Ort nicht erreicht, und die Einstiegslöcher müssen wir im Unterholz erst mit der Machete freischlagen, bevor wir vorsichtig – leicht könnte da eine Schlange sein – im Licht meiner Taschenlampe die glitschigen hohen Stufen eines Schachtes hinabsteigen.

Wie über eine unregelmäßige Wendeltreppe gelangen wir so in den eigentlichen, aus dem weichen Felsgestein herausgearbeiteten Grabraum. Ein gewaltiger Eindruck: ein großer runder Raum, die Wände durch vorspringende Wandpfeiler in tiefe Nischen gegliedert; eine schräge, kuppelartige Decke über einem dicken rechteckigen Mittelpfeiler. Der ganze Raum ist die in Stein umgesetzte Wiedergabe einer Rundhütte aus Holzpfosten, Flechtwänden und Palmblattdach – eine Hütte für die Toten, sozusagen. Die glatten Felswände sind über und über bemalt in kräftigem Rot, Gelb und Schwarztönen. Ich erkenne als Dekoration ineinander verschachtelte Rechtecke und Rauten, auch Kreise kommen vor, und gerade Linien – vom Mittelpfeiler aus radial verteilt – deuten eine Art konzentrischer Sparrenkonstruktion an. Plastisch modelliert sind horizontale Balken zwischen Decken- und Wandzone, und ebenso stilisiert sind auch Gesichter von Menschen mit vorstehender Nase und eingetieften Augen und Mund; sie zieren den oberen Bereich der Pfeiler und Pilaster.

Diese hausartigen Grabhöhlen waren für sogenannte Zweitbestattungen angelegt worden; die nach einem ersten Begräbnis geborgenen Gebeine wurden hier in großen Urnen aus gebranntem Ton in den Nischen beigesetzt, umgeben von Weihgaben, vor allem Nahrungsmitteln in Keramikgefäßen, gelegentlich auch Votivgaben aus Goldblech. Entdeckt wurden diese Gräber schon vor Jahrhunderten; alle sind ausgeraubt, von den wertvollen Grabbeigaben und dem ursprünglichen Fundzusammenhang blieben kaum Spuren übrig. Für die gesamte Archäologie in Südamerika sind die bemalten Felsgräber der Bergregion von Tierradentro einzigartig. Wann sie entstanden sind, ist nicht klar; im allgemeinen werden sie später als die Kunst von San Agustín in die Zeit nach dem 6. und 7. Jahrhundert n. Chr. angesetzt und wurden wohl bis zur Ankunft der Spanier benutzt.

⋆

Die Geschichte von Eldorado – wörtlich übersetzt „Der Vergoldete“ und gleichbedeutend mit dem sagenhaften Goldland –, die nach der Ankunft der Spanier so viele unglückselige Expeditionen in die unwegsamen Urwälder des Amazonas und Orinoko lockte, hat ihren archäologisch belegbaren Hintergrund in den Bergen nörd-

Das unterirdische Totenhaus von Tierradentro, ausgehöhlt aus dem weichen Stein, wirkt wie ein Nachbau der oberirdischen Hütten aus Lehm und Holz – dauerhaft für ein Leben im Jenseits. In den Urnen wurden die Gebeine der Verstorbenen beigesetzt

lich der Hauptstadt Bogotá. Dort soll nach dem Bericht eines spanischen Chronisten aus dem Jahre 1636 ein neuer Fürst seine Herrschaft jeweils mit einer feierlichen Opferzeremonie auf einem Floß im heiligen Bergsee angetreten haben – sein Körper mit nichts als Goldstaub bedeckt. Unter den Klängen von Trompeten und Muschelhörnern fuhr der Vergoldete durch den Rauch der Weihefeuer zur Mitte des Gewässers hinaus, dort vollzog er in tiefem Schweigen das Opfer, indem er Berge von Schätzen, Gold und Perlen, Smaragde, Juwelen, für die Götter versenkte und zuletzt auch den Goldstaub von seinem Körper abwusch.

Dieser Brauch wird dem Stamm der Muisca zugeschrieben, der vom 10. bis zum 16. Jahrhundert im Hochland von Bogotá siedelte. Eine Goldschmiedearbeit der Muisca-Kultur, aufbewahrt im Goldmuseum der kolumbianischen Staatsbank, zeigt als Miniatur eben jene Zeremonie. Sie soll im See von Guatavita vollzogen worden sein, und bereits Alexander von Humboldt hat das geheimnisvolle Gewässer aufgesucht und abgebildet.

Mit einem Freund mache ich mich von Bogotá aus im Geländewagen auf, um den Ort der Legende selber zu sehen. Wir fahren zunächst durch welliges grünes Hochland. Viehweiden und kleinere Eukalyptuswäldchen, dahinter neben Pferdekoppeln immer mal wieder eines der großen weißleuchtenden Luxusanwesen, mit hoher Umfassungsmauer und riesigen Parabolantennen. Man sagt, daß die Drogenbarone hier einen Großteil ihrer Landsitze haben.

Schließlich nach einer Abzweigung ein steiler Feldweg; vorbei an Bauerngehöften und einem kleineren Dorf kommen wir endlich nach einem kurzen Fußmarsch – für den Wagen ist das Schlammgelände unpassierbar – an einem schmalen Geländeeinschnitt an. Links und rechts steigen dichtbewaldet die Hänge eines längst erloschenen Vulkans empor, und vor uns liegt nun in dunklem Smaragdgrün der See.

Nichts rührt sich, kein Laut. Es ist wirklich ein magischer Platz, dieser kreisrunde Kratersee, und ich kann mir in dieser Stimmung gut vorstellen, wie von den Höhen ringsum die Masse der Indianer gebannt auf die Mitte des Wassers blickte, wo der goldglänzende Fürst sein Opfer vollzog. Es gibt kaum einen anderen archäologischen Ort in den Anden, der eine so intensive Ausstrahlung hat.

Natürlich haben Goldjäger immer wieder versucht, an die versunkenen Schätze zu kommen. Der Spanier Jiménez de Quesada ließ 1539 ein Muisca-Oberhaupt im Feuer schmoren, um ihm genauere Nachricht zu entlocken, und bereits 1580 versuchte Antonio de Sepúlveda, den See trockenzulegen; davon stammt die tiefe Bresche im Berghang, die unser Zugang war. Noch zu Anfang des 20. Jahrhunderts wollten Engländer unter enormem Aufwand den See ausbaggern. Vergeblich. Das Gewässer bewahrte sein Geheimnis und steht endlich seit 1965 unter Denkmalsschutz.

*

Die Muisca-Kultur zeigt unter den regionalen Häuptlingstümern

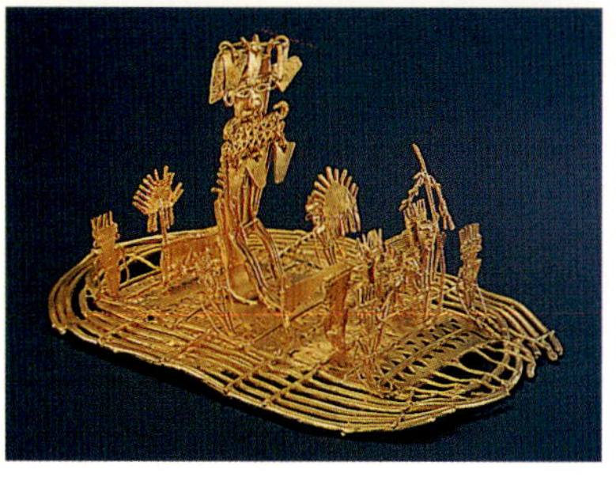

Legende von Eldorado: Auf dem Phantasiebild von 1727 wird der Fürst mit Goldstaub eingepudert. Den See von Guatavita gibt es wirklich – und auch die Darstellung der Zeremonie: „Der Vergoldete" auf seinem Floß, aufbewahrt im Goldmuseum von Bogotá

im mittleren Hochland von Kolumbien am ehesten die Ansätze einer regelrechten Staatsbildung etwa vom 9. bis 10. Jahrhundert an. Die Bevölkerungsdichte war ungewöhnlich hoch. Über Einzelheiten der gesellschaftlichen Organisation und der Religionsvorstellungen – das Dorado-Ritual gehörte dazu – sind wir hauptsächlich durch spanische Chronisten informiert. Sie erzählen von Häuptlingen, die in ungeheurem Luxus lebten, umgeben von zahlreichen Konkubinen, gottähnliche Verehrung erfuhren und stets in Sänften getragen wurden. Sie berichten auch vom Kannibalismus der Muisca, von ihrem Kriegswesen, von mit Menschenschädeln gepflasterten Straßen und rituellen Menschenopfern.

Wirtschaftliche Grundlage des Staatswesens, bei dem man schon von einer Art Reichsbildung sprechen kann, war der Ackerbau in den fruchtbaren Hochbecken der Nordanden, wo Mais, Bohnen und Kartoffeln zweimal im Jahr geerntet werden konnten. Außerdem gab es einen regen Handel mit Salz aus Solequellen, ferner mit Smaragden sowie mit feinen Textilien, zu deren Produktion Baumwolle aus den tieferen Andenregionen importiert wurde. Typisch für das Kunsthandwerk dieses Volkes sind aus Gold und Kupfer gegossene *tunjos,* Opfergaben. Sie stellen Gegenstände, Menschen und Tiere dar, die als Votivgaben rituell deponiert oder begraben wurden. Auch eine Reihe künstlerisch hochwertiger Krieger-Porträts aus Ton gehört zu dieser Kultur. Die spanischen Beobachter berichten auch von weitläufigen, ganz aus Holz gebauten Fürstenhöfen und

Im Minirock mit Fransenlook kommt die Frau der Muisca-Kultur daher – gegossen aus Tumbaga, einer Gold-Kupfer-Legierung, und verziert mit „falschem" Filigran. Das flache Goldblech könnte als Schnupftablett für die Einnahme von Drogen gedient haben

Tempeln. Nichts davon blieb erhalten, außer ein paar aufgeschütteten Hausplattformen mit Lehmfußböden und Pfostenlöchern. Eine Ausnahme gibt es: steinerne Architektur am Ruinenplatz Infiernito, „Kleine Hölle", in der Nähe des Kolonialstädtchens Villa de Leiva.

Es muß höchst bewegt zugegangen sein gegen Ende der dreißiger Jahre des 16. Jahrhunderts, als drei verschiedene Konquistadorentrupps aus diversen Richtungen in das Hochland von Bogotá vorstießen, um hier Schätze zu finden und die Eingeborenen dauerhaft zu unterwerfen. Gonzalo Jiménez de Quesada kam 1536 von der Karibik her am Magdalenenstrom herauf und erreichte mit seiner dezimierten, erschöpften Truppe zwei Jahre später das Hochland, wo er die Stadt Santa Fé de Bogotá gründete. Sebastián de Belalcázar, einer der blutrünstigsten Unterführer Pizarros, rückte von Ecuador aus an und gründete Kolonialstädte im Caucatal, so 1536 Pasto und Popayán.

Schließlich war da noch ein deutscher Abenteurer: Nikolaus Federmann aus Ulm, Beauftragter des Handelshauses der Welser, das Karl V. mit ungeheuren Darlehen die Kaiserwahl finanziert hatte. Dafür bekamen die Welsers eine Kolonisierungs-Konzession für die Neue Welt im Gebiet von Venezuela. Der schwäbische Hauptmann stieß von der Küste durch die weiten Savannen des Tieflandes nach Westen vor und erreichte nach vierjährigen Strapazen die Gegend von Bogotá 1539 fast gleichzeitig mit seinen beiden spanischen Konkurrenten. Das Experiment einer deutschen Kolonie auf dem neuen Kontinent blieb jedoch eine Episode; Spanien wollte auf die Dauer keine Laus im Pelz seines Kolonialreiches dulden.

Jahrzehnte währte der Kampf der Europäer gegen die einheimischen Stammesgruppen, bis 1550 Bogotá als Sitz einer königlichen Audienz für Gerichtsbarkeit und Verwaltung eingerichtet wurde und die umliegenden Territorien dauerhaft kolonisiert waren. Hauptinstrument war dabei die Gründung von Städten, nach den festgelegten Regeln des spanischen Städtebaus gegliedert, in denen sich die weißen Siedler niederließen.

Villa de Leiva in der Provinz Boyacá ist solch eine Kolonialstadt, 1572 gegründet und seither kaum verändert. Von hier aus ist es nicht weit zum Ruinenplatz Infiernito. In einer weiten braunroten Ebene liegt das umzäunte Gelände, umgeben von Weideflächen und Baumgruppen. Mit dem Archäologen Don Eliécer Silva Celis steige ich über eine gut zwei Meter hohe Schicht angeschwemmter Erde zur Grabung hinab, einem weiten Hof, in dem zwei lange Reihen übermannshoher monolithischer Basaltsäulen noch stehen. Bei einigen hat das Fundament nachgegeben, sie hängen jetzt schief. Durch diese Reihen wird das lange Rechteck sozusagen in drei Schiffe eingeteilt, die äußere Begrenzung an den Langseiten bilden dicht nebeneinander Steinsäulchen wie ein Zaun.

Noch immer rätselt die Fachwelt über die Bedeutung dieser ungewöhnlichen Anlage, die man mit den Völkern der Muisca in Verbindung bringt. Selbst eine schlüssige

Der Marktplatz von Villa de Leiva entspricht dem heimatlichen Ideal der spanischen Eroberer: eine Kolonialstadt in strengem Rastersystem

Das kantige Idol im Quimbaya-Stil aus der Region des Río Cauca in der Zeit um 500 bis 1000 n. Chr. ist nur aus Lehm gebacken – trägt aber kostbaren Schmuck aus Edelmetall. Das feine Fläschchen als Kalkbehälter für das Coca-Ritual ist höchster Ausdruck des Kunsthandwerks – in Wachs modelliert und aus Tumbaga gegossen

Datierung gibt es bisher nicht, ebensowenig den Nachweis einer Überdachung des ganzen Platzes, der wohl kultischen Charakter hatte und vom Ausgräber wegen seiner präzisen ost-westlichen Ausrichtung in einem astronomisch-kalendarischen Zusammenhang gesehen wird. Die Steinbalken-Architektur scheint aus der Tradition des Holzbaus mit dicken Pfosten übernommen zu sein. Vielleicht war die Stätte, zu der noch ein umgrenzter Vorhof gehört, tatsächlich ein Freilichtheiligtum von einzigartiger Monumentalität.

★

Vor allem durch ihre Kunstfertigkeit in der Bearbeitung von Edelmetall sind die alten Kulturen im nordandinen Raum berühmt. Zwar setzte hier die Metallbearbeitung fast tausend Jahre später ein als in Peru, aber sie entwickelte rasch eine ganz andere technische Meisterschaft. Während in den Mittelanden überwiegend mit gehämmertem Goldblech gearbeitet wurde – vernietet, gefalzt und verlötet –, beherrschten die nördlichen Kulturen auch den Hohlguß. Unglaublich schöne Flaschen aus Gold schufen die Quimbaya nach diesem Verfahren; sie dienten zum Aufbewahren des Kalks für den Cocagenuß. Über einem massiven Kern, der später entfernt wurde, modellierten die Künstler den eigentlichen Flaschenkörper aus Wachs, umgaben ihn mit einer Form und gossen ihn aus. Auch Kupferlegierungen – *Tumbaga* – wurden in den nördlichen Anden häufig verwendet, außerdem eine Technik der Vergoldung kupferner Oberflächen durch Säureätzung. Die Erzeugnisse dieser hochentwickelten Techniken erreichen

Tafelgeschirr und Würdezeichen aus den Werkstätten von Goldschmieden im späteren Kolumbien wurden weithin exportiert. Gräber in Costa Rica und Panama enthielten Schmuck nach der Art des getriebenen Spiralornaments im Tairona-Stil aus dem Magdalena-Tal. Eßgeschirr an einer Fürstentafel war die aus Goldblech gehämmerte zwölf Zentimeter weite Schüssel aus einem Calima-Grab im Cauca-Tal. Die Doppelvögel des Tairona-Emblems sind sowohl gegossen als auch getrieben; die Teile wurden nicht gelötet, sondern in einer raffinierten Technik durch Hämmern zusammengefügt

Im frühen Calima-Stil des Cauca-Tales ist dieses 31 Zentimeter hohe Diadem eines Fürsten aus Goldblech geschnitten und getrieben. Nasenschmuck und Ohrscheiben sind beweglich angeklammert. Das figürliche Calima-Tongefäß zeigt neben Reliefmodellierung auch Ritzverzierung

Embleme, auf der Brust zu tragen: Die Anhänger mit Menschenfiguren repräsentieren den Tolima-Stil im 1. Jahrtausend n. Chr.

regional unterschiedliche Ausdrucksformen: von den getriebenen Schmuckplatten und gegossenen Figurennadeln der Calima vor der Zeitenwende, den plattenartigen filigranen Flachgüssen der Muisca bis zu den großen Goldemblemen der Tolima, die als Brustschmuck getragen wurden und nach der Zeitenwende entstanden.

Von Kolumbien aus strahlte diese hochentwickelte Kunst der Edelmetallbearbeitung vor allem zur Herstellung von Körperschmuck und Opfergaben seit 400 n. Chr. nach Norden aus, bis Panamá und ins heutige Costa Rica. Wer jedoch wie geblendet durch das Goldmuseum der Staatsbank in Bogotá schreitet, von einem Tresorraum in den nächsten, und sich am Glanz der Ausstellungsstücke freut – mehr als 30 000 zählt das Museum inzwischen –, der sollte nicht vergessen, daß diese Schätze nur aufgekauft wurden und zum größten Teil aus Raubgrabungen stammen. Ihr archäologischer Fundzusammenhang und damit die Aussage über ihre Zeit bleibt meistens im Dunkel der Geschichte.

⋆

Die Sierra Nevada de Santa Marta ist das steilste Küstengebirge der Welt. Über einem Dreieck von knapp 150 Kilometern Seitenlänge ragt der Gebirgsstock unmittelbar neben der karibischen Küste ganz im Nordosten Kolumbiens bis in Höhen von 5700 Metern auf, eine gewaltige zerklüftete Felspyramide, im Westen und Norden am Fuß von undurchdringlichem Urwald bis in Höhen von 2000 Metern bedeckt. Darüber folgen die *Páramos*, kahle Hochsteppen, und schließlich das ewige Eis der Gletscher mit seinen blendendweißen Schneefeldern.

Eigentlich keine einladende Umwelt zur dauerhaften Ansiedlung, und doch formten etwa seit 500 n. Chr. die Tairona-Indianer diese Region bis zum Ende des 16. Jahrhunderts so um, daß sie zum Schluß ein perfekter Lebensraum für Menschen wurde, bebaut mit einem dichten Netz von bevölkerten Siedlungen an den Sockeln des Bergmassivs. In dem für den Anbau von Mais, Maniok und Bohnen günstigen Tropenklima legten die Tairona durch Stützmauern vor der Erosion geschützte Ackerbauterrassen an. Sie kanalisierten Bäche und schufen ein dichtes Verkehrsnetz über Brücken, gepflasterte Wege und Treppenstraßen, welche die verstreuten Siedlungen miteinander verbanden.

Seit 1973 haben kolumbianische Archäologen in einem großangelegten Aufnahme- und Forschungsprojekt versucht, dieses längst vom Urwald überwachsene großräumige System einer ökologischen Infrastruktur zu erkunden. Eine sehr abgelegene, von Grabräubern verschonte Siedlung wurde im einzelnen untersucht und ausgegraben: „Buritaca 200" ist die Arbeitsbezeichnung für den Ort, dessen ursprünglicher Name unbekannt bleibt. Nur in einem strapaziösen viertägigen Fußmarsch durch den Urwald oder mit riskanten Hubschrauberflügen erreichten die Archäologen diesen Arbeitsplatz, und das Forscherleben in Buritaca selbst war extrem hart.

Von der Tropenvegetation freigelegt wurde in „Buritaca 200" eine ausgedehnte Siedlung, auf großen Terrassen am Hang angeordnet, die aus zahlreichen Rundbauten – im Durchmesser von vier bis zwölf Metern – bestand. Die Wände waren aus Holz, die Dächer kegelförmig mit einer Palmblattdeckung. Erhalten sind jedoch nur noch die gemauerten, massiven ringförmigen Sockel der Häuser sowie ein eindrucksvolles System gepflasterter Wege, steinerner Treppen, gepflasterter Terrassen, Wasserzuleitungen und Entwässerungskanälen.

Sorgfältig angepaßt an die Topographie des steilen Geländes, hatten die Tairona hier ein lebenswertes Siedlungssystem errichtet. Ihre Rundbauten waren Familienquartiere, größere Rundhütten dienten wohl auch einer sakralen Nutzung. Die Toten wurden unter den Häusern oder im Umkreis bestattet.

Ganz ähnlich wie „Buritaca 200" sind in der Umgebung die zahlreichen anderen Tairona-Siedlungen mit stellenweise mehr als hundert einzelnen Rundhäusern angelegt. Es ist möglich, daß dieser Stamm, der sich erst kurz vor dem Einfall der Europäer kulturell richtig entfalten konnte, aus der Gegend von Mittelamerika, etwa aus Costa Rica, eingewandert ist. Die Tairona waren trotz ihrer intensiven Terrassenlandwirtschaft ökonomisch nicht autark, sondern vor allem in der Spätphase ihrer Bevölkerungsexplosion auf den Güteraustausch mit der Küste – vor allem Fisch und Salz – angewiesen. Sie entwickelten hochwertige Produkte, vor allem polierte Steinwaren und Werkzeuge sowie Schmuck aus Achatperlen und Gold. In der Tairona-Metallurgie kommen vor allem ungewöhnlich feine Tierfiguren vor, Fledermäuse, Vögel, Frösche. Ausgeführt wurden diese Meisterwerke der Goldschmiedekunst ebenfalls in der Hohlgußtechnik, kombiniert mit „falschem", das heißt gegossenem Filigran.

Im Einklang mit der Umwelt des tropischen Hochgebirges waren die Pflasterwege und Hausplattformen der Tairona-Siedlung „Buritaca 200" angelegt

Auf dem Gipfel der Tairona-Goldschmiedekunst entstand dieser Hohlguß mit prachtvollem „falschen", das heißt mitgegossenen Filigran: Zwei Tukane zieren den Hut des Mannes; was er in der Hand hält, ist keine Waffe, sondern ein Zeremonialgerät unbekannter Funktion

Wie in den alten Tairona-Zeiten: Eine Kogi-Siedlung in der Sierra Nevada de Santa Marta zeigt noch heute viele Züge der klassischen indianischen Lebensweise – neben den typischen Rundhütten auch die Weiterverwendung von Goldzierat als Körperschmuck

An der Küste gründeten die Spanier schon recht früh, 1525, die Hafenstadt Santa Marta als Stützpunkt mit zwei trutzigen Hafenfestungen. Von hier aus betrieben sie die höchst einträgliche, für die indianischen Zwangsarbeiter jedoch vielfach tödliche Perlentaucherei und die Eroberung des Tairona-Gebietes in der Sierra Nevada, aber es dauerte bis zum Ende des 16. Jahrhunderts, bis alles Land unterworfen war. Die steile Gebirgsgegend bot den Indianern lange ideale Rückzugsorte, in die die Eroberer nur mühsam vorzudringen vermochten, weil sie ihre Reiterei nicht einsetzen konnten. Die Tairona, eingefleischte Krieger und geländekundig, leisteten heftigen Widerstand.

Wahrscheinlich ist der endgültige Untergang dieses blühenden Ökosystems im Gebirge mehr eine Folge der unter den Tairona ausbrechenden eingeschleppten Epidemien gewesen als der spanischen Kriegskunst. Nachkommen der Siedler von einst, die Kogi-Indianer, leben bis zum heutigen Tag ganz isoliert in dieser Bergwelt, in Dörfern mit Rundhütten, die den der alten Tairona-Siedlungen ähnlich sind. Die Kogi benutzen ebenso goldene Figürchen als Körperschmuck.

Inzwischen sind die Ruinenstätten der Sierra Nevada für Besucher so gut wie unzugänglich geworden. Das Gebiet ist ein Zentrum der Rauschgiftproduktion. In den unzugänglichen Gebirgswäldern wird in großem Stil Marihuana angebaut. Die Drogenmafia beherrscht die ganze Gegend bis zur Küste – und die Ruinen der Tairona bleiben weiterhin im Urwald verborgen.

Schmelztiegel der Kulturen

Mit der Zerstörung des Erbes alter Hochkulturen in Südamerika durch die spanischen Eroberer ging der größte Völkermord in der Geschichte der Menschheit einher. Nahezu 90 Prozent der ursprünglich 80 Millionen Einwohner waren binnen fünfzig Jahren ausgerottet. Ein halbes Jahrtausend lang prägte Europa den Subkontinent. Im neu erwachten Selbstbewußtsein fragen heute die Nachfahren der frühen Amerikaner nach den Wurzeln einer eigenen Identität. Das erhebt die Archäologie in jenen Ländern zur Wissenschaft von Staatsrang. Nicht zuletzt mit ihrer Hilfe sucht sich die indianische Welt zurückzuholen, was schon längst verloren zu sein schien

Im Zeichen der Tradition: Die Lebensweise der indianischen Bauern im Hochland der Anden – Tracht, Wohnform und eigene Sprache – blieb über Jahrhunderte unverändert. Doch die Idylle trügt. Drückende Armut und das Unwesen gewalttätiger Banden treiben immer mehr Landbewohner von ihrer Scholle

Im Zeichen des Kreuzes: In den Städten Südamerikas ist längst die spanische Lebensweise verwurzelt. In feierlicher Prozession folgen Gläubige in Büßergewändern dem Bild des wunderverheißenden Christus durch die Altstadt von Lima

Wie eine goldstrotzende Schatzgrotte glüht die Altarwand der Jesuitenkirche in Quito im Dienste der Heidenmission. Die, die bekehrt werden sollten, hatten den Prunk in Fronarbeit selber zu schaffen

Endstation Slum: Ein paar Pfähle und Matten – schon ist die Behausung am Rand der Wüste fertig. Millionen von Hochlandbewohnern drängen sich in diesen „pueblos jóvenes", den jungen Dörfern im Umkreis der Metropolen wie hier bei Lima: ohne Wasser, ohne Strom, ohne Kanalisation, ohne Hoffnung

Der Admiral war in Unruhe; seine Mannschaft drohte zu meutern und hatte ihm noch drei Tage Frist gegeben. In der Nacht glaubte er, in der Ferne ein Licht gesehen zu haben, war sich aber nicht sicher. Litt er schon an Wahnvorstellungen?

Schließlich gegen zwei Uhr, man schrieb Freitag, den 12. Oktober 1492, ein Kanonenschuß vom voraussegelnden Begleitschiff: Land in Sicht! Christoph Kolumbus hatte auf der Suche nach dem Seeweg zu den Gewürzländern Indiens eine kleine Insel in der karibischen See erreicht. Die Eingeborenen nannten sie Guanahani, Kolumbus taufte sie San Salvador; wahrscheinlich war es die heutige Watling-Insel in der Bahama-Gruppe.

In seinem Tagebuch notierte der Admiral: „Es ist eine Insel, eine bewohnte Insel. Am Strand erblickten wir Eingeborene, nackt, wie Gott sie erschaffen hat.“ Mit zwei königlichen Beamten und zehn bewaffneten Matrosen stieg Kolumbus in ein Boot und ging an Land. „Auch von der Insel bekam ich nun mehr zu sehen. Mächtige Wälder, ein kristallklarer Bach, der dem Meer zuströmte, und riesige unbekannte Früchte, unter deren Last sich die Zweige der Bäume bogen, sprangen mir ins Auge. Nach Häusern, nach Tempeln, nach Zeichen des Reichtums hielt ich vergeblich Ausschau.“

Und nun folgte das festgelegte Ritual, nach dem der Admiral in Zukunft eine Entdeckung nach der anderen, Inseln und Festland, für die spanischen Könige reklamierte. „Ich kniete nieder, als ich festen Boden unter den Füßen hatte – noch einen Tag zuvor wähnte ich, dies würde nie wieder geschehen –, und dankte Gott, indem ich die Erde küßte. Dann entfaltete ich das königliche Banner und rief die beiden Beamten der Krone zu Zeugen an, daß ich im Namen des Königs und der Königin von Spanien von der Insel Besitz ergriff.“

Damit war der Untergang der alten Kulturen Amerikas eingeläutet. Jahrtausende zuvor hatten sie sich eigenständig und ganz isoliert von der Alten Welt zu entwickeln begonnen. Sie hatten ganz andere Wege als der Orient und Europa eingeschlagen. Und nun, binnen weniger Jahrzehnte, zogen die Spanier das Leichentuch totaler Zerstörung und kolonialer Unterdrükkung über dieses einzigartige Phänomen in der Geschichte der Menschheit.

Bereits zu Beginn der europäischen Entdeckungsfahrten gab es unter den Gelehrten und an den Höfen der Alten Welt eine intensive Diskussion über die Legitimation der Eroberung und Kolonisierung neuentdeckter Länder. Dabei war entscheidend, daß das Rechtsbewußtsein noch ganz in mittelalterlichen Kategorien verhaftet und vor allem an religiöse Vorstellungen gebunden war: Die abendländischen Christen waren davon überzeugt, ein höheres Recht zu besitzen als die neuweltlichen Nichtchristen. So wird verständlich, daß die Okkupanten keine Rücksicht nahmen auf Meinung, Sitten oder Wertvorstellungen der Eingeborenen.

Wie gut dies mit Mord, Raub und Eroberung zusammenpaßte, drückte schlaglichtartig Kolumbus aus, als er am 7. Juli 1503 an seine Auftraggeber schrieb: „Gold ist das köstlichste aller Dinge... Wer Gold besitzt, kann alles, was er in dieser Welt begehrt, erlangen. Ja, für Gold kann er die armen Seelen ins Paradies bringen.“

Erst späteren Generationen ist bewußt geworden – und wir Archäologen tragen unseren Teil dazu bei –, was damals dem Kulturerbe der Welt verlorenging. Die Menschen Südamerikas hatten sich im Laufe der Jahrtausende durch Ausbildung von Wissen und handwerklichem Geschick, also in ihrer geistigen Entwicklung und ihrer Technik, in der Auseinandersetzung mit ihrer Umwelt und untereinander bewährt. Prägendes Element dabei war vor allem der besondere Naturcharakter des Subkontinents: tropische Wüsten, Hochgebirge und Regenwälder in ihrer vielfältigen und abwechslungsreichen Verbindung. Solche Lebensumstände hat die Mensch-

Landung und Landnahme: Kolumbus betritt die Insel Hispaniola und nimmt sie für die Krone in Besitz – Phantasiebild von 1728

heit nirgendwo anders vorgefunden. Sie wichen in den amerikanischen Hochkulturen vom altweltlichen Modell deutlich ab und führten zu einer neuen Lösung für das Zusammenleben von Menschen in einer hierarchisch gegliederten Gesellschaft und einer extrem schwierigen Umwelt.

Gerade angesichts ihrer technischen und organisatorischen Leistungen, deren Zeugnisse wir immer noch zutage fördern, mutet es höchst seltsam an, daß diese Gesellschaften nicht den entscheidenden Schritt zur Entwicklung einer Schrift vollzogen – die in der Alten Welt die Vorbedingung war für hochkulturelle Erscheinungen wie Geschichtsschreibung, Literatur und systematische Verwaltung. Die Knotenschnüre der Inka bildeten nur eine Erinnerungshilfe für bestimmte Mengenangaben und konnten lediglich zusammen mit einer mündlichen Botschaft von einem spezialisierten Verwaltungsbeamten „gelesen" werden. Auch alle anderen Versuche, den vorspanischen Kulturen Südamerikas so etwas wie eine Bilderschrift zuzuschreiben, mißlangen bisher – auch wenn es entsprechende Interpretationen gibt: Zum Beispiel wurde die komplizierte Ikonographie abstrahierter Textildarstellungen bei den Inka in Verbindung mit Götternamen gebracht, oder den Mochica an der peruanischen Nordküste wurde eine Art Bilderschrift zuerkannt – entwickelt aus der Musterung einer gefleckten Bohnensorte. In Wirklichkeit gab es in Amerika keine Schrift vor der Ankunft der Spanier – die Bilderschrift der Azteken sowie die Datums- und Namenglyphen der Maya in Mesoamerika sind regio-

Inkaische Knotenschnüre, „Quipus": keine Schrift, aber Gedächtnisstütze

nal begrenzte Ausnahmen. Und doch existierte eine Überlieferung: mündlich.

Auch die Erfindung des Rades, nach unserer Schulweisheit die Nabe jeder kulturellen Fortbewegung, gibt Rätsel auf. Zwar war es im Prinzip bekannt – in Mesoamerika wurde tönernes Spielzeug mit Rädern gefunden –, aber es wurde als praktisches Mittel zum Transport nicht eingesetzt. Lag auch dies an den besonderen topographischen Gegebenheiten, dem mangelnden Nutzen im schrundigen Hochgebirge, im losen Sand der Küstenwüste oder im morastigen Regenwald?

Selbst die Entwicklung der Metallurgie, die ja in Europa geradezu der klassische Indikator zur Einteilung einzelner Kulturepochen ist – von der Kupfer- und Bronze- bis zur Eisenzeit –, nahm in Südamerika einen ganz anderen Verlauf: Sie beschränkte sich fast ausschließlich auf die Verarbeitung von Kupfer und Edelmetallen und diente ganz überwiegend der Produktion von Schmuck, Kultgegenständen und Grabbeigaben, ohne daß sie regelrecht als Leitfossil für einzelne Kulturepochen angewendet werden konnte. Zwar wurden in Amerika auch Werkzeuge und Waffen aus Kupfer und bronzeartigen Metallverbindungen produziert; bis in die Zeit des Späten Horizonts überwog jedoch in all jenen Kulturen Werkzeug aus Stein.

Ja selbst in der Baukunst, die im alten Amerika einen besonders hohen, aber auch besonders eigenen Stand erreichte, wurden bestimmte Schritte nicht vollzogen – etwa die Entwicklung des echten Gewölbes oder die Konzeption großer Bauten mit systematisch gestaltetem Innenraum. Andere Kriterien waren diesen indianischen Völkern in der architektonischen Selbstverwirklichung wichtiger. Dazu gehörte vor allem die monumentale Gestaltung der Außenanlagen, massiver Erdbauten und Plätze sowie ihre Beziehung zur Landschaft.

Wie konnte es geschehen, daß dieser Sonderweg in der Kulturgeschichte der Menschheit so abrupt abbrach? Weshalb gelang es einer Handvoll schlecht ausgerüsteter Abenteurer binnen weniger Jahre, ein Großreich in ihre Hand zu bekommen und auf Dauer zu beherrschen?

Viel ist geschrieben worden über die Gründe des Erfolgs der spanischen Conquista. Ganz sicher gelten für den Handstreich Pizarros in Cajamarca die überwiegend angeführten Gründe der europäischen Überlegenheit in kriegerischer Technik und Taktik: Die spanischen Schwerter aus gehärtetem Stahl und die Eisenrüstungen waren der inkaischen Bewaffnung im Kampf überlegen; die Feuerwaffen verursachten zusätzlichen Schrekken, wenn auch die armseligen Feldschlangen Pizarros mit ihrem Kanonendonner eher einen psychologischen als artilleristischen Beitrag zum schnellen Sieg liefer-ten. Dasselbe gilt für die Kavallerie der Eroberer mit der für die Indianer anfangs ganz unbegreiflichen kentaurischen Einheit von Reiter und Pferd; sie hatte neben ihrem flexiblen Einsatz im Kampf selbst einen zusätzlichen psychologischen Überraschungseffekt – auch wenn er sich bald abnutzte.

Hinzu kam die Erfahrung und völlig andere Taktik der Spanier: Die meisten von ihnen waren durch die Kämpfe der Reconquista gegen die Mauren in der alten Heimat erprobte Guerilleros; das blitzschnelle Ausnützen einer Kampfsituation – im Falle von Cajamarca die Überrumpelung des inkaischen Anführers – war für diese Kämpfer in der Tradition der Condottiere der Renaissance eine Selbstverständlichkeit. Für die Indianer galt dieses Vorgehen als Bruch jeglicher Kriegsregeln. Während ein kleiner spanischer Stoßtrupp in einem blutigen nächtlichen Kampf die Festung Saksahuamán eroberte, überraschte er die inkaische Garnison recht unvorbereitet. Nachts kämpfte man nicht! Die Indianer verstanden sich nicht darauf, die Effizienz des Augenblicks auszunutzen oder sich spontan auf andere Menschen einzustellen. Ihr Denken, auch in kriegerischer Situation, verlief vielmehr in den Bahnen von Code und Ritual. Der Vorteil augenblicklichen Handelns zeigte sich vor allem auch in der Art, wie die Spanier die momentanen Zwistigkeiten in der Führung des Inkareiches und die Irritationen der frisch unterworfenen Stämme für sich nutzten, um sie als Hilfstruppen gegen die inkaischen Heere einzusetzen.

Die tieferen Gründe für den raschen spanischen Sieg sind also mehr als nur eine Summe der technischen und taktischen Überlegenheit; sie liegen in der völlig andersartigen Mentalität der alten Amerikaner. Stark verkürzt: Während für Europäer die Kommunikation von Mensch zu Mensch den Hauptfaktor ihrer Lebensverwirklichung darstellte, war für die Indianer das Verhältnis zwischen Mensch und Welt das Entscheidende. Der Einklang mit Natur und Umwelt, mit deren überirdischen guten und bösen Kräften, war ihr oberstes Ziel. Selbst in den Vorstellungen vom Ablauf der Zeit zeigt sich dieser tiefe Mentalitätsunterschied: Für die Indianer gab es unabänderliche Zeitläufte, die auf Wiederholung gegründet waren – selbst im zyklischen Überbauen von Tempelpyramiden stellt sich diese Weltsicht dar. In abendländischen Vorstellungen war Zeit nichts Wiederkehrendes, sondern ein lineares Fortschreiten der Geschichte, an dessen Ziel der endgültige Sieg des christlichen Geistes stand. So sahen die Spanier auch im mühelosen Ablauf der Eroberung Amerikas einen handgreiflichen Beweis für die Überlegenheit ihrer Religion; da blieb kein Raum für völlig unverständliche Denkweisen der Unterlegenen.

Bereits vor den Feiern zur 500. Wiederkehr der Entdeckung Amerikas 1492 sind erhebliche Zweifel darüber aufgekommen – und das vor allem in Amerika selbst –, ob dieser Termin wirklich nur Anlaß zum Jubeln sein sollte. Ihre Einwände artikulierten südamerikanische Indianer, vor allem aus Peru, lautstark während des Internationalen Amerikanisten-Kongresses 1988 in Amsterdam. „Wir wußten damals, wer wir sind", argumentierten sie, „nur ihr Europäer wußtet das nicht. Im Jubiläumsjahr wollen wir euch gerne das zurückgeben, was ihr uns damals gebracht habt: ein Holzkreuz und ein eisernes Schwert."

In diesen Worten liegt mehr als nur eine starke Symbolik. Immerhin ist die Entdeckung und Kolonisierung Amerikas untrennbar verknüpft mit dem größten Völkermord in der Geschichte der Menschheit. Die Vernichtung der Indianer im 16. Jahrhundert war seit je Gegenstand quantitativer Spekulationen; die Angaben von Chronisten oder die Zahlen des in seinen Denkschriften unermüdlich für den Schutz der Indianer kämp-

Selten sind archäologische Funde aus der Zeit der europäischen Eroberer. Dieses spanische Wams aus dem Jahr 1580 wurde auf einem Gräberfeld in Nordperu entdeckt

fenden Bischofs Bartolomé de las Casas, der von Hunderttausenden und Millionen von Getöteten sprach, wurden lange Zeit als mittelalterliche Phantasien abgetan oder als „leyenda negra“, als schwarze Legende — Propaganda gegen Spanien. Inzwischen kann die Geschichtswissenschaft durch verfeinerte Methoden der Hochrechnung und Statistik die Bevölkerungszahlen für den amerikanischen Kontinent vor Beginn der Eroberung jedoch recht genau kalkulieren. Dazu dienen auch Vergleiche mit den Angaben aus der Kolonialzeit, wo aus Gründen der Steuereintreibung und Zwangsarbeit regelmäßig ein präziser Zensus der Indianer aufgezeichnet wurde. Die Zahlen der modernen Forschung sprechen für sich selbst: Gegen 1500 betrug die Gesamtbevölkerung der Erde 400 Millionen; davon lebten in Amerika 80 Millionen. Fünfzig Jahre später, nach vollzogener Eroberung, waren es gerade noch 10 Millionen. Das bedeutet eine Dezimierung der Bevölkerung um 70 Millionen Menschen in einem halben Jahrhundert! Ein ergänzendes Beispiel liefern nordamerikanische Experten, die das Gebiet von Mexiko besonders präzise untersuchten: Zu Beginn der Eroberung lebten dort 25 Millionen Menschen, dreißig Jahre später waren es noch sechs Millionen, und schließlich, um 1600, gab es nur noch eine Million Indianer.

Drei Ursachen sind zu nennen für diesen Rückgang, der sowohl absolut als auch relativ ein einzigartiger Massenmord in der Geschichte der Menschheit ist. Immerhin 90 Prozent der ursprünglichen Bevölkerung wurden ausgerottet!

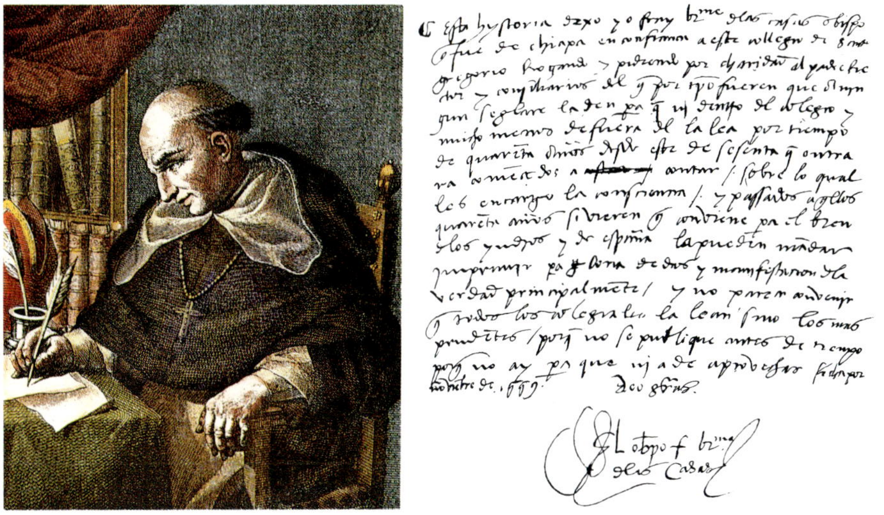

Bischof Las Casas schreibt die Widmung für sein Geschichtswerk über Amerika

Die erste Ursache stellt die unmittelbare Vernichtung der Indianer dar, durch Kriegshandlungen oder auch einfach durch Totschlag. Dabei kannten vor allem in den ersten Jahren der Eroberung der Blutrausch und die Grausamkeit der europäischen Eindringlinge keine Grenzen. Las Casas berichtet von einer solchen sinnlosen Mordtat, die er auf Kuba selbst miterlebte: „Als wir uns noch zehn Meilen Wegs von einem großen Flecken befanden, kamen uns die Indianer zum Empfang entgegen und brachten uns Lebensmittel und andere Geschenke. Ihre Abgesandten hatten eine große Menge Fische, Brot und andere Speisen bei sich und gaben uns von allem so viel sie nur konnten. Aber plötzlich fuhr der Teufel in die Christen, so daß sie in meinem Beisein, ohne die mindeste Veranlassung oder Ursache, mehr als dreitausend Menschen, Männer, Frauen und Kinder, darniederhieben, die rings um uns auf der Erde saßen. Hier nahm ich so unbeschreibliche Grausamkeiten wahr, daß andere Sterbliche dergleichen wohl schwerlich gesehen haben oder sie für möglich halten möchten.“ Die Eroberer in ihrem Blutrausch betrachteten die Indianer schlichtweg nicht als Menschen.

Die zweite Ursache des extremen Bevölkerungsrückgangs war die unmenschliche Behandlung der Indianer durch die Spanier. An Umsiedlung und Zwangsarbeit und deren Folgen gingen noch weit mehr Indianer zugrunde als durch direkte Tötung. Beim Perlentauchen etwa oder in den Silber- und Goldbergwerken sowie auf Baustellen und in Steinbrüchen, überhaupt bei der Zwangsarbeit an ungesunden Orten ohne ausreichende Nahrung, starben die aus ihrer gewohnten Klimazone verschleppten Indianer weg wie die Fliegen.

Und die dritte Ursache schließlich — von den Eroberern nicht unmittelbar beabsichtigt — waren die aus Europa eingeschleppten Seuchen und Krankheiten. An Masern, an Pocken, ja an simplem Schnupfen starben die unterernährten Indianer, die gegen diese auf ihrem Kontinent unbekannten Erreger keine Widerstandskräfte hatten, in ungeheurer Zahl. Ganze Landstriche verödeten so. Auf den Inseln der Karibik zuerst, aber bald auch in den Kolonien des mittel- und südamerikanischen Festlands machte sich ein drückender Arbeitskräftemangel bemerkbar; es gab kaum mehr Indianer, die man zur Zwangsarbeit pressen konnte. So kam es zum Import schwarzer Sklaven aus Afrika. Doch deren Elend ist eine andere Geschichte...

⋆

Ohne hier weiter auf das spanische Jubelfest der Entdeckung Amerikas einzugehen, können wir den von den Indianern so hart kritisierten Begriff „Entdeckung" definieren als die Einbeziehung Amerikas in das abendländische Weltbild sowie in die Wirtschaft und die Politik Europas. Das hatte für beide Teile enorme Auswirkungen.

Was nun haben die alten Kulturen Amerikas der übrigen Welt wirklich gegeben?

Aus Südamerika wurden vor allem Nutzpflanzen übernommen, vor Jahrtausenden von Menschenhand kultiviert; dazu gehören vor allem Mais, Kartoffeln sowie Maniok. Große Teile Europas könnten heute ihre Ernährung ohne Kartoffeln gar nicht mehr sicherstellen. Das gilt in noch stärkerem Maß für die Knollenpflanze Maniok, die in Asien und Afrika ein Hauptnahrungsmittel darstellt. Aus Mittelamerika übernahm der Rest der Welt Tomaten und Naturkautschuk, vor allem aber die Genußmittel Tabak, Kakao und Vanille. Aus den Anden kamen Chinarinde als Heilmittel gegen Malaria und die Produkte des Cocastrauches. Heute leben gerade von den Genußmitteln Tabak sowie Kakao riesige Industriezweige in aller Welt, und am finanziellen Umsatz gemessen, dürften mittlerweile die aus Coca gewonnenen Rauschmittel, vor allem das Kokain, alle anderen Nutzpflanzen des alten Amerika überrundet haben.

Bei den Haustieren, ebenso vor Jahrtausenden domestiziert, ist der Transfer von Amerika nach Europa weniger reichhaltig. Aus Mittelamerika kam lediglich das Truthuhn als Nutztier über den Großen Teich, von den Indianern als Fleischlieferant gezüchtet. Aus Südamerika stammt das Meerschweinchen, als wohlschmeckend gepriesen und nicht unbedeutend als Nahrungsfaktor, in Europa jedoch verkommen zum Kuschel- und Laborwesen. Die kameloiden Nutztiere Lama und Alpaca wurden in Europa nicht heimisch – schon allein, weil sie zu speziell an das Leben in den andinen Hochsteppen angepaßt sind.

Spanische Greueltaten an Indianern – Stich von Theodor de Bry

An Pocken erkrankter Indianer – aus der Aquarellsammlung des Bischofs Martínez de Compañón

Ein Mitbringsel besonderer Art schleppten die Matrosen des Kolumbus von der ersten Forschungsreise in die Neue Welt nach Spanien ein: die Geschlechtskrankheit Syphilis, die bei den Indianern nur schwache Wirkung zeigte, bei den Europäern aber extrem anschlug und sich rasch über Spanien hinaus in die übrige Welt verbreitete. In der Wissenschaft war die Herkunft der Seuche lange umstritten. Gesichert scheint inzwischen: Bestimmte Urformen der Syphilis, aus dem Tierreich übertragen, existierten bereits in der Frühzeit des Menschen in Afrika. Sie wurden während der asiatischen Einwanderung nach Amerika mitgeschleppt und entfalteten ihre wahre Verheerungskraft erst nach dem Überfall Europas auf die Neue Welt.

Und, umgekehrt: Welche kulturellen Segnungen gab Europa an Amerika weiter? Das sind vor allem einmal die Haustiere. Pferde waren in Amerika zwar ursprünglich vorhanden, jedoch schon in der Frühzeit der eigenständigen Entwicklung des Kontinents ausgestorben. Ohne Pferd, Rind, Schaf und Schwein ist die heutige Wirtschaft Amerikas nicht denkbar, aber am schnellsten verbreitet hat sich schon bald nach der Eroberung das europäische Huhn.

Von den Nutzpflanzen der Alten Welt übernahm Amerika die Getreidearten, den Reis, den Kaffee und in den Tropenzonen vor allem Bananen sowie Zuckerrohr — dies hatte Kolumbus schon während der zweiten Entdeckungsreise auf Befehl des spanischen Königs von den Kanarischen Inseln in die Karibik mitgenommen. Bananen und Zuckerrohr spielen, ebenso wie Kaffee, heute eine herausragende Rolle im Agrarexport Amerikas.

Im Bereich der Technik wurden nun in Amerika Eisen und Glas verwendet; Rohprodukte dafür gab es ja vor Ort. Im Gefolge der Eisenverarbeitung setzte sich auch der Blasebalg durch; die indianischen Gold- und Silberschmiede hatten vor der Eroberung nur mit Blasrohren gearbeitet. Dann sind vor allem die Durchsetzung von Rad, Wagen und Töpferscheibe zu nennen; die unendlich kunstvolle Töpferei der alten Amerikaner war ja ganz ohne Töpferscheibe ausgekommen. Auf dem Gebiet der Baukunst waren die wichtigsten neuen Techniken das echte Gewölbe und die Verwendung gebrannter Ziegel, vor allem auch für die Dachdeckung, sowie der Gebrauch von Kalkmörtel, der in Mittelamerika, jedoch nicht in Südamerika auch schon vor der Ankunft der Spanier bekannt war. Ein entscheidender kultureller Beitrag Europas, gar nicht mehr aus der heutigen Volksmusik wegzudenken, war die Einführung von Saiteninstrumenten.

Wer heute zum erstenmal nach Lateinamerika kommt, wird Leben

Potosí im Hochland Boliviens, im 17. Jahrhundert die höchste, reichste und bevölkerungsstärkste Stadt Amerikas: Für die Ausbeutung der Silberminen des Cerro Rico gingen Hunderttausende indianischer Zwangsarbeiter zugrunde. Die Abraumhalden werden noch heute verwertet

und Umwelt vor allem in den Städten auf eine verblüffende Weise als europäisch empfinden, viel vertrauter als in irgendeinem anderen Land etwa in Asien oder Afrika. Daß in diesem langen Prozeß der erzwungenen Übernahme europäischen Gedanken- und Formengutes letztlich dann doch wieder etwas Neues, Eigenständiges entstand, läßt sich recht gut aus Architektur und Städtebau der Kolonialzeit belegen. Die Fassaden der Kirchen und Klöster übernehmen die Formen des europäischen Barock; nach abendländischen Holzschnitten werden von indianischen Handwerkern Bauideen nachgeschaffen und abgewandelt, so daß aus dieser regionalen Veränderung langsam wieder eine eigene individuelle Schöpfung wird – allerdings eine Schöpfung aus zweiter Hand.

So vermischt sich bis zur Unkenntlichkeit, was originär indianisch wirkt, mit Elementen aus spanisch-europäischer Wurzel. Ich habe es immer wieder in der Folklore beobachtet – zum Beispiel auch auf dem Sonntagsmarkt im Dorf Tarabuco im mittleren Hochland von Bolivien, der weithin berühmt ist wegen der Indianer in ihrer malerischen Tracht. Sie besteht aus knielangen Hosen, einem hell und dunkel quergestreiften Poncho und schwarzen, bestickten Filzkappen mit plastisch abgesetztem Rand, der im Bogen über die Ohren heruntergeführt und über Stirn und Nacken nach oben gekurvt ist.

Jeder, aber auch wirklich jeder der Tarabuco-Indianer hat eine Art kleines Banjo in der Hand, es wird Charango genannt, ein Saiteninstrument, gefertigt aus dem Panzer eines Gürteltieres. In sich selbst versunken sitzen sie am Rand des Marktplatzes und klimpern vor sich hin, das ganze Dorf ist erfüllt vom hellen Zirpen und Schrummen der Instrumente. Ein höchst exotischer, zutiefst indianischer Anblick und Klang, möchte man meinen. Aber gerade auch hier, bei diesem Bild der vermeintlich ungebrochenen indianischen Tradition, zeigt sich der lange Arm der spanischen Kolonialzeit wirklich zeichenhaft: Die seltsam geformten Kopfbedeckungen sind nämlich nichts anderes als eine aus Filz hergestellte Umsetzung des typischen spanischen Kürassierhelms aus dem 18. Jahrhundert.

Der Anschein trügt: Was so originär anmutet – Hut, Tracht und Instrument dieses Tarabuco-Indianers – ist alles von europäischen Einflüssen inspiriert

Als mir diese Erkenntnis beim Marktbummel kommt, fange ich an, die Tarabuco-Indianer mit ganz anderen Augen zu sehen. Wie eine spanische Verkleidung wirkt jetzt ihre Tracht, und auch die Exotenmusik aus dem Gürteltierpanzer läßt sich eindeutig als Übernahme und Umformung spanischer Gitarrenklänge deuten. So entpuppt sich vieles in der heutigen Folklore Südamerikas bei näherem Hinsehen als Produkt der Kolonialzeit – der aus dem Walzerrhythmus übernommene Dreivierteltakt der Musik an der peruanischen Küste ebenso wie die auf den ersten Blick höchst vorspanisch-heidnisch anmutenden Rituale indianischer Zauberheiler, die jedoch vielfältig ihre Wurzeln in einer verzerrten Version des katholischen Meßbuches erkennen lassen.

Im Museo de las Américas in Madrid wird ein ecuadorianisches Ölbild aus dem Jahr 1599 aufbewahrt, das eindrucksvoll die kulturelle und rassische Verschmelzung in Lateinamerika darstellt; das Gemälde ist als Erinnerung an die Niederwerfung eines Aufstandes von *Cimarrones*, entlaufenen Negersklaven an der Küste von Ecuador, gemalt worden. Sie hatten sich dort mit den Indianern vermischt. In feierlicher Haltung sind drei Mulattenhäuptlinge aus Esmeraldas dargestellt. Die eindeutig negroiden Herren tragen in Nasen und Ohren reichen Goldschmuck in der Art der späten ecuadorianischen Küstenkulturen; gekleidet sind sie in prächtiger spanischer Tracht mit gefältelten weißen Halskrausen und Manschetten. Auch ihre Bewaffnung, Lanzen mit eisernen Spitzen, ist spanisch. Drei Welten – Afrika, Europa und Amerika – haben sich in diesem Bild zu einer neuen Wirklichkeit vermischt.

Drei Welten zusammen: negro-indianische Häuptlinge mit spanischer Halskrause

Was den Ländern Lateinamerikas und ihren Menschen seit Beginn der Kolonialisierung bis heute angetan wurde – die politische, wirtschaftliche und kulturelle Unterjochung –, es ist oft genug beschrieben worden. Die konkreten Stichworte dazu sind fast täglich auch bei uns in seriösen Zeitungen zu finden: Landschaftsvernichtung und Rohstoffraubbau, Drogenmafia und Landguerilla, Oligarchie der Weißen und Verelendung des einfachen Volkes, Landflucht und Inflation, Kinderkriminalität und endloses Morden. Diesen Katalog des Elends komplett zu machen und auszumalen, würde ein weiteres Buch füllen. Entscheidend war wohl die durch die Kolonialzeit vollzogene und seither unverändert beibehaltene Umwandlung eines Kulturerdteils zu einer Rohstoffquelle.

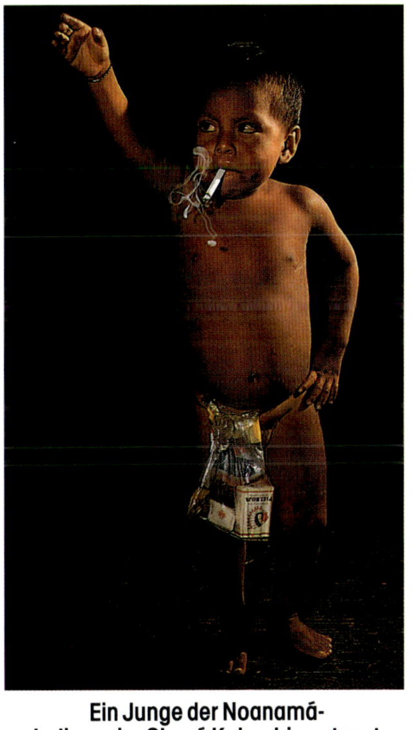
Ein Junge der Noanamá-Indianer im Chocó Kolumbiens tanzt mit seiner Beute aus dem Touristenbus

Hier nur so viel: Ja, es gab auch Protest, es gab auch ein Aufbäumen gegen die Amalgamierung der Kulturen, die Vermischung der Rassen und die Akkulturation Amerikas durch Europa. In den zwanziger Jahren dieses Jahrhunderts entstand in jenen jungen Ländern die intellektuelle Bewegung des „indigenismo“, der Rückbesinnung auf die eigenständigen indianischen Werte mit starkem Bezug auf die alten Kulturen des Kontinents. Freilich entbehrt es nicht der Ironie der Geschichte, daß die geistigen Wegbereiter des Indigenismo ihre Gedanken in einem gepflegten Spanisch zu Papier bringen mußten, der Sprache des Überfremders, weit entfernt von der eigentlichen Welt der indianischen Bevölkerung. So nimmt es auch nicht Wunder, daß die vom Indigenismo inspirierte moderne Architektur diese Künstlichkeit besonders augenfällig macht. Zwar versuchte man auf vorspanische Formen zurückzugreifen. Die neoinkaischen Trapezöffnungen aber und die neo-tiahuanakoiden Stützpfeiler in Menschenform am Museo Nacional de la Cultura Peruana in Lima wirken auf dem Betonbau wie angepappte Versatzstücke, ebenso wie die aus tönernen Modellen der Mochica-Kultur abgeleiteten riesigen Dachzierate, die Julio Tello, Vater der Archäologie Perus, sich auf sein Haus im limenischen Vorort Miraflores aufmauern ließ.

Trotz dieser gewissen Künstlichkeit und einer ideologischen Verkrampfung in der programmatischen Rückbesinnung hat die Archäologie in Südamerika einen besonders hohen Stellenwert bei der Entwicklung eines regionalen Identitätsgefühls, viel mehr als etwa in Europa. Daß in den frühen Jahren des 20. Jahrhunderts die archäologische Forschung überwiegend in den Händen ausländischer Experten und fremder wissenschaftlicher Missionen lag, wurde in Südamerika durchaus als mißlich empfunden und hat sich seither wenigstens zum Teil geändert; inzwischen arbeiten ausländische und ebenso professionelle einheimische Fachleute Seite an Seite. Dabei wird die Archäologie in jenen Ländern als Staatsmonopol verstanden; das bedeutet für die Feldarbeit stets ein umständliches Genehmigungsverfahren und die ständige Überwachung durch die jeweiligen einheimischen Institutionen. Ein Archäologe muß vor Beginn eines Grabungsprojekts in einer Berufsliste zugelassen sein, er muß mit seinem Antrag einen Forschungsplan einreichen und regelmäßig Arbeitsberichte vorlegen; er muß die sachgemäße Konservierung von Funden oder ausgegrabenen Architekturresten garantieren; Grabungslöcher muß er nach Abschluß der Arbeiten wieder zuschütten; seine Funde darf er nicht außer Landes schaffen, und er muß versichern, die Ergebnisse seiner Feldarbeit in einer angemessenen Form zu veröffentlichen. Die Erfüllung aller dieser Bedingungen treibt manchem Forscher schon vor dem ersten Spatenstich den Schweiß auf die Stirn.

Dennoch: Die Forschung geht weiter. Immer wieder stößt man an der Küste, im Hochland oder im amazonischen Urwaldgebiet auf neue Funde, bisher unbekannte Gräber, Bauten oder Siedlungen. Darüber hinaus tragen neue, vor allem auch naturwissenschaftliche Methoden, das systematische Aufarbeiten längst bekannter Funde, die Entwicklung historischer Denkmodelle, präzise Vermessungen und breit angelegte ikonographische sowie sozialgeschichtliche

Vergangenheit kommt unter die Räder: Aus den Flanken der Lehmpyramiden von El Purgatorio bei Túcume nördlich von Lambayeque, Sitz einer mächtigen Oasenkultur der Chimú-Zeit, baggert eine Planierraupe das Baumaterial für ein Straßenprojekt des Verkehrsministeriums

Studien immer mehr dazu bei, daß aus einzelnen verstreuten Mosaiksteinen ein vielfarbiges Gesamtbild der andinen Kulturen entsteht. Schließlich wendet sich die Forschung in Südamerika etwa seit 1960 verstärkt auch überregionalen Aspekten zu. Die Archäologen beginnen, ihre lokale Isolierung in den einzelnen Ländern zu überwinden und den Andenraum über die nationalstaatlichen Grenzen hinaus als kulturelle Einheit zu betrachten. Dieser Dialog führt zu ganz neuen, weitgreifenden Erkenntnissen, etwa über die Entstehung der frühesten Keramik an der Pazifikküste zwischen Ecuador und Kolumbien; oder über gewisse Parallelen in der Kunst der Küstenkulturen Ecuadors bis weit nach Peru; auch über die Entstehung planvoller Siedlungswesen, von Real Alto über den Frühen Horizont bis zu den großen urbanistischen Anlagen des Mittleren Horizonts im Bereich von Huari.

Manche Fragen sind noch offen; dazu gehören die Auslöser für das Entstehen von Hochkulturen oder die für den Beginn und die überregionale Verbreitung eines verbindlichen ikonographischen Formenkanons in der Kunst des Frühen Horizonts; ferner die gesellschaftlichen Urgründe für das Entstehen unterschiedlicher urbanistischer Modelle: einmal den Typus der großen Sakralzentren wie Pachacamac, oder der ganz andersartige Typus der großen Wohnstädte mit ihren ummauerten Räumlichkeiten wie etwa Chanchán. Gewiß sind die meisten archäologischen Neuigkeiten aus der erst beginnenden Erforschung der amazonischen Urwaldregionen zu erwarten.

Schatzsuche permanent: Grabräuber in Tierradentro, Kolumbien

Festzuhalten dagegen ist: Die Zeugnisse der vorspanischen Vergangenheit in Lateinamerika werden trotz des besonders hohen Wertes für das kulturelle Identitätsgefühl seiner Bewohner in immer größerem Ausmaß zerstört. Das liegt vor allem daran, daß die gesamte Region eine ungeheure existentielle Krise durchlebt, in der die Sorge um die Erhaltung des kulturellen Erbes nicht mehr als vorrangig gelten kann.

Auch die großangelegten Projekte der Entwicklungshilfe, zum Beispiel gigantische Ingenieurbauten für Staudämme zur Bewässerung, haben diese Krise bisher nicht gemildert. Die dafür aufgewendeten Riesensummen wandern überwiegend an ausländische Vertragsfirmen zurück und versikkern zudem im Dickicht einer korrupten Bürokratie. Die modern-westliche Großtechnik ist der Wirklichkeit in Südamerika ohnehin nicht angemessen.

In vielen Lebensbereichen zeigt sich inzwischen – und auch die Archäologie unserer Tage hat ihren Anteil an dieser Erkenntnis –, daß die Art, wie die Menschen der vorspanischen Zeit mit ihrer Umwelt umgingen, den geographischen Gegebenheiten Südamerikas viel eher entsprach als die von Europa übernommenen Methoden, Lebensraum und Ressourcen zu nutzen. Stellenweise versucht man jetzt gerade in der andinen Landwirtschaft, alte Methoden wiederzubeleben: beim Hügelbeetbau im Hochland, der Terrassenwirtschaft an den Steilhängen, dem

Wiederaktivieren von Bewässerungskanälen, bei der verstärkten Nutzung einheimischer adäquater Anbauprodukte, etwa der eiweißhaltigen Quinoapflanze. Wenigstens ein Hoffnungsschimmer.

Jedoch das Gesamtbild der Archäologie in Südamerika ist düster genug. Die illegale Grabräuberei, durch die Begehrlichkeit der Kunstsammler in aller Welt immer wieder angefacht, geht unvermindert weiter; riesige Nekropolen – am Beispiel der Schachtgräber von Vicús zu sehen – sind ihr inzwischen unwiederbringlich zum Opfer gefallen. Hinzu kommt die Zerstörung von Ruinenstätten mangels Schutz und Konservierung: Den inkaischen Platz Tambo Colorado bringt Meter für Meter der Fluß zum Einsturz, weil ein Damm fehlt; das Labyrinth der Lehmruinen von Chanchán erleidet bei jedem der periodischen Regenfälle irreversible Zerstörungen.

Schließlich ist ein dritter Hauptfaktor der Vernichtung des alten Kulturguts die moderne Zivilisation selbst: In Nordperu werden beim Straßenbau Lehmpyramiden mit der Planierraupe weggeräumt; mitten in Cuzco wurde eine guterhaltene inkaische Quadermauer abgebrochen, um einen Kasernenhof zu vergrößern; eine wilde Siedlung von Elendshütten am Rand von Lima ist genau über dem großen Heiligtum Garagay aus dem Frühen Horizont errichtet worden und hat den mehrtausendjährigen Kultplatz endgültig zerstört. Ja, den Museen selbst droht Gefahr: Mehr als 5000 wertvolle Goldgegenstände wurden aus dem Nationalmuseum in Lima gestohlen.

In einer solchen Situation ist es für Kulturbehörden ein beliebtes Mittel, sich als Retter archäologischer Kostbarkeiten darzustellen, indem man auf der Rückgabe von illegal ausgeführten archäologischen Schätzen aus dem Ausland besteht; das kostet wenig oder nichts und bringt wunderschöne Schlagzeilen.

Einige recht spektakuläre Rückgabeaktionen hat es schon gegeben. Da ist der Fall eines New Yorker Antiquitätenhändlers, der versuchte, über den internationalen Flughafen Dallas siebenhundert wertvolle vorspanische Kunstwerke aus Peru in die USA zu schmuggeln und dabei erwischt wurde; die Schätze konnten wegen falscher Zollerklärung angehalten und an die peruanische Regierung zurückgegeben werden. Aufsehen erregte auch, als etwa zwanzigtausend illegal ausgeführte archäologische Gegenstände im Besitz eines italienischen Sammlers nach zehnjährigem internationalen Rechtsstreit an Ecuador zurückgegeben wurden.

Es gibt längst eine Unesco-Konvention über ein Verbot des Handels mit Werken des nationalen Kulturerbes. Die USA haben 1990 auf Antrag der Regierung von Peru ein Importverbot für vorspanische Archäologica von der peruanischen Nordküste ausgesprochen, um die systematische Plünderung weiterer Gräber zu verhindern. Goldgegenstände, die in einer gigantischen Operation aus Sipán geraubt und nach Nordamerika geschmuggelt wurden, mußten inzwischen zurückgegeben werden; der Drahtzieher, ein kalifornischer Kunsthändler, sitzt im Gefängnis. Übrigens sind die Schweiz und Deutschland, in Europa Hauptabnehmer im internationalen Kunst-

Bindeglied zwischen Räuber und Sammler
ist der Hehler. Er hält als Aufkäufer den Teufelskreis der
Zerstörung von Kulturgut ständig in Gang. Hier ein solcher reisender
Zwischenhändler in einem Hotelzimmer in Kolumbien

handel, jener Unesco-Konvention bisher nicht beigetreten.

Noch einmal zum „indigenismo“, der idealistischen Rückbesinnung intellektueller Kreise auf das Ursprüngliche der alten Kulturen in der Neuen Welt. Eine ganz andere, wesentlich realere Indianisierung findet gegenwärtig in den großen Metropolen des Andengebiets statt. Die Innenstadt von Lima ist dafür ein Beispiel. In den einstmals eleganten Straßen des alten Zentrums vor den verfallenden Stadtpalästen der Kolonialzeit und den prunkvollen Bankgebäuden dieses Jahrhunderts spielt sich täglich ein indianischer Hochlandmarkt ab. Schweinshäute werden auf offenen Feuerchen gebrutzelt, Verkäufer bieten von Bananen und Kartoffeln bis zu Kunststoff-Textilien alles Erdenkliche an. Es riecht durchdringend nach Urin, Schweiß, verfaulten Bananen, überall häuft sich der Abfall. Eine dichte Menge mit dunklen Indianergesichtern schiebt sich durch die engen Gassen. Die Landbewohner, vor Not und Hunger und mörderischen Übergriffen der repressiven Militärs und blutrünstigen Guerilleros aus ihren heimatlichen Bergen geflohen, sind zu Millionen hierher an die Küste gekommen und bestimmen nun das einstmals europäische Bild der Stadt. Mehr als 300 000 Händler mit ihren selbstgezimmerten Karren fallen frühmorgens aus den Millionenquartieren im Umkreis der Stadt, aus den Schilf- und Lehmhütten in das alte Zentrum ein und verwandeln es zu einem einzigen riesigen Markt. Das indianische Hochland holt sich so die europäisch geprägten Metropolen zurück und macht sie sich erneut zu eigen.

Bewegung aus dem Volk: Eine neue Welle des „Indigenismo“, der Rückbesinnung auf die alten indianischen Wurzeln, ergreift selbst die Zentren der europäisch geprägten Metropolen an der Küste durch den unaufhaltsamen Zuzug eingeborener Hochlandbewohner.

In Massen drängen sie sich in innerstädtischen Elendsbauten und endlosen Hüttensiedlungen am Stadtrand zusammen; Straßenhandel ist meist die einzige Möglichkeit zum Überleben

Literatur zum Thema

Die Fülle der Literatur über die vorspanischen Kulturen Südamerikas, vor allem in Spanisch und Englisch, ist unüberschaubar. Hier kann lediglich eine kleine allgemeine Auswahl vorgestellt werden.

Alva, Walter; Fecht, Maiken; Schauer, Peter; Tellenbach, Michael, „Das Fürstengrab von Sipán, Entdeckung und Restaurierung", Verlag des Römisch-Germanischen Zentralmuseums, Mainz 1989

Baudin, Louis, „Der sozialistische Staat der Inka", Rowohlt-Verlag, Hamburg 1956

Bingham, Hiram, „Machu Picchu, A Citadel of the Incas", Hacker Art Books, New York 1979

Bird, Junius; Hyslop, John, „The Preceramic Excavations at the Huaca Prieta, Chicama Valley, Peru", The American Museum of Natural History, New York 1985

Bollinger, Armin, „So bauten die Inka", Verlag Rüegger, Diessenhofen 1979

Bonavia, Duccio, „Los Gavilanes, precerámico peruano", Editorial Ausonia, Lima 1982

Bonavia, Duccio, „Mural Painting in Ancient Peru", Indiana University Press, Bloomington 1985

Burger, Richard L., „The Prehistoric Occupation of Chavín de Huántar, Peru", University of California Press, Berkeley 1984

Disselhoff, Hans D., „Das Imperium der Inka und die indianischen Frühkulturen der Andenländer", Safari Verlag, Berlin 1979

Disselhoff, Hans D., „Vicús, eine neu entdeckte altperuanische Kultur", Gebr. Mann Verlag, Berlin 1971

Engel, Frederic, „Paracas, Cien Siglos de Cultura Peruana", Verlag Juan Mejía Baca, Lima 1966

Engl, Lieselotte und Theodor (Hrsg.), „Die Eroberung Perus in Augenzeugenberichten", Deutscher Taschenbuchverlag, München 1977

Engl, Lieselotte und Theodor, „Glanz und Untergang des Inkareiches", Callwey-Verlag, München 1981

Evans, Clifford; Meggers, Betty J., „Archaeological Investigation on the Rio Napo, Eastern Ecuador", Smithsonian Institution, Washington 1968

Gasparini, Graziano; Morgolies, Luise, „Arquitectura Inka", Universidad Central de Venezuela, Caracas 1977

Hardoy, Jorge E., „Pre-Columbian Cities", George Allen and Unwin Ltd, London 1973

Hilbert, Peter Paul, „Archäologische Untersuchungen am Mittleren Amazonas", Dietrich Reimer Verlag, Berlin 1968

Hyslop, John, „The Inka Road System", Academic Press, New York 1984

Hyslop, John, „Inka Settlement Planning", University of Texas Press, Austin 1990

Izumi, Seiichi; Terada, Kazuo, „Excavations at Kotosh, Peru", University of Tokyo Press, Tokyo 1972

Kahle, Günter, „Lateinamerika-Ploetz, Geschichte der lateinamerikanischen Staaten zum Nachschlagen", Verlag Ploetz, Freiburg 1989

Kauffmann Doig, Federico, „Manual de Arqueología Peruana", Editorial Inca, Lima 1983

Köhler, Ulrich (Hrsg.), „Eine Einführung in die Hochkulturen Mittel- und Südamerikas", Dietrich Reimer Verlag, Berlin 1990

Kosok, Paul, „Life, Land and Water in Ancient Peru", Long Island University Press, New York 1965

Kubler, George, „The Art and Architecture of Ancient America", Penguin Books, Harmondsworth 1975

Lathrap, Donald W., „The Upper Amazon", Thames and Hudson Verlag, Southampton 1970

Lavallée, Danièle; Lumbreras, Luis Guillermo, „Die Andenvölker, Von den Frühen Kulturen bis zu den Inka", Verlag Beck, München 1986

Marcos, Jorge G., „Real Alto, La historia de un centro ceremonial Valdivia", Centro de Estudios Arqueológicos y Antropológicos, Guayaquil 1988

McEwan, Gordon F., „The Middle Horizon in the Valley of Cuzco, Peru", BAR International Series 372, Oxford 1987

Meggers, Betty J.; Evans, Clifford; Estrada, Emilio, „Early Formative Period of Coastal Ecuador: The Valdivia and Machalilla Phases", Smithsonian Institution, Washington 1965

Oberem, Udo; Wurster, Wolfgang W., (Hrsg.), „Excavaciones en Cochasquí, Ecuador", Verlag Philipp von Zabern, Mainz 1989

Pietschmann, Horst, „Die staatliche Organisation des kolonialen Iberoamerika", Verlag Klett-Cotta, Stuttgart 1980

Pörtner, Rudolf; Davies, Nigel (Hrsg.), „Alte Kulturen der Neuen Welt, Neue Erkenntnisse der Archäologie", Econ Verlag, Düsseldorf 1980

Pozorski, Shelia und Thomas, „Early Settlement and Subsintence in the Casma Valley, Peru", University of Iowa Press, Iowa City 1987

Prem, Hanns J., „Geschichte Alt-Amerikas", R. Oldenbourg-Verlag, München 1989

Ravines, Rogger, „Panorama de la Arqueologia Andina", Instituto de Estudios Peruanos, Lima 1982

Reichel Dolmatoff, Gerardo, „Colombia, Ancient Peoples and Places", Verlag Thames and Hudson, London 1965

Reinhard, Johan, „The Nazca Lines, a New Perspective on their Origin and Meaning", Editorial Los Pinos, Lima 1985

Tellenbach, Michael, „Die Ausgrabungen in der formativzeitlichen Siedlung Montegrande, Jequetepeque-Tal, Nord-Peru", Verlag C. H. Beck, München 1986

Tello, Julio C., „Arqueología del Valle de Casma", Universidad Nacional de San Marcos, Lima 1956

Tello, Julio C., „Chavín, Cultura Matriz de la Civilisación Andina", Universidad Nacional de San Marcos, Lima 1960

Tello, Julio C.; Mejía Xesspe, Toribio, „Paracas II, Cavernas y Necropolis", Universidad Nacional de San Marcos, Lima 1979

Trimborn, Hermann, „Die indianischen Hochkulturen des Alten Amerika", Springer-Verlag, Heidelberg 1963

Trimborn, Hermann, „Alte Hochkulturen Südamerikas", Akademische Verlagsgesellschaft Athenaion, Frankfurt 1973

Willey, Gordon R., „Das Alte Amerika", Propyläen-Kunstgeschichte, Band 18, Propyläen-Verlag, Berlin 1974

Ausstellungskataloge:

Schloß Schallaburg bei Wien: „Peru durch die Jahrtausende, Kunst und Kultur im Lande der Inka", 1983

Haus der Kunst, München: „Gold und Macht, Spanien in der Neuen Welt", 1986

Musées royaux d'Art et d'Histoire, Brüssel: „Inca-Peru, 3000 Ans d'Histoire", 1990

Staatliches Museum für Völkerkunde, München: „Archäologische Funde aus Ecuador", 1991

Kestner-Museum, Hannover: „El Dorado, der Traum vom Gold", 1979

Laufende aktuelle Informationen über den Forschungsstand vermitteln die Akten der Internationalen Amerikanistenkongresse (Titel ständig wechselnd in der Sprache des jeweiligen Gastlandes). Auf ganz Amerika bezogen sind die folgenden Zeitschriften:

„Journal de la Société des Américanistes" (Paris)

„Indiana" (Berlin)

„Latin American Antiquity" (Washington)

„Journal of Field Archaeology" (Boston)

„Cuadernos Prehispánicos" (Valladolid)

„Current Antropology" (Chicago)

„Anthropos" (Sankt Augustin)

„Zeitschrift für Ethnologie" (Berlin)

„Baessler Archiv" (Berlin)

„Tribus" (Stuttgart)

„Revista de Indias" (Madrid)

„Jahrbuch für Geschichte von Staat, Wirtschaft und Gesellschaft Lateinamerikas" (Köln)

Das Andengebiet speziell behandeln folgende Zeitschriften:

„Revista del Museo Nacional" (Lima)

„Nawpa Pacha" (Berkeley)

„Arqueológicas" (Lima)

„Boletín de Lima" (Lima)

„Revista Andina" (Cuzco)

„Allpanchis" (Cuzco)

„Miscelanea Antropológica Ecuatoriana" (Cuenca, Guayaquil, Quito)

„Cuadernos de Historia y Antropología" (Guayaquil)

„Revista Colombiana de Antropología" (Bogotá)

„Boletín de Arqueología" (Bogotá)

„Chungará" (Arica)

„Runa, Archivo para las Ciencias del Hombre" (Buenos Aires)

Stichwortverzeichnis (Kursive Seitenzahlen verweisen auf Bilder)

E

F

G

H

N

O

P

Stichwortverzeichnis (Kursive Seitenzahlen verweisen auf Bilder)

U

V

W

Y

Z

Bildnachweis Anordnung im Layout: l. = links, r. = rechts, o. = oben, m. = Mitte, u. = unten

Titel: Lee Boltin
Vorsatz vorn: Loren A. McIntyre
Vorsatz hinten: Mireille Vautier
Brian Alexander: 135
William Albert Allard: 16/17, 51, 63 u., 65 o., 104/105, 141 o. und m., 178/179, 198 u., 324/325
American Museum of Natural History: 87 u.l.
Dr. Ferdinand Anders: 46, 60 l., 61, 65 u., 202 u.r., 234/235, 301 u.
Dr. Ferdinand Anders, courtesy Bayerisches Armeemuseum, Ingolstadt: 332
Dr. Ferdinand Anders, courtesy D. Roul Apesteguía Bresciani, Lima: 201
Dr. Ferdinand Anders, courtesy Kloster Copacabana, Lima: 229 o.
Dr. Ferdinand Anders, courtesy Linden Museum, Stuttgart: 126 o.
Dr. Ferdinand Anders, courtesy Museo Nacional de Antropologia y Arqueologia, Lima: 109 m.l.
Dr. Ferdinand Anders, courtesy Museo Regional, Ica: 188 u.m., 190
Dr. Ferdinand Anders, courtesy Museo Regional, Pachacamac: 184
Dr. Ferdinand Anders, courtesy Museum für Völkerkunde, München: 202 u.r.
Dr. Ferdinand Anders, courtesy Sammlung Ludwig, Köln: 29
Mike Andrews/Susan Griggs Agency: 162/163
Archiv für Kunst und Geschichte, Berlin: 34, 40, 275, 298 u., 333 r.
Nathan Benn/Focus: 6/7, 14/15, 75, 80/81, 103, 106/107, 109 m.r.u. (2), 110/111, 124 o., 126 l., 129, 136 u., 142/143
Peter Bennett: 173 (3), 200 m., 202 o.
Leif Berg/Tiofoto/Transglobe: 252
Bildarchiv Preußischer Kulturbesitz: 5, 38, 39, 42, 44, 108, 130 u., 334 o.
Lee Boltin: 64, 109 o.r., 170, 203, 308 u., 311 u.
Brian Brake/John Hillelson Agency: 3 u.r., 282/283 (4), 312 (2), 313, 314 o.
Michele Burgess: 236 m. und u.
Hans-Jürgen Burkard/Bilderberg: 286/287, 339
J.C. Carton/Bruce Coleman, Inc.: 121, 200 o. und u.
Culver Pictures: 37
Jonathan E. Damp: 299 u.
Lee Day/Black Star/Fotoarchiv: 10/11
Victor Englebert: 94, 167 o.r., 242 u., 271 o.l., 305 u., 307 (2), 310, 315 u., 316, 318, 319 o., 340/341
Victor Englebert/Susan Griggs Agency: 41 u., 337 u.
Victor Englebert/Photo Researchers, Inc.: 185 o., 292 o., 302 u.
Ric Ergenbright: 54/55
Michael Fogden/Bruce Coleman, Inc.: 41 o.
Robert Francis/Morrison/South American Pictures: 167 o.l.
Robert Frerck/The Stock Market: 222 r.
Dr. Peter R. Fuchs: 68 (2), 71 u., 86/87 o.
Georg Gerster/Anne Hamann: 284/285
The Granger Collection: 270, 308 o.l., 330, 333 l.
Francois Guenet/Odyssey/Focus: 311 o.
Claus Hansmann: 298 m.
Christoph Henning/Fotoarchiv: 328/329
Peter Paul Hilbert: 272 o., 273 r.
Christoph Hirtz: 289 u.r., 294, 298 o.
Milan Horacek/Bilderberg: 304 o.
Instrupa Consulting GmbH: 245 o.r.
Instituto d'Arte Contemporanea di Milano: 171, 304 u., 314 u.
Thomas Ives: 237 o.
Andy Jillings: 322/323
Satoshi Kanno: 95 o.
Peter Kershan & Gerhard Fleischer: 118/119, 137
Weldon King/FPG International: 305 o.
Urs Kluyver/Focus: 41 m., 167 o.m. und u., 295 u.
Vera Lentz/Visions/Focus: 197
Vera Lentz/Black Star/Fotoarchiv: 225 m.
George Love: 256, 257, 259, 260 o. und m.
Bruce Lyon: 208/209
John Maier/Picture Group/Focus: 342 o.
Marco/ANA: 189, 224
Aline & Patrick Mathé: 247, 248/249, 253, 260 u., 260/261, 262, 263, 264, 265, 266 o.
Loren McIntyre: 3 o.r., 8/9, 26 o., 27, 28, 30/31, 32, 43, 47, 49, 56/57, 59, 66, 88 o., 109 o.m.l., u.l. und u.r., 122, 123 u., 126 m.r., 145, 161 u.r., 166 o., 172 u.r., 175, 182/183, 187 o.l., 188 u.l., 191 u., 198/199, 206/207, 222 l., 226, 231 o., 238 l., 244, 245 m., 250/251, 261 u., 267 l., 276/277, 280/281, 291 o., 296 (2), 302/303, 309 (2), 315 o., 317, 319 m. und u., 331, 335 o., 338 o.
Loren McIntyre/Woodfin Camp/Focus: 271 o.r.
Joe McNally/Sygma: 176/177
Susan Meiselas/Magnum/Focus: 306
Bernd Christian Möller/Focus: 321
Tony Morrison/South American Pictures: 227 o., 272/273, 297 l.
Museum für Völkerkunde, Berlin: 26 u., 33, 35, 109 m., 127, 156/157, 164, 165, 191 o.l.
New York Public Library: 225 u.
Dr. Anne Paul: 191 o.r.
Chip & Rosa Maria Peterson: 278/279
Heinz Plenge: 70, 84/85, 116 m., 117 u.l., 132/133, 134 (2)
Heinz Plenge/Peter Arnold, Inc.: 112/113, 114/115, 116 o., u.r. und u.l., 117 u.r., 130/131, 136 o.
Thomas & Shelia Pozorski: 88 u., 97, 98, 99
George Rainbird Ltd./Robert Harding Ass.: 188 o.
Dr. Johan Reinhard: 63 o., 71 o., 72/73, 96, 124 u., 125, 159, 172 o., 225 o., 289 m.
Alon Reininger/Contact/Focus: 342 u.
Stefano Scata: 76/77, 187 o.r. und u., 223 m.
Wolfgang Schüler: 152/153, 160
Jason Shenai/Susan Griggs Agency: 267 r.
Hans Silvester/Focus: 12/13, 21, 212/213, 216/217, 221 m., 238/239, 240/241, 242 o., 243 o., 245 o.l., 295 o., 336
Elliott Varner Smith: 292 u.
Staatsbibliothek Preußischer Kulturbesitz, Handschriftenabteilung: 271 u.
Traute Steltzer: 180/181
Antonio Suarez/Picture Group/Focus: 158
John Bigelow Taylor: 87 u.r.
Dr. Michael Tellenbach: 100, 101 u.
Ullstein Bilderdienst: 185 u.
Mireille Vautier: 78/79, 120, 128 r., 140/141 o., 140 u. (2), 141 u.l., 146/147, 148/149, 150/151, 154/155, 161 o., 162 u., 202 u.l., 210/211, 214/215, 236 o., 240 l., 254/255, 269, 288, 291 u., 293 (2), 297 r., 300 o. (2), 301 o., 326/327, 335 u.
Mireille Vautier, courtesy Museo Nacional de Antropologia y Arqueologia, Lima: 3 o.l. und u.l., 109 o.l. und o.m.r.
Mireille Vautier, courtesy Collecion Chavez Ballón, Cuzco: 218/219
Mireille Vautier, courtesy Museo Amano, Lima: 126 u.r.
Mireille Vautier, courtesy Museo Brüning, Lambayeque: 22/23, 24, 25, 117 o.
Mireille Vautier, courtesy Museo Nacional de Historia, Lima: 232
Mireille Vautier, courtesy Museo Pedro de Osma, Lima: 205
Peter Witte: 337 o.
Adam Woolfitt/Susan Griggs Agency: 308 o.r.
Maria Luisa Wurster: 52/53
Dr. Wolfgang Wurster: Klappenfoto, 67, 82/83, 91, 92, 93, 101 o., 123 o., 128 l., 138/139 (6), 141 u., 161 u.l., 166 u., 168/169, 172 u.l., 193, 194, 195 (4), 196 (2), 221 o. und u., 223 u., 227 u., 229 u., 231 u., 233 u., 235 u., 237 u., 239 u., 241 u., 243 u., 245 u., 289 u.l., 334 u., 338 u.
Dr. Wolfgang Wurster, courtesy Dr. Richard L. Burger, Yale University: 90
Yutaka Yoshii: 60 r., 69 o., 95 u., 233 o.

Karten/Illustrationen:
Barbara Michael: 18–20
Rainer Droste: 45, 230
Dr. Wolfgang Wurster: 62, 266 u., 289 o., 290, 300 u.
Dr. Wolfgang Wurster nach Tello, Paracas: 186
courtesy Gordon R. Willey from An Introduction to American Archaeology, Vol. II: South America: 69 u.
Dr. Wolfgang Wurster nach Carrión Cachot: 188 u.r.
Dr. Wolfgang Wurster nach Gasparini-Margolies, 1977: 223 o.

Uwe George
Die Wüste
Vorstoß zu den Grenzen des Lebens.
356 Seiten mit 270 Farbfotos.
ISBN 3-570-01665-X
Ausgezeichnet mit dem Kodak-Fotobuchpreis

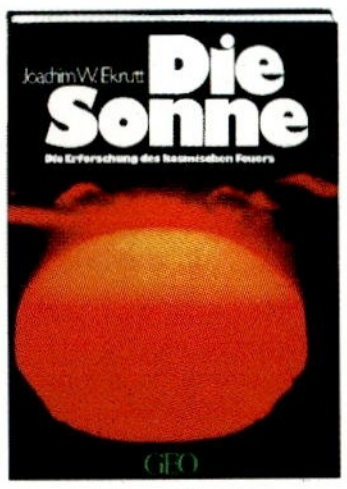

Joachim W. Ekrutt
Die Sonne
Die Erforschung des kosmischen Feuers.
368 Seiten mit 274 Farbfotos.
ISBN 3-570-01720-6

Peter-Hannes Lehmann/ Jay Ullal
Tibet
Das stille Drama auf dem Dach der Erde.
390 Seiten mit 370 Farbfotos.
ISBN 3-570-01721-4

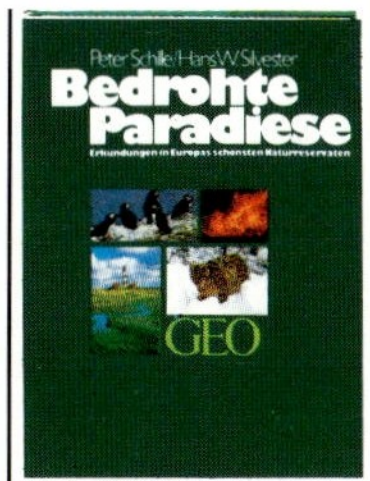

Peter Schille/ Hans W. Silvester
Bedrohte Paradiese
Erkundungen in Europas schönsten Naturreservaten.
350 Seiten mit 287 Farbfotos.
ISBN 3-570-04955-8
Ausgezeichnet mit dem Kodak-Fotobuchpreis
(vergriffen)

Uwe George
Geburt eines Ozeans
362 Seiten mit 278 Farbfotos.
ISBN 3-570-07030-1
Ausgezeichnet mit dem Kodak-Fotobuchpreis

Loren A. McIntyre
Die amerikanische Reise
Auf den Spuren Alexander von Humboldts.
368 Seiten mit 378 farbigen Abbildungen.
ISBN 3-570-07029-8

Erwin Lausch
Der Planet der Meere
Forscher entschlüsseln die Geheimnisse der Tiefe.
382 Seiten mit 440 farbigen Abbildungen.
ISBN 3-570-02058-4

Dankwart Grube/ Thomas Höpker
Die New York-Story
Wie aus Mannahatin eine Weltstadt wurde.
304 Seiten mit 483 meist farbigen Abbildungen.
ISBN 3-570-02056-0
Ausgezeichnet mit dem Kodak-Fotobuchpreis
(vergriffen)

Rolf Bökemeier/ Michael Friedel
Verlorene Menschen
Begegnungen mit Völkern, die es morgen nicht mehr gibt.
348 Seiten mit 280 Farbfotos.
ISBN 3-570-04742-3
Ausgezeichnet mit dem Kodak-Fotobuchpreis

Wolf Schneider/ Guido Mangold
Die Alpen
Wildnis – Almrausch – Rummelplatz.
304 Seiten mit 304 farbigen Abbildungen.
ISBN 3-570-02380-X

Uwe George
Regenwald
Vorstoß in das tropische Universum.
380 Seiten mit 408 farbigen Abbildungen.
ISBN 3-570-04572-2

Klaus Harpprecht/ Thomas Höpker
Amerika
Die Geschichte der Eroberung von Florida bis Kanada.
348 Seiten mit 280 farbigen Abbildungen.
ISBN 3-570-07996-1

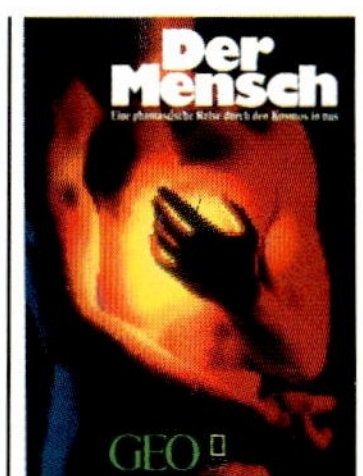

GEO und NATIONAL GEOGRAPHIC SOCIETY
Der Mensch
Eine phantastische Reise durch den Kosmos in uns.
384 Seiten mit 440 farbigen Abbildungen.
ISBN 3-570-01639-0

Karl Günter Simon
Islam
Und alles in Allahs Namen.
364 Seiten mit 342 farbigen Abbildungen.
ISBN 3-570-06210-4

Uwe George
Inseln in der Zeit
Venezuela. Expeditionen zu den letzten weißen Flecken der Erde.
384 Seiten mit 422 farbigen Abbildungen.
ISBN 3-570-06212-0

Volker Sommer
Die Affen
Unsere wilde Verwandtschaft.
348 Seiten mit 325 farbigen Abbildungen.
ISBN 3-570-03985-4

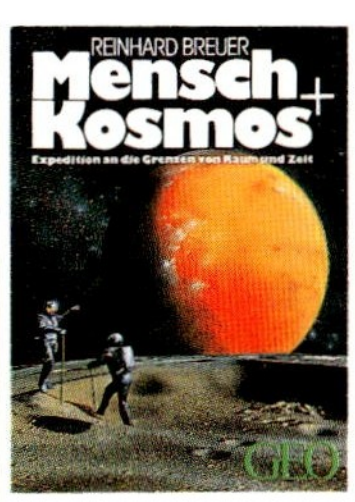

Reinhard Breuer
Mensch+Kosmos
Expedition an die Grenzen von Raum und Zeit.
350 Seiten mit 400 farbigen Abbildungen.
ISBN 3-570-03470-4

Gerald Sammet
Der vermessene Planet
Bilderatlas zur Geschichte der Kartographie.
348 Seiten mit 383 farbigen Abbildungen.
ISBN 3-570-03471-2

Wolfgang W. Wurster
Die Schatz-Gräber
Archäologische Expeditionen durch die Hochkulturen Südamerikas.
350 Seiten mit 402 meist farbigen Abbildungen.
ISBN 3-570-01000-7

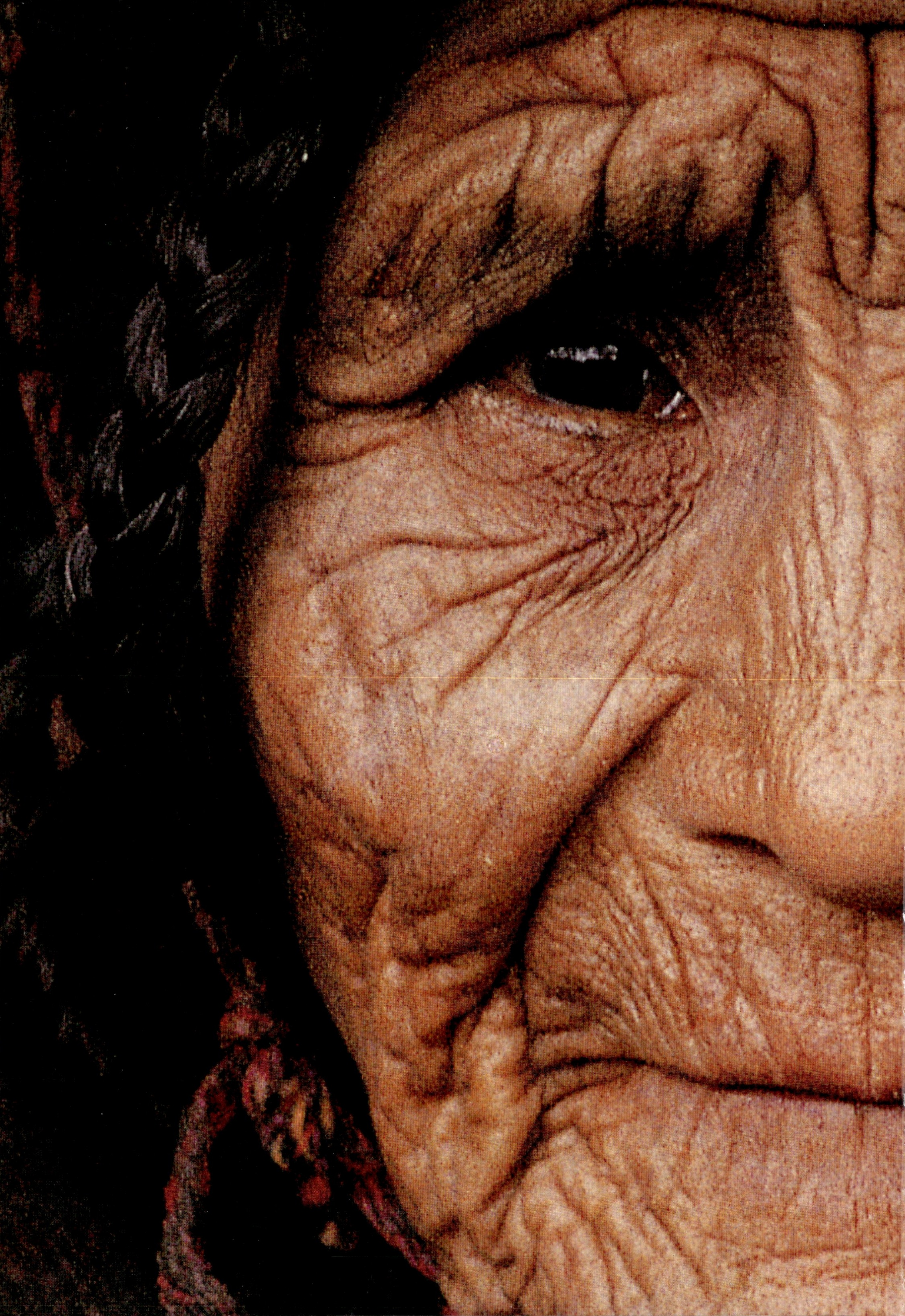